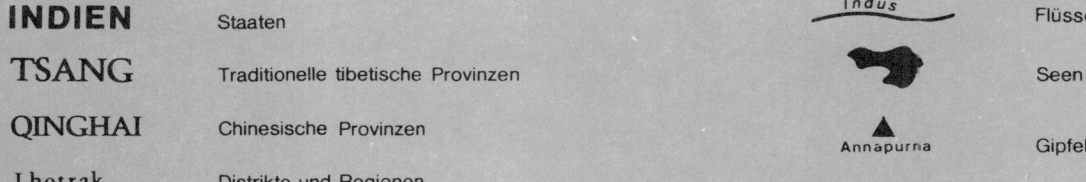

Entwurf und Zeichnung von Maria A. Gané

INDIEN	Staaten	
TSANG	Traditionelle tibetische Provinzen	
QINGHAI	Chinesische Provinzen	
Lhotrak	Distrikte und Regionen	

Indus — Flüsse

Seen

▲ *Annapurna* — Gipfel

Königreiche im Himalaya

Michel Peissel

Königreiche im Himalaya

Die Welt der tibetischen Kultur

Perlinger

CIP-Kurztitelaufnahme der Deutschen Bibliothek

Peissel, Michel:
Königreiche im Himalaya: d. Welt d. tibet.
Kultur / Michel Peissel. [Übers.: Franz Langmayr
. . .]. — Wörgl, Österreich: Perlinger, 1985
Aus d. Ms. übers.
ISBN 3-85399-038-X

© 1985 Perlinger-Verlag Ges.m.b.H., A-6300 Wörgl,
Österreich
Text, Fotos, Kartenskizzen und Plan von Lo Mantang
auf dem hinteren Vorsatz sowie Zeichnungen auf den
Seiten 102 und 135: Michel Peissel
Die Karte auf dem vorderen Vorsatz wurde von Maria
A. Gané entworfen und gezeichnet. Sie stammt aus
dem Buch „Der Weg zum Dach der Welt". Abdruck mit
freundlicher Genehmigung des Pinguin-Verlags, Inns-
bruck.
Übersetzung: Franz Langmayr, Max Vogel, Berthold
Rech
Reproduktionen: Repro Ludwig, Zell am See
Satz, Druck und Bindearbeit: Oberösterreichischer
Landesverlag Ges.m.b.H. Linz

Printed in Austria

Inhalt

Vorwort

Michel Peissel vermittelt dem westlichen Leser und Betrachter ein klares Bild der tibetischen Kultur. Seinem umfassenden Wissen und seinem tiefen Verständnis gilt meine Anerkennung. Sein Buch ist um so bedeutsamer, als ein wichtiger Teil dieser Kultur durch die chinesische Invasion Tibets im Jahre 1959 unwiederbringlich vernichtet worden ist. Dieser Verlust traf nicht nur die Einwohner des Landes, sondern auch alle Freunde dieser letzten antiken Hochkultur. Aber auch dort, wo sie noch intakt ist — und das ist, wie dieses Buch zeigt, in weiten Teilen des Himalaya der Fall — ist sie bedroht von der politisch-militärischen Entwicklung der letzten Jahrzehnte und dem damit verbundenen Vordringen der technischen Zivilisation. Gleichzeitig nimmt im Westen das Interesse an den Formen der tibetischen Meditation zu, die sich nicht nur bei der Heilung nervöser Leiden als hilfreich erwiesen haben.

Dem Autor Michel Peissel und dem Verleger Engelbert Perlinger möchte ich für dieses schöne Buch danken. Ich bin sicher, daß es den Leser zu einem tieferen Verständnis unserer Kultur führen wird.

CHHÖJE TULKU
Abt des Klosters Chumur in Ladakh

Die Natur

Der Himalaya ist die Narbe, die durch den riesigen Zusammenstoß des eurasischen Kontinents mit dem indischen Subkontinent entstanden ist. Dieser Subkontinent war von dem ehemaligen Gondwanaland abgebrochen und hatte sich quer durch das Tethysmeer fortbewegt. Alles das hat sich — geologisch gesehen — in jüngster Zeit abgespielt, und einige Geologen sagen, daß der Himalaya immer noch in Hebung begriffen ist, weil sich die beiden Landmassen weiterhin ineinanderpressen.

Noch vor der Auffaltung der Himalayakette hatte ein erster Stoß den Meeresboden um 4000 Meter angehoben und so das tibetische Hochland geschaffen, das aus Ablagerungen des Tethysmeeres besteht.

Somit trennt der 2500 Kilometer weite Bogen des Himalaya nicht etwa zwei einander ähnliche Tiefebenen. Er ist viel eher eine breite Stufe, die sich aus der indischen Tiefebene erhebt und in die tibetische Hochebene übergeht.

Ursprünglich wurde die tibetische Hochebene nach Süden hin durch mehrere Flüsse entwässert. Aber durch die immer höhere Auffaltung des Himalaya wurden die größeren dieser Flüsse, der Brahmaputra und der Indus, umgelenkt, so daß sie jetzt um die großen Berge herumfließen, der eine im Osten, der andere im Westen. Dennoch vermochten mehrere andere Flüsse den Hauptzug des Himalaya zu durchbrechen. Sie fließen jetzt zwischen den Gipfeln hindurch und leiten das Wasser aus dem tibetischen Hochland südwärts nach Indien hin ab. Dieses seltene Phänomen (nur wenige Gebirgsmassive werden auf solche Art von Flüssen durchquert) ist für mehrere Besonderheiten des Himalaya verantwortlich. Dazu gehört, daß man im Himalaya erstaunlich tiefe Schluchten findet, deren tiefste der Himalayadurchbruch ist, in dem der Kali-Gandaki-Fluß fünf Kilometer tief unter dem Scheitel des Annapurnamassivs dahinfließt.

Obwohl man im Himalaya eine große Vielfalt von Bodenarten antrifft, besteht das Gestein doch zumeist aus Schiefer und Schieferton. Granit findet sich nur selten. Viele Flüsse des Himalaya führen Gold, und doch sind die Berge nicht sonderlich reich an abbauwürdigen Mineralvorkommen. Kohle gibt es nur in Bhutan. Vielerorts tritt Erdgas aus. Die berühmteste dieser Stellen liegt bei Muktinath, einem Heiligtum nördlich des Annapurna, wo „Erde, Wasser und Stein brennen", was man für ein Wunder hält. Es gibt viele heiße Quellen, gewöhnlich in Flußbetten am Grund tiefer Schluchten. Im westlichen Himalaya, an der Südgrenze von Zanskar, befindet sich eine einsame Saphirmine, aus der all jene sagenhaften pfauenblauen Steine kommen, die als die besten Saphire der Welt gelten. Zukünftige Geologen werden zweifellos weitere Mineralvorkommen in den Falten dieses größten Umbruchgebietes der Erde entdecken.

Die tibetische Landmasse und der indische Subkontinent unterscheiden sich deutlich voneinander. Das tibetische Gebiet besteht aus sandigem Meeresgrund, übersät mit Steinblöcken und Meeresfossilien, während sich Indien aus altem präkambrischem Schieferton aufbaut. Was die Regionen des Himalaya von Nord nach Süd und ebenso von Ost nach West unterscheidet, ist nicht etwa die Tektonik des Gebirges, sondern es sind die je ganz verschiedenen Klimabedingungen. Der Himalaya besitzt eine ungeheure Vielfalt von Klimata, weil er selbst eine Barriere zwischen zwei gänzlich verschiedenen Klimazonen bildet.

Der Nordhang des Himalaya ist karg, trocken und kalt und hat das Klima hochgelegener Wüsten. Im Norden der großen Berge regnet es niemals oder nur sehr selten, denn sie bilden einen Schild, der den von Süden kommenden Regen abfängt. Der Norden liegt also im sogenannten Regenschatten der hohen Gipfel. Es gibt keine Vegetation auf der Nordseite.

Die Südhänge hingegen werden vom indischen Monsunregen reich durchtränkt; allerdings variieren die Niederschlagsmengen von Ost nach West stark. Im östlichen Himalaya sind sie am größten: In Bhutan fallen alljährlich während der drei oder vier Monate des Monsunregens 9 bis 10 Meter, also 9000 bis 10 000 Liter je Quatratmeter. Ganz im Westen regnet es dagegen kaum; nur strichweise und gelegentlich gibt es im Sommer leichte Schauer. Dementsprechend sind die Südhänge des Himalaya in Bhutan, Sikkim und im größten Teil von Nepal mit Nadelwäldern bekleidet, untermischt mit Rhododendronbäumen, alles von hängenden Farnen überwuchert. Hier finden sich im Überfluß Orchideen und viele Arten parasitärer Pflanzen, die sich von dem ständigen Nebel nähren, der die Rücken dieser feuchten östlichen Hälfte der großen Gebirgskette umhüllt.

Im Westen ist der Wald viel schütterer. Es gibt dort viele Zedern neben übergroßen

Stechpalmen. Noch auf den höchsten Hängen gedeihen Birken — bis hinauf zu den Matten, die an den ewigen Schnee grenzen.

Aus diesem nord-südlichen Trocken-feucht-Gefälle sowie aus den ost-westlichen Klimavariationen erklärt sich, daß fast jedes Tal im Himalaya sein eigenes Mikroklima hat, das von der Richtung des Tales und vom Ausmaß seiner Abschirmung durch die umgebenden Berggipfel bestimmt ist. So kann es vorkommen, daß in Bhutan im höheren Teil eines Tales Kakteen und Bananenstauden wachsen und daß dasselbe Tal weiter unten Nadelwälder und eine Schneedecke trägt.

Das Bild ist aber noch komplizierter: man muß sich vergegenwärtigen, daß die Temperaturen auch höhenabhängig sind. Die Klimaunterschiede sind es, die den Himalaya zu einer so faszinierenden Welt machen, denn jedes Klima bringt nicht nur seine besondere Pflanzen- und Tierwelt hervor, sondern es prägt die Landschaft überdies durch verschiedene Arten der Erosion. Es gibt vom Wind erodierte dürre Steilhänge im Norden und tief ausgeschnittene Flußtäler im Süden, von Ost nach West in schier unbegrenzter Vielfalt.

Es überrascht kaum, daß als erste Wissenschaftler die Botaniker vom Himalaya angezogen wurden. Im Jahre 1823 erkundete Moorcroft, ein Veterinärmediziner, Chirurg und Botaniker, als erster Engländer die Gebiete Ladakhs und des Karakorum. Etwas später, 1838, zog der Botaniker William Griffith aus, um im damals unerforschten Bhutan Pflanzen zu sammeln. So begann das Studium der Pflanzenwelt des Himalaya an den äußeren Enden des großen Massivs. Der Himalaya war ein Paradies der Naturforscher. Jede der verschiedenen Klimazonen, jede der verschiedenen Höhenlagen hatte ihre eigenen Blumenarten; viele waren im Westen unbekannt.

Da war zuallererst der Rhododendron, der bald die Zufahrten der Landsitze Europas zierte. Im Himalaya werden die Rhododendren zu großen Bäumen, die, westwärts bis ins mittlere Nepal, die Vorberge im Frühling rosarot, orange und rot leuchten lassen.

Über hundert Jahre lang wurden alljährlich neue Pflanzenarten gefunden, Blumen aller Arten, darunter auch Orchideen, die besonders in Sikkim sehr zahlreich sind. 1850 sammelte J. D. Hooker allein in Sikkim 80 Kuliladungen Pflanzen. Ihm folgte Thomas Booth, der auf einer Expedition in die östlichsten Gebiete des Himalaya 22 Rhododendronarten gefunden hat, von denen 16 noch unbekannt waren. Es zeigte sich bald, daß der Himalaya eine praktisch unerschöpfliche Quelle unbekannter Pflanzen ist, denn man hat entdeckt, daß Mutationen in großen Höhen besonders häufig sind, und so kann eine einzige Pflanze, unter dem Einfluß von Klima und Höhe, viele Abarten hervorbringen, die die erstaunliche Liste der Pflanzen des Himalaya ständig verlängern.

1934 brachte der bekannte Botaniker S. Kingdon Ward den berühmten blauen Mohn von Tibet nach England, von dem seither etwa 25 aufsehenerregende Varietäten beschrieben worden sind. Studien haben gezeigt, daß der Himalaya ein botanischer Knotenpunkt ist, wo sich Pflanzen aus dem Mittelmeerraum Seite an Seite mit solchen chinesischen oder sibirischen Ursprungs finden.

Diesem Überreichtum der Natur in der Pflanzenwelt entspricht der Artenreichtum bei den Insekten, Vögeln und anderen Tieren des Hochgebirges. Unter den Insekten fällt vor allem die verblüffende Vielfalt der Schmetterlinge auf, die die östlichen Himalayaregionen von Bhutan und Sikkim beleben. Ganz unerwartet findet man verschiedene Insektenarten sogar auf dem ewigen Schnee der höchsten Gipfel, besonders zu erwähnen der Gletscherfloh, der sich von organischem Material, meist toten Insekten und Pflanzenteilen, die vom Wind von der indischen Ebene bis zu den höchsten Höhen heraufgetragen werden, ernährt. Diese vom Himmel gesandte Speise gibt auch großen Mengen von Spinnen und winzigen Insekten, am Rande von Schneefeldern, wo keine anderen Lebensformen mehr anzutreffen sind, ihr gutes Auskommen.

Die erstaunliche Vielfalt der Vogelarten, die im Himalaya heimisch sind, wird noch dadurch vergrößert, daß der westliche Himalaya eine bedeutende Wanderschneise für die Zugvögel zwischen Rußland und Indien ist. Die großen Kolkraben gehören zu den am höchsten lebenden geflügelten Geschöpfen, ebenso die riesigen Bart- und Schneegeier mit Flügelspannen bis zu 2,80 Meter.

Winzig klein hingegen sind die zahlreichen Kolibriarten der Vorberge. Der Himalaya ist wahrhaft ein einziges riesiges Vogelparadies.

In den Bergen von Zanskar gibt es bis zu einer Höhe von 5000 Metern eine Vielfalt prachtvoll gefärbter Fasane, so besonders den bunten Himalaya-Glanzfasan sowie Tragopane, während an den Südhängen eine fast unendliche Vielfalt verschiedenster Vogelarten anzutreffen ist, darunter natürlich das berühmte Bankivahuhn, Stammform unseres Haushuhns. An den sumpfigen Bergseen des inneren Himalaya wimmelt es von wild lebenden Gänse- und Entenarten, und in den Dschungeln der tiefer liegenden Schluchten ertönt das Geschrei der Papageien. Ebenso wie bei den Pflanzen finden sich auch bei den Vögeln europäische, so etwa auch der bunte Mauerläufer, zusammen mit fernöstlichen Arten.

Das Tierleben im oberen Himalaya ist weniger reichhaltig; nur die genügsamsten Arten ertragen das harte Klima. Überall in den Bergen leben Bären. Der schwarze Kragenbär trägt, wie aufgemalt, ein weißes V auf seiner Brust, und wir finden den weitverbreiteten rotbraunen Tibetbären, der wie alle verwandten Arten ein Allesfresser ist.

In den höheren Regionen streifen Wölfe umher, die wilde Schafe und nicht selten auch Haustiere reißen. Es gibt den gelben Himalaya-Goldschakal und, in der Gegend von Zanskar, neben normal gefärbten auch schwarze Wölfe.

Die wilden Ziegen und Schafe verdienen besondere Erwähnung. An vorderster Stelle steht das Pamir-Wildschaf des westlichen Himalaya, das unter dem Namen Marco-Polo-Schaf bekannter ist. Nicht weniger eindrucksvoll ist die Tibetgazelle und der Tschiru, eine kleine zierliche Antilope der nordtibetischen Hochsteppen. Sie ist der russischen Saigaantilope nahestehend. Es gibt ferner den kleinen Urial, ein Schaf, dessen Hörner bis zu 96 cm gemessen wurden. Am zahlreichsten sind die berühmten Blauschafe, auch Bharal genannt. Sie stehen als eigene Gattung zwischen Ziegen und Schafen.

Die Krönung der Ziegenarten des Gebietes ist der Sibirische Steinbock, der sich im westlichen Himalaya findet. Er hat eine Schulterhöhe von einem Meter und wird bis zu 100 Kilogramm schwer. Das wuchtige Gehörn des Steinbocks ist eine vielbegehrte Jagdtrophäe. Die Hörner werden gewöhnlich einen Meter lang. Steinböcke sind die Himalayatiere par excellence; im Sommer weiden sie bis zur Höhe von 6000 Meter. Konkurrent des Steinbocks ist der Markhor oder Schraubenziege mit langen, geraden, spitzen Hörnern, die nach hinten wachsen und mit ihrer leichten Drehung einer spiralförmigen Säule ähneln. Es gibt auch verschiedene Hirscharten; besonders zu erwähnen das zierlich gebaute Moschustier, dessen Böcke im Oberkiefer hauerartige Eckzähne haben und zwischen Nabel und Vorhaut eine Drüse, die einen Geruchsstoff, den Moschus, absondert, eine der gesuchtesten und teuersten Substanzen der Welt. Jahrhundertelang sind diese anmutigen kleinen Tiere wegen des Moschus gejagt worden, der die Eigenschaft hat, einen Geruch zu binden, ohne ihn zu verfälschen. Bis heute wurde noch kein Mittel gefunden, das in gleicher Weise einen Duft fixieren kann, und die berühmtesten Parfümerien der Welt bemühen sich weiterhin wetteifernd um den wertvollen Moschus aus dem Himalaya.

Der Erzfeind dieser verschiedenen Huftiere ist der legendäre Schneeleopard oder Irbis, der nur selten gesehen wird. Er hat einen gestreckten Körper; sein dichtes, wolliges Fell trägt blaßbraune und schwarze Flecken auf einem vorwiegend weißen Untergrund. Die Schneeleoparden leben in Höhlen und in felsigem Gelände. Sie wagen sich nur selten in die Nähe der Dörfer.

Je mehr man sich den feuchten Regionen des östlichen Himalaya nähert, um so größer wird der Artenreichtum an jagdbaren Tieren. Es sind ihrer zu viele, um sie hier aufzuzählen, aber der riesige Altaimaral, der dem amerikanischen Wapiti nahesteht und dessen Geweih alle Rekorde bricht, sollte erwähnt werden. In den tiefer gelegenen Regionen trifft man die meisten jener Tiere an, die gewöhnlich mit dem indischen Dschungel in Verbindung gebracht werden. Aber auch auf 3000 Meter Höhe kann man ganz unerwartet auf einen Tiger stoßen. Tiger gibt es noch in den Vorbergen von Nepal; zahlreicher sind sie in den Bergen von Bhutan. Eine noch größere Überraschung ist die Begegnung mit einem Elefanten hoch in den Bergen. Elefanten, die in Bhutan nicht selten sind, finden sich bis zur Höhe von 2500 Meter. In Bhutan gibt es auch zahlreiche Affenarten, so die auch Bergwälder bewohnenden Languren. Erst 1953 hat man dort eine neue Spezies, den Goldlangur, entdeckt.

Schlangen gibt es in vielen Arten; Krokodile finden sich in einigen Flüssen der Ausläufer des Gebirges.

Eine Beschreibung der Tierwelt des Himalaya wäre nicht vollständig ohne die Erwähnung des legendären Yeti oder Schneemenschen, dessen Vorhandensein — wenn auch nur in der Phantasie — nicht nur europäische Gemüter verfolgt, sondern auch die der Bewohner des Himalaya, die die Existenz von vielerlei Ungeheuern fanatisch behaupten und verteidigen.

Obwohl nur selten als Wildtier anzutreffen, ist auch der Yak für diese Berge typisch. Er ist durchaus imstande, den Winter im tiefen Schnee zu überleben. Auf der Suche nach Moosen und Flechten können Yaks den Schnee durchwühlen, so wie Rentiere das tun. Der Yak ist das „Kamel" das Hochgebirges und dient nicht nur als Reit- und Packtier; die Kühe, Dri genannt, geben auch ausgezeichnete Milch. Sowohl männliche als auch weibliche Yaks haben ein langes, zottiges Fell, das in der Regel geschoren wird, um das Yakhaar zu Seilen und

Decken zu verarbeiten. Das Fleisch des Yaks ist eine Delikatesse; die tibetischen Buddhisten, die nicht einmal einen Floh umbringen, schlachten die Tiere allerdings nie selber. In Indien erzielen die langen Yakschwänze einen hohen Preis; sie waren als Fliegenwedel bei den Maharadschas sehr beliebt.

So sehen wir, daß der Himalaya eine unendliche Vielfalt von Ökosystemen mit besonders reicher Tier- und Pflanzenwelt umfaßt. Auf ebensolche Vielfalt stoßen wir bei den Menschen im „Land des Schnees", das auch ein Treffpunkt der verschiedenen Zivilisationen Asiens ist und heute zugleich die letzte Bastion des kulturellen Erbes von Tibet.

Das kulturelle Erbe

Die kulturellen Errungenschaften Chinas, Indiens und Japans sind vielen von uns vertraut, aber nur wenige wissen von der Existenz und der Bedeutung der großen tibetischen Kultur. Die Isolierung Tibets in Verbindung mit Voreingenommenheit gegenüber diesem verbotenen Land ist wohl der Grund dafür, daß seine hoch entwickelte und einzigartige Kultur unser aller Aufmerksamkeit entgangen ist, wenn man von einigen Gelehrten absieht.

Die Chinesen verachteten die Tibeter wie alle anderen Ausländer und nannten sie Barbaren. Dieser Hochmut fand sein Echo im viktorianischen England, das die Tibeter „schmutzstarrend" nannte. Selbst einer der größten Tibet-Gelehrten, der Engländer Austin Waddel, bezeichnete die tibetische Religion als „bastardierte Dämonenanbetung" und sagte, diese „unwissenden Bauern" seien unter den „doppelten Bann bedrohlicher Dämonen und despotischer Priester" geraten. Waddel wünschte nur, Tibet sollte von der „unerträglichen Tyrannei der Lamas" befreit werden, die der nörgelige Wissenschaftler mit jener der „römischen Kirche" anmaßend verglich.

Diese Einstellung war kaum geeignet, dem Rest der Welt zu einer gerechten und ihrem Wesen entsprechenden Würdigung der tibetischen Kultur zu verhelfen. Mancher ging so weit zu sagen, sie sei gar keine eigenständige Kultur, sondern allenfalls ein kümmerlicher Abglanz der Kulturen Chinas und Indiens. Nur wenige waren imstande, Originalität und Dynamik

17 Abstieg vom Rolagong-Paß in das unfruchtbare Rolagong-Tal. Vor der Reise des Autors im Jahre 1980 hat kein Fremder diese Stelle besucht. Der karge Anblick dieses Tales darf uns nicht täuschen. Aus der ganzen westlichen Himalayaregion kommen Heilkundige hierher, um Heilpflanzen zu sammeln. In den Falten des inneren Zanskarmassivs gelegen, ist dies wohl einer der höchsten Orte der Welt, wo noch Pflanzen wachsen. Im Sommer schmilzt der Schnee bis in Höhenlagen von 6000 Meter und gibt Raum für über 300 Arten hochalpiner Pflanzen, deren Heilwirkungen bekannt und aufgezeichnet sind. Durch die intensive ultraviolette Strahlung kommt es hier zu zahllosen Mutationen und, wie die Fachleute meinen, zu den besonderen Eigenschaften der Kräuter. So zeigt sich, daß auch die höchst gelegenen Täler des Himalaya oft eine Fundstätte von Reichtümern sind. Der ewige Schnee, wie man ihn oberhalb 6000 Meter findet, verbirgt noch eine andere geheime Welt, nämlich die der dort vorkommenden Insekten, die von organischen Abfällen leben, die der Höhenwind herträgt. Die Männer, die den beladenen Dzo treiben, eine Kreuzung zwischen Yak und Rind, könnte man einfache Bauern nennen. Aber eigentlich sind sie die Erben eines im Laufe von Jahrtausenden angesammelten Wissens, das ihnen die Möglichkeit gibt, in dieser Gegend zu überleben, die eine der ungastlichsten Regionen unseres Planeten ist.

der tibetischen Kultur zu würdigen. Manche meinten sogar, die tibetische Sprache sei dem Sanskrit oder dem Chinesischen verwandt. Tatsächlich aber ist das Tibetische die Grundsprache der eigenständigen tibeto-birmanischen Sprachgruppe. Wiewohl die tibetische Kultur manches von Indien, von Persien und, in kleinerem Ausmaß, auch von China übernommen hat, war sie ganz eigenständig und einmalig, hatte sie sich doch jahrhundertelang praktisch isoliert entwickelt. Die Unwissenheit über die tibetische Kultur und Geschichte ging indes so weit, daß fast die ganze Welt schweigend zusah, als die Chinesen 1950 in das Reich des Dalai Lama eindrangen und der Menschheit vormach-

ten, das Vaterland derselben Tibeter, die mehr als 1400 Jahre lang ihre Erbfeinde waren, wäre in Wahrheit China.

Seit einigen Jahren ist Zentraltibet wieder für westliche Touristen und Wissenschaftler zugänglich. Jetzt kann auch der leidenschaftlichste ebenso wie der unparteiische Betrachter erkennen, daß das ehemalige Reich des Dalai Lama zugrunde gerichtet und die tibetische Kultur beinahe gänzlich zerstört wurde. Zahllose Klöster mit ihren Bibliotheken und Kunstwerken wurden vor allem während der Kulturrevolution gänzlich vernichtet, und dies ist nur ein Teil des gesamten Schadens, denn Bücher, Gebäude, Malereien und Statuen machen nur Bruchteile einer Kultur aus. Sie umfaßt jeglichen Aspekt des täglichen Lebens, jedes Werkzeug, alle Vorgänge und Techniken, alle Reime, Gebete und Lieder. Obwohl vielen Tibetern gelungen ist, ihren Glauben und einen Teil ihrer Identität zu bewahren, sind sie doch für immer verändert, und die tibetische Kultur hat einen irreparablen Schaden erlitten.

Aber das bedeutet nicht den Todesstoß für diese Kultur. Obwohl das Reich des Dalai Lama der religiöse Mittelpunkt der tibetischen Kultur war, war es geographisch doch nur ein Teil des größeren Tibet, das glücklicherweise weiterblüht und zum

18 / 19 Die Bewohner des Himalaya sind nicht unempfänglich für die Majestät der Landschaft. Der Wechsel von Ebenen und hoch aufsteigenden Bergen läßt eine Karawane, die sich hier langsam durch Zanskar fortbewegt, zwergenhaft klein erscheinen.

20 Mit sicherem Tritt geht ein Dzo einer Schafherde voran, über einen Gletscher auf dem Weg zu dem 5300 Meter hohen Umasi-la-Paß, der das große Himalayamassiv durchquert. Yaks und Dzos haben eine unglaubliche Fähigkeit, den gefährlichen Gletscherspalten auszuweichen, auch dann, wenn sie mit Schnee bedeckt sind.

Großteil auch westlichen Einflüssen gleichgültig gegenübersteht.

Der Zweck dieses Buches ist, nicht allein Architektur, Kunst, Religion und Literatur des größeren Tibet zu betrachten, sondern darüber hinaus zu untersuchen, auf welche Weise eine solche Kultur heute weiterlebt. In einer Zeit, da die westliche Technologie und westliche Ideale fast überall auf der Erde übernommen wurden, ist es jedenfalls geboten, eine Bestandsaufnahme der letzten Überreste jener Lebensformen zu machen, die anders sind als unsere eigene. Denkmäler, Schriften und auch nur Bruchstücke menschlicher Zeugnisse können uns helfen, plausible Vermutungen über „tote" Kulturen anzustellen. Aber nur das Studium einer „lebendigen" Kultur läßt wahrhaft verstehen, wie ihre Menschen denken und leben. Die tibetische Kultur ist lebendig; sie blüht noch in den unabhängigen, halbautonomen Fürstentümern des Himalaya, von denen die meisten im 10. Jahrhundert gegründet wurden, als das große zentraltibetische Reich zerbrach.

Solche Fürstentümer sind Towang, Bhutan, Sikkim, Mustang, Guge, Zanskar und Ladakh. Sie leben fort neben den tibetisch sprechenden Regionen von Nepal und Indien, wie Solu-Khumbu, Nyeshang, Dolpo, Holung, Lho-mi und Lahaul. Diese tibetisch sprechenden Gebiete liegen zwar außerhalb des ehemaligen Reiches des Dalai Lama, aber sie gehören derselben Kultur an, deren Geschichte fast vierzehn Jahrhunderte alt ist. Diese Kultur müssen wir jetzt studieren und beschreiben, bevor auch diese kleinen Königtümer entweder dem westlichen Einfluß nachgeben oder dem politischen Ehrgeiz von Indien, Nepal oder China zum Opfer fallen. Schon 1846 hatten die Engländer mit der Übernahme einiger dieser kleinen wehrlosen Fürstentümer den Anfang gemacht. Sie annektierten damals Kulu, Spiti und Karja (Lahaul); später sicherten sie sich die nominelle — allerdings umunwirksame — Herrschaft auch über Ladakh und Zanskar. Und so geht es weiter. Vor zwanzig Jahren übernahm Indien die Herrschaft über Sikkim und setzte dessen legitimen erblichen König ab. Aber trotz dieser zahlreichen Invasionen und Annexionen erstreckt sich die tibetische Kultur noch immer über Tausende von Kilometern von Bhutan bis nach Ladakh.

Um die tibetische Kultur besser würdigen zu können, vor allem jene Besonderheiten, die ihr Einzigartigkeit verleihen, müssen wir ins 5. Jahrhundert zurückgehen. Zu jener Zeit waren Indien, Zentralasien und Afghanistan zivilisierte Regionen, die dem Mahajana-Buddhismus anhingen. Dort ebenso wie in China hatte der Buddhismus zu einer Blüte der Künste geführt. Der Kunststil war vielfach von den griechischen Künstlern Baktriens (im heutigen Afghanistan) inspiriert, die auf der Spur der kurzlebigen Eroberungen Alexanders des Großen hierher gekommen waren und die dem frühen indogriechischen Siedlungskreis im westlichen Indien angehörten. So blühten im 5. Jahrhundert rund um den Himalaya und das wilde tibetische Hochland reiche und hoch entwickelte Zivilisationen. Mittelpunkte des kulturellen Lebens waren die großen Klöster. Oft lagen sie an Steilhängen, in deren Felswände große, prächtige Buddhafiguren in klassischen Haltungen eingemeißelt waren, anmutig die nackten Körper, die glückseligen Gesichter von „griechischem" Lockenhaar umrahmt.

In starkem Gegensatz hierzu lebten in Tibet die Kiang und andere wenig bekannte heidnische Halbnomadenstämme, die von den Chinesen Barbaren genannt wurden. Sie waren von äußerster Zähigkeit, denn in der großen Höhe und der bitteren Kälte ihrer Heimat vermochten nur die Widerstandsfähigsten zu überleben.

Wir wissen kaum, wie die Kiang im 4. und 5. Jahrhundert gelebt haben. Wahrscheinlich waren sie nur ein Stamm von mehreren. Einige dieser Stämme, wie die Kiang selbst, waren von mongolischem Gesichtsschnitt, andere hatten arisches Aussehen; sie waren vom Norden her eingewandert, als die Hunnen jene Indoeuropäer vertrieben, die die Oasenstaaten der zentralasiatischen Wüsten bewohnt hatten. Weiter westlich lebten andere Nomaden von fast ausschließlich arischer Herkunft, die im Hochgebirge den Steinbock jagten und im Winter Zuflucht in Höhlen suchten.

Die Wanderungen all dieser Nomadenstämme erstreckten sich über riesige Gebiete, und nur wenige Fremde waren so tollkühn, sich in ihr Reich hineinzuwagen: in die großen Massive des Himalaya und in die weiten Eiswüsten der nördlichen und westlichen Ebenen, Regionen, die so kalt sind wie die Gebiete jenseits des Polarkreises und so trocken wie die Wüste Gobi.

Das wenige, das wir heute über diese frühen Einwohner von Tibet sicher wissen, beweist, daß sie weder völlige Barbaren waren (wie die Chinesen meinten) noch unwissende, schmutzstarrende Menschen, wie viele Europäer annahmen. Im Tibet des 5. nachchristlichen Jahrhunderts gab es mächtige und gebildete Könige. Die frühen Bewohner Tibets waren also weder Wilde noch kunstlos, als im Jahre 629 in dem kleinen Tal von Yarlung, nicht weit von Lhasa, ein erst dreizehnjähriger junger Prinz namens Songsten Gampo an die Macht kam. Songsten Gampos rascher Aufstieg zu Prestige, Einfluß und militärischer Befehlsgewalt, die sich bald über alle zentralasiatischen Stämme erstreckte, muß überaus eindrucksvoll gewesen sein. Verständlich, daß die Chinesen behaupteten, ihre barbarischen Nachbarn wüßten nur die Körperkraft zu schätzen und hätten wenig Respekt vor dem Alter, denn es war ein Jugendlicher aus Tibet, dessen Armeen zugleich in China und in Nepal einfielen und der königliche Prinzessinnen aus beiden Ländern zu Gattinnen begehrte. Später griff Songsten Gampo auch die Grenzen Afghanistans an.

So geschah es, daß, sechshundert Jahre vor Dschingis-Khan, dieser große tibetische König den Mongolen und einem großen Teil der asiatischen Welt zeigte, was die berittenen tibetischen Krieger wert sind. „Von Panzern bedeckt, so daß nur ihre Augen zu sehen waren", zählten Songsten Gampos Berittene bald viele Tausende. Örtliche Machthaber gelobten ihm allenthalben Gefolgschaft. Mit einem langen Eid schworen sie, „niemals mit Hilfe von Nahrungsmitteln zu intervenieren und Gift ins Essen zu mischen", und, was noch wichtiger war, „dem König Songsten Gampo sowie seinen Söhnen und Nachkommen niemals untreu zu werden".

Wie wild diese tibetischen Horden waren, ist schwer abzuschätzen. Sie ritten mit rot bemalten Gesichtern und müssen den Menschen reichlich Furcht eingeflößt haben, jedenfalls den Bewohnern Chinas, der Mongolei, Nepals und des nördlichen Indien. „Sie preisen den Kriegertod und hassen es, durch Krankheit zu sterben", schrieb ein Chinese, den auch die rauhe und schnelle Justiz der Tibeter erschreckte. „Selbst für kleine Vergehen stechen sie Augen aus, schneiden die Füße oder die Nase ab." Erstaunlicherweise wurde dreizehnhundert Jahre später dieselbe Beschuldigung von den chinesischen Kommunisten erneut gegen die Tibeter erhoben. Es ist sicher, daß die Justiz in Tibet seit unvordenklichen Zeiten hart vorging. Deshalb waren auch Verbrechen jeglicher Art selten. Aus gutem Grund hatten die Menschen einen heiligen Respekt vor ihren strengen Gesetzen.

Die beiden schönen Prinzessinnen aus Nepal und China, die Songsten Gampo heiratete, waren Buddhistinnen. Sie bemühten sich eifrig darum, daß ihr Gemahl den buddhistischen Glauben annahm und die Sitten seines Volkes verfeinerte. Und sie hatten Erfolg. Das Gesicht rot anzumalen wurde verboten, und Songsten Gampo wurde zum Verfechter des Buddhismus in Tibet. So vereinigte er nicht nur alle Stämme des tibetischen Hochlandes und der großen Berge, er war es auch, der die Lehre des Buddha dort einführte.

Viele Historiker haben die religiösen und militärischen Folgen von Songsten Gampos Herrschaft untersucht, aber nur wenige erwähnen die Dauerhaftigkeit seines Reiches. Seine Eroberungen und die seiner unmittelbaren Erben, die im Jahre 754 sogar die Hauptstadt Chinas einnehmen konnten und bald darauf den Golf von Bengalen den Tibetischen Ozean nannten, sollten sich als nachhaltig erweisen. Noch 1950, also dreizehnhundert Jahre später, waren die von Songsten Gampo verbreitete Kultur, Sprache und Religion in einem Großteil jener Regionen, die er erobert hatte, immer noch anzutreffen. Weder die Eroberungen eines Alexander noch die eines Julius Cäsar, Dschingis-Khan oder Napoleon hatten auch nur entfernt die Überlebensfähigkeit des Großreiches der heiligen tibetischen Könige. Die Gründe für die Dauerhaftigkeit von Songsten Gampos Einfluß sind nicht nur in der geographischen Isolation des tibetischen Raumes zu suchen, sondern auch in der lebendigen Gesellschaftsstruktur der tibetischen Zivilisation. Denn unter der religiösen und kulturellen Oberfläche gedieh ein dynamisches Gesellschaftssystem, das alle Tibeter 13 Jahrhunderte lang zusammengehalten hat. Chinesische Kaiser kamen und gingen, die Mongolen erlebten Aufstieg und Fall, Indien änderte dreimal Religion, Herrschaft und Kultur, aber die tibetische Welt blühte, frisch wie am ersten Tag. Noch lange nachdem das „Großreich der heiligen tibetischen Könige" im 10. Jahrhundert sein Ende gefunden hatte und unter örtliche Machthaber aufgeteilt worden war, hielt der „Bund der tibetischen Königreiche" an den Traditionen und Gebräuchen fest, die Songsten Gampo eingeführt hatte.

Der Schlüssel zu dieser Kraft und Kontinuität liegt in einem gesellschaftlichen Brauch der Tibeter, demzufolge die erstgeborenen Söhne unmittelbar nach ihrer Verheiratung alle Güter ihres Vaters übernehmen, seinen gesamten Besitz und auch seine gesellschaftliche Stellung. So regierte im Himalaya stets jugendliche Energie und Geschicklichkeit und nicht die konservative Weisheit der Alten wie in China. In anderen bäuerlichen Gesellschaften überall auf der Erde stehen junge Menschen zurück und warten, bis sie an die Reihe kommen. Nicht so in der tibetischen Welt, wo 19 bis 25 Lebensjahre das Alter für Macht und Einfluß sind. Diese Tatsache sicherte mehr als jede andere den Tibetern ein stabiles und doch dynamisches soziales und politisches System, kraftvoll und bereit, ums Überleben zu kämpfen. Auf der Höhe ihrer Macht versuchten sowohl die Chinesen wie auch die Mongolen, Tibet zu erobern. Keinem der beiden ist es gelungen. Sogar die Roten Garden mit ihren modernen Maschinengewehren und Düsenflugzeugen waren niemals imstande, den tibetischen Widerstand ganz zu brechen.

In Kulturen, wo die Alten die Macht halten, ist die junge Generation oft verärgert und zeigt ihren Widerstand, indem sie fremde Sitten und neue Gebräuche aufnimmt. Auf genau diese Art schwächten sich die Mongolen und die Mandschu und gingen im Chinesischen auf. In Tibet war ein solcher Vorgang undenkbar, denn hier gab es keine betagten Machthaber. Daher lebt auch heute in einem beträchtlichen Teil von Songsten Gampos ursprünglichem Reich die junge und dynamische tibetische Kultur weiter, frei vom schwächenden Einfluß anderer Zivilisationen, sei es die chinesische, die indische oder die westliche.

Die Chinesen mögen die Zentralregionen des alten großtibetischen Reichs gewaltsam modernisiert haben. Doch ein nicht geringer Teil bleibt intakt, nämlich all jene Königreiche des Himalaya, die die stolzen Erben der heiligen Könige des alten Tibet sind. Songsten Gampos Gesetze und Edikte werden überall in jenen tibetisch sprechenden Gegenden von Bhutan bis Ladakh noch immer respektiert, die erst jetzt die Aufmerksamkeit der westlichen Welt auf sich ziehen.

Das Ziel dieses Buches ist es, zu analysieren und zu beschreiben, was diese Kultur so einzigartig macht, nicht nur im Überleben, sondern als eine der originellsten Kulturen unseres Planeten überhaupt.

Das Weltbild

Statt den Versuch zu unternehmen, die Geschichte und Geographie des höchsten Gebirgsmassivs der Welt mit westlichen Augen zu erfassen, könnte es sich als interessanter erweisen, sich in einen Menschen des Himalaya hineinzuversetzen und zu versuchen, die Welt mit seinen Augen zu sehen.

Wie jeder andere Mensch nimmt auch der Himalayabewohner die Welt auf doppelte Weise wahr: so, wie er sie selbst sieht, und so, wie die Älteren sie ihm erklären. So sehen wir beispielsweise eine flache Welt, und doch wissen wir und fühlen gewissermaßen, daß sie rund ist, weil es uns so gesagt wurde. Daß die Welt rund sei, ist uns erworbene Überzeugung, der wir mit ebensogroßer Gewißheit vertrauen, wie die Menschen des Himalaya glauben, die Welt sei flach und habe die Form eines Halbmondes.

Daher ist es wichtig zu verstehen, daß der Himalayabewohner, obwohl er nur sein eigenes Tal sehen kann und die Berge, die es umgeben, sich selbst als Teil einer viel größeren Welt empfindet, einer Welt, die von der unseren ganz und gar verschieden ist. Und diese besondere Welt wollen wir hier betrachten. Sie besteht in erster Linie aus der Gegend oder dem Bezirk, wo sein Haus steht. Die Bezirke gehen gewöhnlich

auf eine feudale Vergangenheit zurück und werden von einem Dzong verwaltet: einer Klosterfestung, der ein vom König im königlichen Rat eingesetzter Dzongdpon vorsteht. In Mustang steht jeder Provinz ein Lumbo vor, ein Adeliger, dessen Amt erblich ist. In Zanskar gebieten in einer jeden Region sowohl ein mächtiger Adeliger als auch ein Kloster. Geographische Einheiten, wie sie durch ein großes Tal und dessen umgebende Berge gegeben sein können oder durch eine weite Ebene und die darumliegenden Hügel werden gewöhnlich zu Bezirken zusammengefaßt und Tso genannt.

So ist der Himalayabewohner in erster Linie Bürger seines Dorfes, danach seines Bezirkes und zuletzt seines Königtums. Dieses ist entweder eines der mehreren offiziell anerkannten Himalayakönigtümer wie Bhutan, Sikkim, Mustang, Ladakh oder Zanskar; es kann aber auch eine in sich geschlossene geographische Region ohne einen König sein wie im Fall von Solu-Khumbu (Sherpaland) im östlichen oder von Nyeshang und Dolpo im nordwestlichen Nepal oder wie die Gegend von Towang an der Ostgrenze von Bhutan. Diese Regionen haben keine von alters her bestehende Erbmonarchie, sondern sie sind Zusammenschlüsse von Dör-

28

fern, deren Bewohner untereinander heiraten.

Für den Himalayabewohner gibt es zwischen seinem eigenen und den benachbarten Königtümern einen engen Bezug. Alle haben denselben Glauben und eine ähnliche Sprache. Daher ist ein ausgeprägtes Verwandtschaftsgefühl lebendig. Es ist stärker als beispielsweise das zwischen den Angehörigen der europäischen Nationen, denn die Unterschiede der Sprachen und Religionen Europas gibt es hier nicht.

Jenseits dieses Verbunds tibetisch sprechender Königtümer und Regionen dehnt sich im Norden das unermeßliche Land von Lhasa, das auf tibetisch Bhod heißt. Diese Region (das heutige Tibet) wird weniger als politisches Gebilde, als autonomer Teil der Volksrepublik China oder als ein Zusammenschluß ehemals unabhängiger Königreiche unter der Herr-

des Thetysmeeres zusammen mit den verhärteten Schichten angeschwemmten Materials und jüngerer Meeresablagerungen, sich zu Säulen aufzurichten, die in den Himmel ragen. Die Region ist eine der trockensten der Erde. Daher wird die Erosion eher durch Wind als durch Regen verursacht. Hohe Pässe und Bergkämme werden von den wilden Stürmen geformt, deren ständiges Toben heftigste Turbulenzen erzeugt. Verstärkt werden diese Turbulenzen noch durch die Ausgleichswinde zwischen den zentralen Hochländern und dem heißen indischen Tiefland.

Es gibt Beweise dafür, daß vor mehreren Jahrtausenden das Hochland des Himalaya bedeutend mehr Vegetation aufzuweisen hatte als heute. Einst waren die Berge mit schütteren Wäldern und Bleistiftzedern bedeckt, jenen langsam wachsenden, zur Gattung Wacholder gehörenden Bäumen, von denen jetzt nur noch wenige einsam stehende Exemplare zu finden sind. Die Nordseite des Himalaya ist genau genommen eine Wüste, die wie die meisten Wüsten der Welt in Ausbreitung begriffen ist. Die Berge wirken als Barriere für die Wolken des von Indien kommenden Monsunregens. Die nördlichen Regionen liegen im Regenschatten der großen Gipfel. In Ladakh, das zu einer dieser Trockenregionen gehört, regnet es mitunter sehr lange nicht. Daher ist die Luft dort so klar, daß man weit entfernte Bergketten mit größter Deutlichkeit sehen kann.

29 Der Hundsohr-Paß in Ladakh zeigt uns die ganze Schönheit dieser dramatischen Landschaft. Buschiges Gras in fein schattierten Farben dient Yaks und Schafen als Futter. Die senkrechten Felsformationen geben Zeugnis von der Kraft, die hier beim Zusammenprall von zwei Kontinenten am Werke ist, des indischen Subkontinents, der sich in den eurasischen Kontinent hineinbohrt. Dieser heftige Zusammenstoß zwang die Grundablagerung

30 / 31 In dieser Höhle in der Mitte des Gletschers entspringt der heiligste aller Flüsse, der Ganges. Der Gletscher liegt in 4500 Meter Höhe im Herzen des Garhwal-Himalaya nahe der tibetischen Grenze.

32 / 33 Der schneebedeckte Südhang des Gangotrimassivs im Garhwal-Himalaya beherrscht das obere Gangestal. Trotz seiner engen Beziehungen zu Indien wird diese Region des Gangestales von tibetisch sprechenden Menschen bewohnt.

schaft des Dalai Lama gesehen, sondern eher als heiliges Land. Tibet bedeutet für die Himalayabewohner in erster Linie die Stadt Lhasa, die heilige Stadt, den mystischen Mittelpunkt des Lamaismus, der tibetischen Form des Buddhismus.

Die tibetischen Buddhisten betrachten Lhasa als Mittelpunkt des Universums, und daher sprechen sie von Lhasa ähnlich wie die Katholiken von Rom. Gleich welcher lamaistischen Sekte man angehört, Lhasa wird als Quelle der Spiritualität angesehen und hat wie Rom seine eigene Anziehungskraft. Diese Haltung herrscht fort, obwohl die heilige Stadt jetzt schon seit mehr als einem Vierteljahrhundert ohne den Dalai Lama auskommen muß und von den Chinesen beherrscht wird. Nach wie vor blicken die Menschen im Himalaya mit frommen, heute aber auch leidvollen Gedanken nach Lhasa.

Heute gibt es für die Himalayabewohner einen zweiten Mittelpunkt des Universums, die Stadt Dharamsala, die Residenz des Dalai Lama im indischen Exil, die zu einem weiteren Glaubenszentrum geworden ist. Gleichzeitig gewinnen die heiligen Pilgerstätten des Buddhismus in Indien vergleichsweise stärkere Bedeutung als zuvor.

Für die Menschen im Himalaya war Indien immer das Land des Buddha, das Land des Herrn, aus dem auch die Weisen kamen, die ihnen die „heilige Lehre" zum ersten Mal predigten. Jahrhundertelang haben die Tibeter Pilgerfahrten zu den heiligen Plätzen Indiens unternommen. Nun gehört zu diesen Fahrten auch ein Besuch in Dharamsala.

Indien, Tibet und China sind für sie Länder, die früher sämtlich buddhistisch waren. Der heutige Hindu und Moslem gilt ihnen als bedauernswert, da er von der

34 Lange bevor das Bergsteigen ein Sport wurde, trotzten die robusten Himalayabewohner Nebel, Schnee und Gletscherspalten und überquerten die wenigen hohen Pässe, über die man in ihre verborgene Welt gelangt. Der Umasi-la-Paß ist eines der vielen Hindernisse, die dazu beigetragen haben, die Kultur des Himalaya von äußeren Einflüssen fernzuhalten.

35 Mut, Ausdauer und feste Entschlossenheit sind notwendig, sich in einsam gelegene Täler durchzukämpfen. Hier bewegt sich die Karawane des Autors über den Pensi-la-Paß in das Tal von Zanskar.

36 Nicht weniger als hohe Pässe sind reißende Flüsse dem Wanderer hinderlich. Nur wenige Brücken bilden die dürftigen Bindeglieder zwischen entlegenen Regionen. Diese furchterregende Brücke verbindet Lahaul mit Zanskar.

wahren Lehre abirrte, und sie hoffen, bald wieder mit ihm im selben Glauben vereint zu sein. Für den Himalayabewohner ist Indien auch das Land des modernen Fortschritts, ein Land der Eisenbahnzüge und Autos und auch das Land der Fremden, der Injis, der Engländer.

Obwohl Tibet und die Königreiche des Himalaya den meisten Europäern geheimnisvoll und unerreichbar geblieben sind, gilt dies umgekehrt nicht in gleichem Maße. Viele Bewohner der entlegensten Himalayatäler wissen — zum Teil aus eigener Anschauung —, was sich außerhalb ihrer engen Täler abspielt. Es ist nicht gerade schmeichelhaft für unsere Zivilisation zu hören, daß die Himalayabewohner von unserer Welt nicht halb so fasziniert sind wie wir von der ihren. Was diese Bergbewohner, für die der Transport immer ein Problem war, allerdings an unserer westlichen Zivilisation am meisten bewundern, sind unsere Beförderungsmittel, die Eisenbahnen, Autobusse, Automobile und „Himmelsschiffe", wie sie die Flugzeuge nennen. Jeder im Himalaya weiß, daß es zwischen einem und sechs Monate gedauert hat, bis man mit dem Pony oder dem Yak, über Land nordwärts reisend, die Stadt Lhasa erreichte. Dieselben Pil-

ger nahmen auf ihrer Rückreise oft den Weg über Indien. Sie reisten von Lhasa nach Gangtok, der Hauptstadt von Sikkim, und dann weiter hinunter nach Darjeeling und Siliguri, wo sie Züge besteigen konnten, die sie ratternd an einen Ort brachten, von dem aus sie ihre Dörfer in wenigen Tagen oder Wochen zu erreichen vermochten. Demzufolge schätzen sie einmütig die Geschwindigkeit von Eisenbahnzügen, Automobilen und Lastwagen, obwohl sie diese zugleich auch fürchten. Sie fürchten sich, weil das Reisen dritter Klasse in indischen Zügen und Lastfuhrwerken schrecklich unbequem und nicht ohne Risiken verläuft. Naive und vertrauensselige Himalayabewohner werden oft Opfer von Berufsräubern, die nicht selten in indischen Eisenbahnen auftauchen. Sie werden auch häufig von habgierigen Kaufleuten ausgenommen, die ihnen in den indischen Basaren auflauern. Daher geht, was an Geschwindigkeit gewonnen wurde, an Seelenfrieden durch die Dieberei und oftmals durch Gewalttätigkeit wieder verloren. So überrascht kaum, daß das moderne Indien trotz seiner Technologie von den rauhen Bergmenschen nicht sonderlich geschätzt wird.

Andererseits haben sie mehr Hochachtung vor unserer Medizin als vor unseren Maschinen. Lange bevor auch nur ein Mensch aus dem Westen seinen Fuß in ihre entlegenen Täler setzte, haben die Himalayabewohner mit unseren Arzneimitteln Handel getrieben und sind nach Indien gereist, um sich behandeln zu lassen. 1963 schickte der weitblickende König von Mustang Boten aus, um Kenner der westlichen Medizin zu finden, die er dafür bezahlte, daß sie kamen und die Leute gegen Pocken impften. So wurde die Impfung in diesem kleinen entlegenen Königtum zur Pflicht, lange bevor viele andere asiatische Länder sie einführten. Ähnliches findet sich anderwärts, so in Bhutan, wohin jahrhundertelang immer wieder westliche Ärzte gebracht wurden, um die Adeligen zu behandeln. Ärmere Leute gingen zur Behandlung meist zu Fuß in die nahen indischen Grenzstädte.

Das Auto, die Eisenbahn, die Medizin, das Flugzeug und in jüngster Zeit der Hubschrauber: das sind die Hauptattraktionen der westlichen Kultur für die Menschen im Himalaya. Tatsächlich fand sich in Indien darüber hinaus nur wenig, was sie beeindruckt hätte. War Indien nicht das erbärmliche Land hungerleidender armer und unwissender Landbewohner, ein Land, in dem es nur wenige Anziehungspunkte gab, die es mit den ans Wunderbare grenzenden Festungen und Klöstern im Himalaya aufnehmen könnten. Nur weniges bringen die Pilger aus der „modernen" Welt mit nach Hause: Nadeln, Farbstoffe und Baumwolle (zur Herstellung von Gebetsfahnen und von Schals für Zeremonien). So erstaunlich es erscheint — es gibt mit Indien kaum einen Handel mit Handwerks- oder Fabrikwaren. Anders als in Lhasa, wo italienischer Gabardine und Filzhüte bei fast jedermann begehrt waren, kaufen die einfachen Himalayabewohner wenig oder nichts aus dem indischen und ausländischen Warenangebot. Für uns, die wir unsere Erfindungen und Gerätschaften für unwiderstehlich halten, ist das eine gute Lektion.

Die Menschen im Himalaya erhielten also Kenntnis von der modernen Welt, benützten einige von deren Transportmitteln, waren mit Radio und Telefon vertraut, wurden aber, alles in allem, nicht über Gebühr davon beeindruckt. Erst in allerjüngster Zeit erbrachte der Export von Petroleum in den Himalaya eine echte Nachfrage nach modernen — wenn auch nicht allzu modernen — Errungenschaften, nämlich Petroleumöfen und -lampen. Was andere Dinge betrifft, so kehrten die Menschen des Himalaya unberührt von dem, was uns als leuchtendes Licht des westlichen Fortschritts gilt, von ihren Pilgerfahrten heim.

Hinter alledem steht die Tatsache, daß sich die Vorteile der Errungenschaften unserer westlichen Technologie nur auf Kosten der Abhängigkeit von einer fortwährenden Energieversorgung und einer der Gerätewartung dienenden komplizierten Infrastruktur genießen lassen.

Zündhölzer sind gut. Aber sie müssen immer wieder neu eingekauft und eingeführt werden; für Züge braucht man Schienen, für Automobile Straßen, und Petroleumöfen erheischen Petroleumfässer, Elektrizität braucht Drähte und so weiter. Das alles erfordert einen ständigen Geldstrom, Geld aber ist im Himalaya nicht vorhanden, weil es dort noch keine erwähnenswerte Geldwirtschaft gibt.

Anders als die primitiven Stämme, die sich allenthalben von der modernen Technologie faszinieren lassen, haben die Himalayabewohner wenig Ursache, die westliche Zivilisation zu beneiden oder zu bewundern. Zum Beispiel sind ihnen hydraulische Maschinen längst bekannt, und seit Jahrhunderten pflegen sie ihre eigenen Druckpressen und ihre hochentwickelten Bautechniken. Was bei ihnen an importiertem Material am ehesten in die Augen fällt, sind die Glasscheiben, die jetzt das anfällige durchscheinende Papier ersetzen, das sie im Winter über die hölzernen Fenstergitter an ihren Häusern und Klöstern spannten.

Die Engländer waren natürlich allen Himalayabewohnern als Oberherren Indiens bekannt. China galt ihnen bis zum Jahre 1911 als Heimat der Mandschukaiser, die dem tibetischen Buddhismus anhingen, und die Mongolei wurde bis 1924 von einem Tibeter regiert — dem Großlama von Urga.

Mit Ausnahme der Einwohner von Ladakh und Bhutan, die mit ihren noch weiter westlich respektive östlich sitzenden Nachbarn Handel trieben, hatten die Menschen des Himalaya stets nur wenig oder keinen Kontakt mit den Burmesen oder den Moslems, außer mit jenen Leuten aus Kaschmir, die schon seit Generationen in Lhasa, Leh und Thimbu ansässig waren.

Es ist interessant wie die tiefreligiösen buddhistischen Himalayabewohner die großen Religionen ihrer Nachbarvölker einschätzen. Der Islam, „die Religion mit dem einen Gott", wurde ihnen durch Händler aus Kaschmir bekannt, aber sie verwarfen ihn zumeist als „intolerant". Sie waren auch empört darüber, daß die Moslems häufig ihre Frauen mißhandeln, während alle tibetisch sprechenden Menschen die Frau hoch achten. Und was den Hinduismus in seiner verworrenen Populärform betrifft, wo es überhaupt keine feste religiöse Hierarchie gibt und keinerlei religiöse Institution, so halten ihn die Menschen des Himalaya für ziemlich oberflächlich und primitiv, wie ihnen auch das Kastensystem der Hindus der elementarsten menschlichen Gerechtigkeit zu entbehren scheint.

Überraschender ist die Reaktion der meisten Himalayabewohner auf das Christentum.

Christen haben Tibet 400 Jahre lang immer wieder besucht oder an seinen Grenzen Proselyten zu machen versucht. Als erste kamen, unter mongolischer Schutzherrschaft, die Nestorianer ins nordöstliche Tibet (Amdo). Danach, um das Jahr 1600, ließen sich katholische Missionen der Kapuziner und später der Jesuiten in Tsaparang und Lhasa nieder. Als die katholischen Missionare im Jahre 1707 aufgefordert wurden, Tibet zu verlassen, blieben die Missionsstationen in Nepal, nahe der tibetischen Grenze, bestehen. Später gab es in Kalingphu und Dorje-ling — besser bekannt als Kalimpong und Darjeeling — zahlreiche protestantische Missionsstationen. Die Herrnhuter betrieben mehr als ein Jahrhundert lang Missionsstationen in Leh und Keylang. Aber sie haben nur wenige Menschen bekehren können.

Der Lamaismus, eine Religion der Toleranz, schätzt den Alleinanspruch des Christentums nicht. Die Buddhisten bewunderten zwar die von den Missionaren verbreiteten Lehren von Liebe und Freundlichkeit, aber vertraut mit der Vorstellung flüchtiger menschlicher Existenz, fanden sie die Theorie eines von Gott erschaffenen Menschen, der starb, um die Welt zu retten, allzu einfach und schwärmerisch. Auf keine Weise konnte das Christentum einem Volk verständlich gemacht werden, das das Leben und die Welt, in der es sich abspielt, als eine unvollkommene, vorübergehende Situation ansieht, als eine Täuschung der Sinne.

In vielerlei äußerlicher Hinsicht scheinen die Einrichtungen der christlichen Religion denen des Lamaismus ähnlich zu sein: die Priester, Klöster, Messen, auch das Entzünden der Lampen und die Kultgewänder. Und dies so sehr, daß viele der frühen europäischen Tibetreisenden glaubten, hier ein christliches Land vorzufinden. Wenn aber ein Lama und ein christlicher Mönch über ihre Religionen sprechen, dann paßt nur weniges oder gar nichts zusammen. Nach buddhistischem Glauben ist der Mensch nur ein Staubkorn, dessen wahre Existenz allein in seiner Fähigkeit besteht, die Wahrheit zu spiegeln, geradeso wie der Staub das Sonnenlicht spiegelt. So wurde es den Buddhisten schwer, an eine Religion zu glauben, die behauptet, der Mensch sei ein Zweck an sich und werde von den Toten auferweckt werden, um an einem himmlischen Wohnort neuerlich zu existieren, wo alle, Gott, Engel und Menschen, vereint leben. Sie halten diese Lehre für zu naiv, zu unentwickelt, der genauen Analyse dessen, was die wahre Essenz der menschlichen Seele ist, entbehrend. Die Buddhisten glauben, daß die Christen der körperlichen Existenz der Menschen zu viel Bedeutung beimessen und der Untersuchung des Wesens der Seele zu wenig Aufmerksamkeit schenken.

So kommt es, daß zwar mancher Christ die buddhistischen Lehren vielfach als den seinen nahestehend empfindet, daß aber die Buddhisten meinen, dem Christentum fehle es an Tiefe und Genauigkeit und sie deshalb seine Lehren für schwärmerisch und oberflächlich halten.

Durch ihre Religion haben die Menschen des Himalaya die Überzeugung gewonnen, daß sie in der „Welt des Südens" leben, in einer der vier Welten der phänomenalen, d. h. materiellen Existenz. Im „Süden" sieht niemand die Erde als kugelförmig an, sondern als die untere Hälfte einer Kreisscheibe, umgeben von einem Ozean, worin im Osten die Inseln von Japan liegen und im Westen die Inseln von England und Amerika. Oberhalb der Mitte steht Lhasa, westlich davon liegen die islamischen Länder, östlich davon China und südwärts Indien.

Das einzige wahre Licht leuchtet in Lhasa, dem Mittelpunkt dieses Universums. Indes, die meisten berühmten Klöster und Kapellen der heiligen Stadt sind jetzt zerstört, und sosehr das allen als große und schreckliche Schmach gilt, geben doch viele Himalayabewohner, wenn man in sie dringt, insgeheim zu, daß die schwere Strafe, die über die heilige Stadt verhängt ist, nicht gänzlich unverdient war. War sie nicht ein Nest von Dieben? Gab es dort nicht die unglaublichsten politischen Ränke? In den Augen des einfachen Mönchs, Abts, Grundherren und Bauern im rauhen Himalaya bezahlen Lhasas Bewohner für ihre Sünden, deren schlimmste die Überheblichkeit war.

So sieht die Welt nach Überzeugung und Vorstellung dieser Menschen aus. Es ist eine Welt, deren Kultur, Religion und Zivilisation vergleichsweise höher entwickelt sind als die der Nachbarn, seien diese Moslems, Hindus oder gar Christen. Diese stolze Selbstgewißheit ist einer der Hauptgründe für das Überleben der Himalayabewohner und ihrer Kultur angesichts aller Veränderung.

Kindheit

Um eine Kultur recht zu verstehen, muß man wissen, was sie den Kindern vermittelt, welche Vorstellungen sie ihnen im zarten Alter mitgibt, Vorstellungen, die das Weltbild und den Umgang mit dem Mitmenschen formen. Kinderreime, Sprichwörter und moralische Kernsätze sind auch im Himalaya der Nährboden für die Grundüberzeugungen des Volkes. Dort beziehen sich die meisten Kinderreime auf Erzählungen, die womöglich so alt sind wie die Anfänge der Menschheit.

Wie bei uns erzählt man im Himalaya den Kindern die Geschichte von dem Frosch, der so groß wie ein Stier sein wollte und sich deshalb aufblies — bis er platzte, womit er die Grenzen des Stolzes demonstrierte. Weniger vertraut ist uns die Geschichte von den Gänsen und der Schildkröte.

Eines Tages begann eine mürrische Schildkröte die Gänse zu beneiden, die zum Himmel fliegen konnten. „Du kannst zwar nicht fliegen", sagte eine Gans zu ihr, „aber

Fuße seiner Burg, die nur noch von einem einzigen Mönch bewohnt wird, der sich um die Familienkapelle kümmert. Sie birgt einige der edelsten religiösen Statuen des westlichen Himalaya.

In einer kleinen Zelle dieser Festung trotzte 1824 ein junger ungarischer Gelehrter namens Alexander Csoma tapfer der eisigen Winterkälte. Er widmete sich dem Studium der tibetischen Sprache. Seine frosterstarrte Hand zog er nur dann aus dem Gewand, wenn er eine Buchseite umwenden mußte. Lange nachdem er das Land verlassen und zum Nestor seines Faches geworden war, schrieb er über sein einsames Jahr in Zangla und die beißende Kälte in seiner winzigen Zelle.

Die völlige Abgeschiedenheit kleiner Gemeinwesen führte dazu, daß sie politisch unabhängig blieben, aber häufig auch Angriffen mächtiger benachbarter Kriegsherren zum Opfer fielen. Schutzsuchend scharen sich die Häuser der kleinen Dörfer um die Festungen, die auf den steilsten Höhen erbaut wurden. Dorthin konnten sich die Dorfbewohner zurückziehen, wenn sie angegriffen wurden. In den friedlicheren Zeiten des vergangenen Jahrhunderts wurden viele dieser hoch gelegenen Dörfer verlassen und die Bewohner siedelten sich in tiefer liegenden, wärmeren Gegenden an, so auch in Zangla. Heute sind die Bewohner dieser einsamen Täler einer neuen Bedrohung ausgesetzt. Das tibetische Hochland wird immer trockener und der schmelzende Schnee verschwindet von den Berggipfeln. Manchmal trocknen die Bewässerungskanäle, die das Wasser von den Höhen herbeiführen, schon aus, bevor die Ernte reif ist. Viele Dörfer wurden bereits aus Wassermangel aufgegeben. Auch Zangla ist von diesem Schicksal bedroht.

45 *Gewaltige Gebirgsmassive lassen die auf einem Berg thronende Burg des Königs von Zangla winzig klein erscheinen. Das Fürstentum Zangla wurde im 14. Jahrhundert vom Bruder des Königs von Zanskar gegründet. Heute lebt der alte König von Zangla in einem Haus am*

46 / 47 *Im oberen Suru-Tal steht das Kloster von Rangdum. Von allen tibetisch-buddhistischen Klöstern ist es das am weitesten westlich gelegene. Von dem östlichsten Kloster, Minya Konka in Osttibet, ist es 2600 km entfernt und doch sind Sprache, Religion und Bräuche dieselben.*

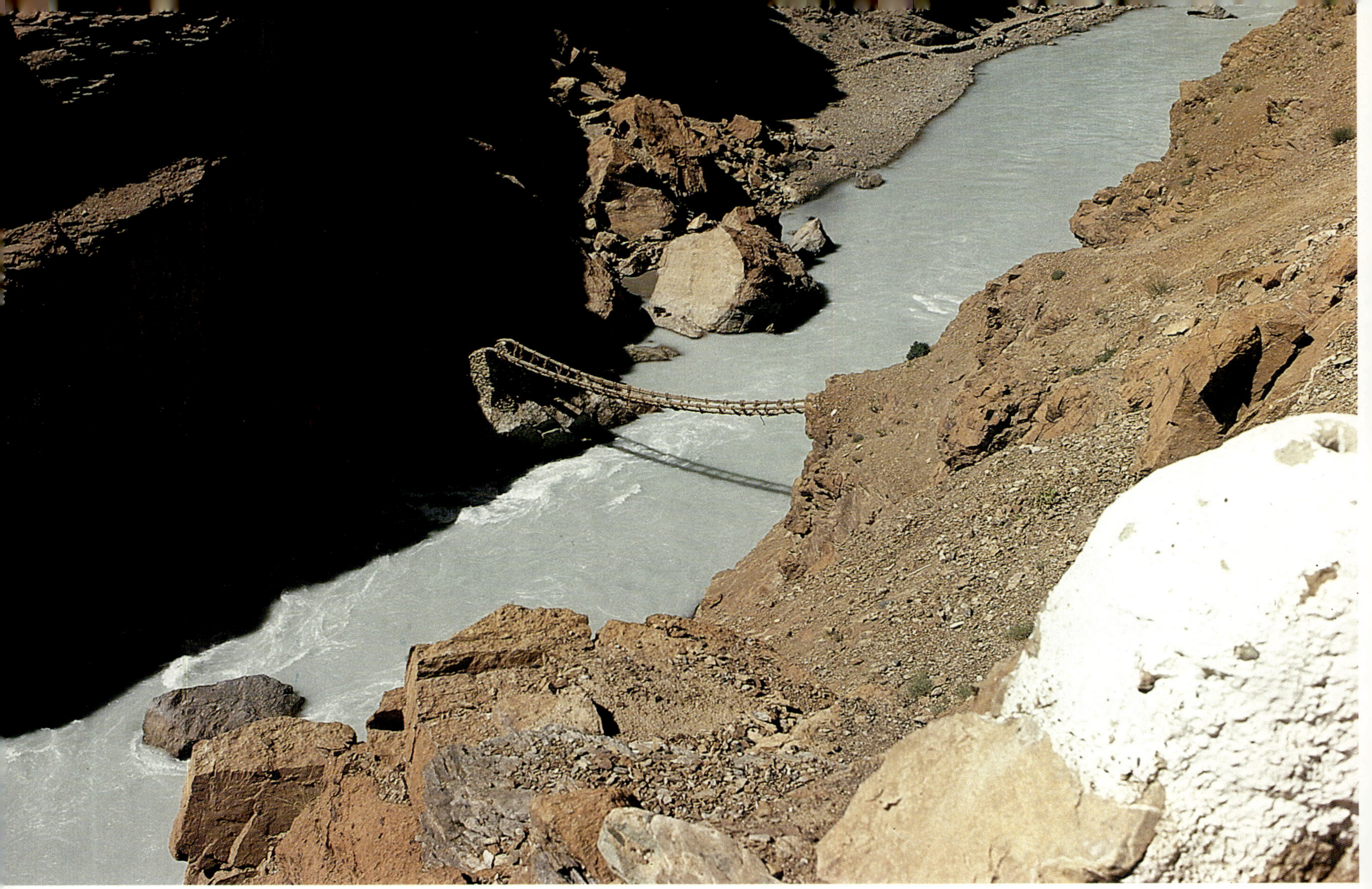

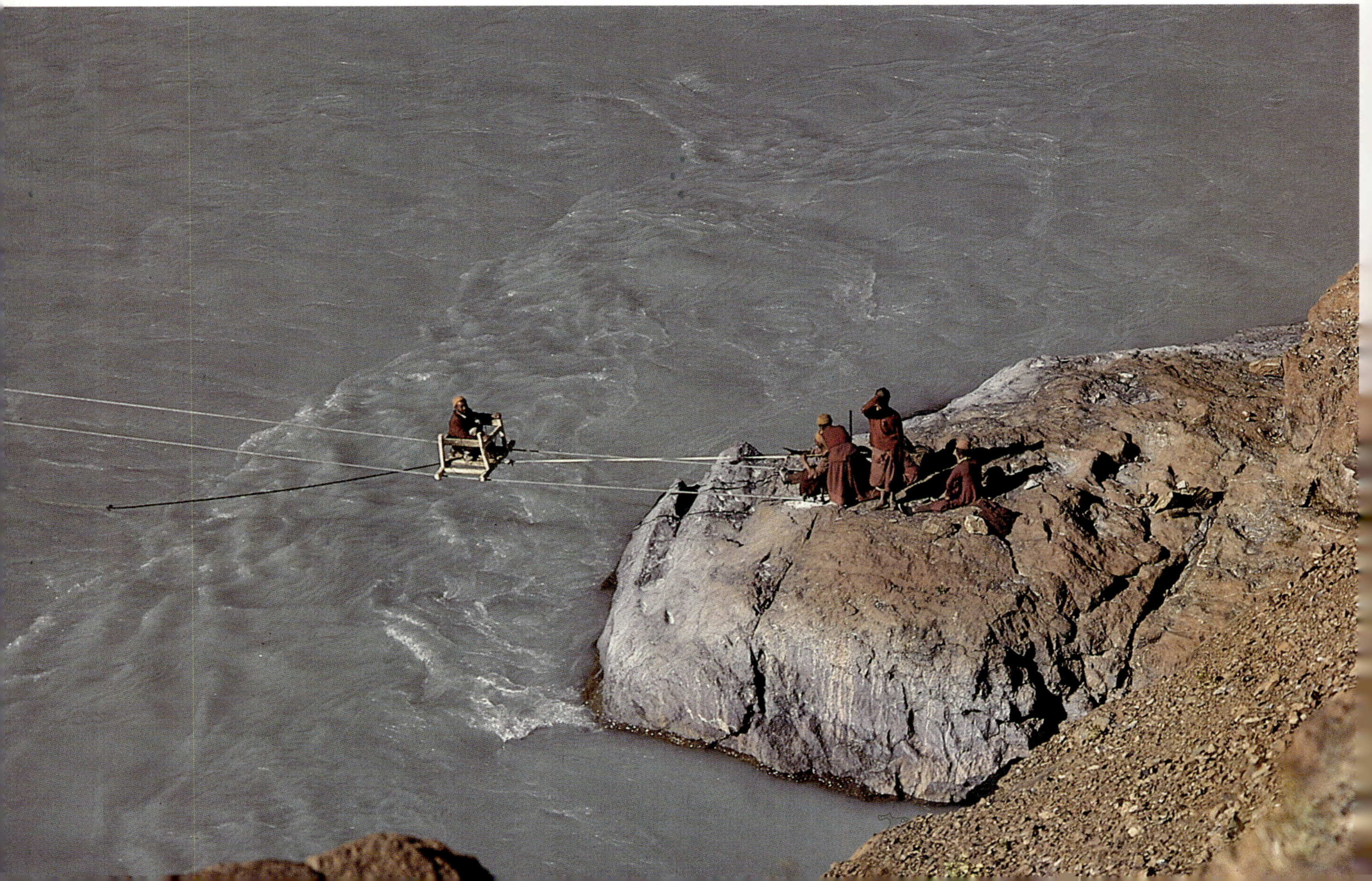

du hast das Glück, dein Haus auf dem Rücken zu haben, und wo immer du hingehst, bist du bequem zu Hause." — „Das bedeutet mir nichts. Gern würde ich mein Haus für das Vergnügen hergeben, fliegen zu können", entgegnete die mürrische und anspruchsvolle Schildkröte und fuhr fort, sich zu beklagen. Da sagten zwei Gänse zu ihr: „Wenn du wirklich fliegen möchtest, so ist nichts einfacher als das!" — „Ihr hal-

48 / 49 *Entfernungen werden in der tibetischen Welt gewöhnlich durch die Zahl der Monate ausgedrückt, die man braucht, um von einem Ort zum anderen zu reiten oder zu gehen. Hier bewegt sich eine Karawane über den steinigen Boden der Hochebene auf das Rangdum-Kloster zu.*

50 / 51 *Obwohl nur spärlich bevölkert, ist das Hochland des Himalaya doch bis in die höchsten Lagen der einsamsten Täler bewohnt. Dieses vergessene Tal liegt über 4200 Meter hoch; der Frost dauert fast das ganze Jahr an.*

52 a, b *Nahrungsmittel sind knapp, und die Menschen sind auf Produkte aus benachbarten Regionen angewiesen. Handel treiben ist lebensnotwendig. Daher sind die meisten Himalayabewohner mehrere Monate im Jahr auf Reisen. Zum Überqueren der Flüsse hat man sinnreiche Hilfsmittel entwickelt, wie Hängebrücken aus geflochtenen dünnen Birkenzweigen oder ausgeklügelte Zugvorrichtungen aus Seilen, bei deren Anblick einem die Haare zu Berge stehen. Alle diese Brücken sind wichtige Lebensadern, über die sich ein ständiger Strom von Kaufleuten, Bauern und Mönchen bewegt.*

tet mich zum Narren", grollte sie. „Wie kann ich je fliegen?" — „Das ist ganz einfach", sprachen die Gänse im Chor. „Sieh diesen Stock, beiß' nur in die Mitte hinein, dann nehmen wir seine beiden Enden in unsere Schnäbel und fliegen mit dir in die Höhe." Gesagt, getan — und siehe: Die Gänse hoben die Schildkröte in die Luft. Die Schildkröte war begeistert, aber damit nicht zufrieden. „Ich wünsche mir so sehr, meine Freunde könnten mich sehen", dachte sie stolz. Und gerade in diesem Augenblick, als die Gänse in der Nähe eines Weihers dahinflogen, erblickte die alte griesgrämige Schildkröte eine ihrer Nachbarinnen gerade unter sich. „Ha, wie werde ich meine Freundin überraschen", dachte sie, „ich werde sie rufen, damit sie zu mir heraufschaut." Und die törichte Schildkröte öffnete ihren Mund und rief: „Schau, schau mich an!" Aber sogleich kreischte sie: „O weh!" Denn da sie den Mund geöffnet und den Stock losgelassen hatte, fiel sie wie ein Stein vom Himmel. Sie landete mit einem lauten Krach, überlebte aber den Sturz dank ihrer dicken Schale. Die Moral davon ist natürlich, daß man sich seiner Vorzüge bewußt sein und niemals prahlen sollte. Tatsächlich gelten Prahlerei, Neid und Undankbarkeit in der tibetischen Welt als drei der schlimmsten Sünden.

Unter den zahllosen anderen Kinderge-
schichten ist auch die vom Wolf, vom
Fuchs und vom Yak-Kalb. Sie enthält viele
uns vertraute Elemente zusammen mit einigen, die für uns ganz unerwartet sind. Es
ist die Geschichte von einem Fuchs, der
sich mit einem kleinen Yak-Kalb ange-
freundet hatte. Das Kalb war dem Fuchs
ein sorgloser Gefährte. Eines Tages, als sie
auf einer Wiese eine Weile gespielt hatten,
begann der Fuchs Hunger zu spüren, und
so sagte er zum Kalb, er wolle in die Berge
gehen, um Berghühner zu jagen. „Verlaß
mich nicht, verlaß mich nicht", rief das
Kalb. „Wenn nun ein Wolf kommt!" —
„Mach dir keine Sorgen", sagte der Fuchs,
„alles was du tun mußt, ist, schnell nacheinander ‚Muh-muh-muh' zu sagen, und
ich komme sofort herunter und verjage
den Wolf." — „Gut", sagte das Kalb und begann zu grasen, während der Fuchs weg-
ging, um sich nach einem Mittagsmahl
umzusehen. Schließlich fand er einen
Bergfasan, der über die Steine hüpfte, und
gerade wollte er sich auf ihn stürzen, als
er vom Tal herauf den vereinbarten Ruf
hörte: „Muh-muh-muh."

„Ach je, ach je, das Kalb", dachte der
Fuchs, sprang auf, und verscheuchte damit den Fasan. Er rannte, was er konnte, zu
der Wiese hinunter, fand aber das Kalb ge-

sund und munter und keine Spur von
einem Wolf. „Warum hast du gerufen?"
fragte der Fuchs ärgerlich, und dachte an
die Beute, die ihm entkommen war. „Oh,
das tut mir leid", sagte das Kalb. „Ich habe
mich beim Fressen so glücklich gefühlt,
daß ich aus reiner Freude ‚Muh-muh-
muh' gesagt habe." Wütend machte sich
der Fuchs von neuem auf den Weg, um
einen Fasan oder sonst etwas Eßbares zu
finden.

Bald fand er ein großes Berghuhn und
schlich sich von hinten an. Gerade als er
losspringen wollte, rief das Kalb wieder
vom Tal herauf: „Muh-muh-muh." Diesmal zögerte der Fuchs nicht: „Das ist
bestimmt wieder ein Spaß", dachte er,
als er das Huhn packte. Nach seiner Mahl-
zeit kehrte der Fuchs zur Wiese zurück.
Er erschrak, denn das Kalb war fort. Ein
paar verstreute Knochen war alles, was
übriggeblieben war. Der Fuchs weinte
bitterlich und schwor Rache. Er sammelte die Knochen ein, und ein Stück weiter
begann er Holz für ein großes Feuer zu-
sammenzutragen, um darauf die Knochen zu Leim zu kochen. Bald wurde
der Wolf angelockt durch den Duft, dessen Ursache er für eine Fleischspeise hielt.
Auf den Fuchs zukommend, bellte er:
„Bruder Fuchs, was kochst du Gutes?" —

„Ach", sagte der Fuchs beiläufig, „das ist ein Zaubermittel." „Was?", fragte der Wolf, „ein Zaubermittel? Sprich weiter!" Der Fuchs erklärte ihm also, sein Zaubermittel wäre eine Salbe, die ihm beim Jagen helfe. „Sie schärft meine Augen so, daß ich jede Beute fangen kann." — „Aha", sagte der Wolf. „Kann ich etwas davon haben?" — „Aber gewiß", entgegnete der Fuchs. „Du mußt nur deine Pfoten in den dicken Saft eintauchen und ihn in die Augen reiben, dann wirst du viel besser sehen." Der Wolf ging sofort zum Topf — nahm gierig eine Pfote voll und rieb sie in seine Augen. „Ich sehe nichts!" rief er, als sich der Leim zu verfestigen begann. „Hilfe, Hilfe, ich erblinde." Und je mehr er seine Augen rieb, desto mehr rieb er den Leim in sie hinein. Heulend vor Zorn stolperte der Wolf davon und strauchelte über Felsgestein, bis er schließlich über eine Klippe stürzte und starb.

Neben unseren Märchen mag diese Geschichte ein wenig brutal erscheinen; aber für die Menschen im Himalaya sind die Wölfe eine sehr gegenwärtige und grausame Bedrohung. Es wimmelt dort geradezu von Wölfen: die gelben der offenen Steppen von Ladakh, die schwarzen in den hohen Bergen von Zanskar und verschiedene Arten von Waldwölfen in den niedrigeren

Bergen. Sie ernähren sich von Murmeltieren, Gletscherratten und wilden Schafen, und zu ihrer Lieblingsnahrung gehören zweifellos auch die fetten Herdenschafe, die sie zu reißen versuchen, wenn diese hinaus auf die Weide getrieben werden. Allnächtlich müssen die Tiere — sowohl die der Nomaden als auch die der Dorfbewohner — in schützende Koppeln getrieben werden, um sie vor den Wölfen zu bewahren. Manchmal springen hungrige Wölfe sogar in die Koppeln hinein. Selbst junge Fohlen greifen sie an.

Der Fuchs ist zwar ein schlauer Geselle, aber im Himalaya, wo es für ihn fast nirgends Haushühner zu erjagen gibt, wird er doch mit freundlichen Augen betrachtet. In unserer Geschichte ist der Wolf — anders als der Fuchs — weder schlau noch gewandt. Schon in frühester Jugend wird den Jungen und Mädchen beigebracht, wie man Wölfe verjagt und wie man sie, wenn nötig, tötet.

Tatsächlich ist es die Aufgabe von Kindern, die Familien- oder Dorfherde zu hüten. Die einzige Bewaffnung dieser Kinder ist eine Schleuder, eine tödliche Waffe, die alle jungen Himalayabewohner mit beachtlichem Geschick handhaben. Für die Herstellung dieser Schleudern benutzen die Kinder Ziegenwolle und Yakhaar. Dabei werden alle Techniken des Flechtens von Schnüren und des Knotens angewandt, die zur Seilerei gehören: die einfach gedrehte Schnur, die vierfach geflochtene, das Bandgeflecht, eine doppelte gedrehte Schnur mit einem Flechtband, das die Schlinge bildet, durch die der Finger gesteckt wird. Das Ende der Schnur bildet eine Wollquaste, die den Knall einer Peitsche erzeugt, wenn der eingelegte Stein davonfliegt.

Die Märchen des Himalaya lehren die Kinder nicht nur Mut zu haben und niemals „Hilfe, der Wolf!" zu schreien, sondern auch, Probleme mit Hilfe der Vorstellungskraft und der Intelligenz zu lösen, so wie der Fuchs oder die Gänse in unseren Geschichten. Und in der Tat ist es die Intelligenz, die die Himalayabewohner bei ihren Kindern am meisten loben. Eine der drei Hauptsünden des Buddhismus ist die Unwissenheit.

Natürlich schätzen auch wir die Intelligenz unserer Kinder, aber nicht im selben Maß wie die Menschen des Himalaya. Eine Mutter würde dort nicht von ihren Kindern berichten, das eine sei brav und folgsam und das andere faul, sondern sie würde sagen: „Dieses hier ist intelligent und das andere dort ein wenig dumm." An Kindern hebt dort jeder die Intelligenz hervor. Der Wunschtraum von Müttern und Vätern ist nicht, vor allem schöne, sondern kluge Kinder zu haben. In allem wird die Intelligenz gesucht und bewundert. Und zweifellos ist Klugheit unentbehrlich in Gegenden, wo einer schlau wie der Fuchs sein muß, um zu überleben, schlauer als die Raubtiere, die Wölfe, die Schneeleoparden und der gefürchtete „Dremo", der rote Bär. Es heißt einfach klug sein, um den Winter im Himalaya zu überleben, vor allem in der furchtbaren Kälte der höheren Regionen. Es heißt klug sein, um über Hunderte von Meilen Marktplätze zu erreichen, wo mit fremden Kaufleuten Handel zu treiben ist. Intelligenz ist auch erforderlich, um die komplizierten philosophischen Feinheiten der umfangreichen Kommentare zur buddhistischen Lehre zu verstehen, wie sie im Tenjur und im Kanjur enthalten sind, jenen umfangreichen Schriften, in denen die lamaistische Religion niedergelegt ist. Für den Menschen des Himalaya ist ein intelligentes Kind aufgeweckt und nicht etwa pedantisch. Das drückt sich auch im Sprichwort aus: „Wer wenig weiß, ist wie ein Mensch mit einem Auge; wer viel weiß, der hat tausend Augen." Oder: „Sprechen, Wissen und Verstehen sind die Vorrechte des Menschen." Oder: „Die Fähigkeit zu denken macht den Menschen." Man freut sich, wenn Kinder unartig sind, und der kindliche Schalk gehört fast zu den Grundeigenschaften dieses Volkes. Die Durchtriebenen, solange sie es nicht zu weit treiben, gelten als Helden.

Aber auch die buddhistische Religion spielt eine bedeutende Rolle bei der Prägung des kindlichen Charakters. Wir Christen werden gelehrt, unserem Gott zu gehorchen, ihm zu dienen und ihn zu lieben. Dem jungen Buddhisten wird nichts von solchen unterwürfigen Einstellungen beigebracht. Seine Religion verlangt nicht unterwürfigen Gehorsam, sondern Selbstbeherrschung.

Kinder werden dazu erzogen, die „acht Handlungsweisen der Niedriggeborenen" zu meiden: rüde Ausdrucksweise, Unhöflichkeit, Großsprecherei, Mangel an Voraussicht, Ungehobeltheit, das Anstarren anderer, unmoralisches Betragen und Stehlen. Sie werden auch vor den zehn Hauptsünden gewarnt, die sich auf subtile Weise von unseren zehn Geboten unterscheiden. Sagt man uns: „Du sollst nicht töten, du sollst nicht lügen, und du sollst nicht begehren deines Nächsten Frau", so sagt man dort, es sei falsch den Büchern nicht zu vertrauen, die Lehrer zu mißachten, sich unbeliebt zu machen, gierig zu sein, zu viel zu sprechen, sich über das Unglück anderer lustig zu machen, Schmähreden zu führen, alte Leute zu schelten, etwas auszuleihen, was man nicht zurückgeben kann, und natürlich auch zu stehlen.

Von früher Kindheit an werden alle gelehrt, den Hauptfehler des Zuviel oder Zuwenig zu meiden. Das Übermaß ist ungehörig, und die Mäßigung der Wünsche ist der Schlüssel aller buddhistischen Lehren. Bei näherer Betrachtung dieser Erziehungsmaximen zeigt sich, wie sehr der junge Tibeter und Himalayabewohner dazu erzogen wird, auf seine Mitmenschen Rücksicht zu nehmen. Die Kinder im Himalaya sind höflich, freundlich, geduldig und respektvoll, und sie haben gerade jenen Anflug von Ungezogenheit, der sie so charmant und lebendig erscheinen läßt.

Wie bei so vielen Völkern, die von den modernen Theorien der Kindererziehung verschont geblieben sind, wird auch hier darauf geachtet, daß Säuglinge und Kleinkinder niemals weinen. Bis zum Alter von fast zwei Jahren werden sie an der Mutterbrust ernährt und zunächst ständig von ihren Müttern herumgetragen. Im Krabbelalter vertraut man sie einem älteren Bruder oder einer älteren Schwester an, einem sogenannten Kinderhirten, der von da an auf das Kind achtgibt und es überall mit herumschleppt. Nicht selten sieht man ein Sechsjähriges unter der Last eines dicken 18 Monate alten Geschwisters keuchen. Zwischen dem „Hirten" und seinem „kleinen Schaf" entsteht bald eine eigentümliche Beziehung, die das ganze Leben währt, eine Bindung, die den Familienzusammenhalt weiter festigt. Kinder werden im Himalaya wie Könige behandelt, und viele Kinder sind tatsächlich die Oberhäupter großer Klöster, weil sie als Reinkarnation eines früheren Abtes erkannt wurden.

Es ist interessant festzuhalten, daß es im Himalaya bis vor kurzem keine Schulen in unserem Sinne gegeben hat. Trotzdem war der Anteil der Analphabeten immer relativ klein. Über 50 Prozent der männlichen Erwachsenen konnten lesen und schreiben. Das war die logische Folge des Gebotes, Bücher und Lehrer zu achten und auf sie zu vertrauen.

Irgendwie hat unsere moderne Welt den Respekt vor dem Wissen und vor den Lehrern verloren. So wird Erziehung zur bloßen Vorbereitung auf das Berufsleben und ist nicht mehr ein Wert an sich. Im Himalaya gilt Wissen ebensoviel wie Intelligenz. Schon in frühem Alter forscht man bei den Kindern nicht nur nach Zeichen von Intelligenz, sondern auch nach jeglicher Neigung zum Lesen, Schreiben und zu Gedächtnisleistungen. Der Himalaya besitzt sowohl eine umfangreiche Literatur, als auch eine beträchtliche mündliche Überlieferung. Mit dieser wird ein Großteil der Unterhaltung bestritten. Da weder Fernsehen noch Radio die langen Abende der acht Wintermonate verkürzen, wird das Leben von Geschichtenerzählern erhellt und verwandelt. Jede Familie schart sich dann um einen oder mehrere Geschichtenerzähler. Nicht nur die Großmütter, nein jeder versucht, Freunde und Familie mit immer neuen Geschichten zu unterhalten. Die Kinder im Himalaya hören ebenso gern Geschichten wie die unseren. Der Unterschied ist nur, daß dort die Mütter, Tanten und Onkel Hunderte langer, langer Geschichten kennen; nicht etwa nur Kinderreime, sondern phantasiereiche epische Erzählungen, die viele Bücher füllen würden. Berühmt ist die Geschichte von König Kesar von Ling und Kesar von From (vermutlich der Cäsar Roms), eine quasi historische Dichtung, die die frühen Tage des Himalayavolkes beleuchtet und Kunde von Schlachten überliefert, die zur Zeit des Königs Songsten Gampo geschlagen wurden.

Auch Beredsamkeit gilt als Tugend. Es gibt sogar ein Gebet, das um den „Segen der Beredsamkeit" bittet. Aber auch hier ist der Fehler des Zuviel oder Zuwenig zu vermeiden. „Deine Rede sei kraftvoll", so sagt ein Sprichwort, „sonst erregt sie kein Interesse, sie muß klug sein, sonst bereichert sie nicht, und sie muß angemessen beendet werden, sonst geht ihre Wirkung verloren."

Die Kindheit gilt im Himalaya als die glücklichste Zeit des Lebens, und es ist wirklich so, denn nur weniges hindert die Kinder am Glücklichsein. Es gibt keine Kindergärten, die die Kinder der Wärme ihres Heims entziehen würden, wo sie allezeit erwünscht sind und wo jedes Familienmitglied ihnen viel Zeit widmet.

Diese Art der Kindererziehung könnte idyllisch erscheinen, gäbe es nicht den Fluch der Krankheit und die Härten der Witterung, die ihren Teil am jungen Leben fordern. Zumal in großen Höhen ist die Kindersterblichkeit hoch. Man bedenke nur, daß in Zanskar, einem Tal in mehr als 4000 Meter Höhe die Temperatur in den Häusern im Winter so niedrig wird, daß ein Kleinkind in seinem eigenen Urin erfrieren kann und alle naßgemachten Kleidungsstücke an ihm festfrieren. Deswegen betten die Zanskaris ihre Kleinkinder in Wollsäcke, die mit fein zermahlenem getrockneten Kuhdung gefüllt sind und um die Hüften der Kinder zusammengebunden werden. Dieses Pulver nimmt alle Ausscheidungen auf, und die Kinder laufen nicht Gefahr zu erfrieren.

In vielen Fällen können die dortigen Ärzte das Leben von Kindern nicht retten, obwohl sie eine lange Ausbildung haben, über wissenschaftliche Bücher, Heilkräuter von unbezweifelbarem Wert verfügen und beachtliche diagnostische Fähigkeiten besitzen. Es gibt keine genaue Statistik über die Kindersterblichkeit in den Himalayaregionen oder in Tibet. Die Chinesen haben aus propagandistischen Gründen behauptet, daß früher von 1000 Kindern 472 den Tod gefunden hätten. Diese erschütternde Zahl muß bezweifelt werden, aber es könnte sein, daß die Kindersterblichkeit bei 30 Prozent liegt.

Diese häufigen Verluste führen keineswegs dazu, daß die Mütter gleichgültig werden oder vom Tod ihrer Kinder kaum noch berührt sind. Der Verfasser ist vielen Müttern begegnet, die über den Tod eines Kleinkindes untröstlich waren.

Man könnte denken, daß die Erziehung in den buddhistischen Tugenden mürrische oder reservierte Kinder hervorbringt. Aber das ist nicht der Fall. Die liebevoll tolerante Einstellung der Eltern und aller Erwachsenen Kindern gegenüber und die hohe Bewertung von Schläue und Intelligenz lassen Kinder heranwachsen, die wir sehr lebhaft nennen würden, Kinder, die wenig Angst, aber großen Respekt vor Erwachsenen haben, und denen ständig der Schalk aus den Augen blitzt.

Bis zum Alter von etwa zehn Jahren ziehen sie in kleinen Gruppen umher, spielen alle möglichen Spiele und treiben jeden Unfug, den Kinder ausdenken können. Sie reiten zu sechst auf einem Esel, sie bauen Miniaturlehmhäuser und ganze Dörfer, sie klettern auf Bäume, bauen Wasserräder und suchen nach Beeren. Sie üben auch Mannschaftsspiele, die von bestimmten Regeln geleitet werden: beide Mannschaften stellen sich zu beiden Seiten eines Baches auf und versuchen, einander anzuspritzen, indem sie Steine ins Wasser werfen, oder sie zielen mit Ringen oder Steinen auf Holzstangen, die in den Boden eingegraben sind, oder sie versuchen Nüsse, Steine oder Münzen in Löcher zu werfen, ähnlich wie bei unserem Murmelspiel. Die kleinen Mädchen formen Puppen aus Lehm, und natürlich spielen sie Mutter und Kind.

Die Kindheit gilt als Lehrzeit für das Erwachsensein und keineswegs als eine Zeit des Nichtstuns. Kinder tragen praktisch die gleichen Kleider wie die Erwachsenen: wollene Chubas, die mit langen Stoffbändern um die Hüften verschnürt werden. Noch vor dem achten Lebensjahr beginnen sie eine aktive Rolle in der Gesellschaft

61 Die zahllosen religiösen Denkmäler und Klöster, Zeugnisse des Glaubens der Bevölkerung, sind ein besonderer Akzent in der gewaltigen Landschaft des Himalaya. Gun-pa, tibetisch Kloster, komme von dem Wort für Höhle. Dorthin zogen sich die Einsiedler zurück, um zu meditieren. Viele der heutigen Gun-pas stehen vor, auf oder über diesen alten Einsiedeleien. Das Kloster von Nyphu im nördlichen Mustang ist in einen Felsen hineingebaut, in dem Menschen jahrhundertelang immer wieder Zuflucht gesucht haben.

62 / 63 Ebenso wie die Architektur des Glaubens ist auch die der Angst durch viele erstaunliche Bauwerke, die großen Burgen und Befestigungsanlagen, im Himalya vertreten. Die Bastionen von Lo Mantang, der von Mauern umgebenen Hauptstadt Mustangs, bieten Schutz vor einer feindlichen Welt.

64a Farbenfroh stehen Burgen, Klöster und Tschörten des Dorfes Geling in Mustang in der kargen Landschaft.

64b Charakteristisch für die Welt des Himalaya sind die Gebetswände und Tschörten. Letztere sind eigenständige Weiterentwicklungen antiker indischer Sakralbauten, der Stupas. Diese „Hilfen des Glaubens" kommen in unterschiedlichen Größen und Gestalten vor. Die hier gezeigten Beispiele stehen nahe dem Garphu-Kloster in Mustang.

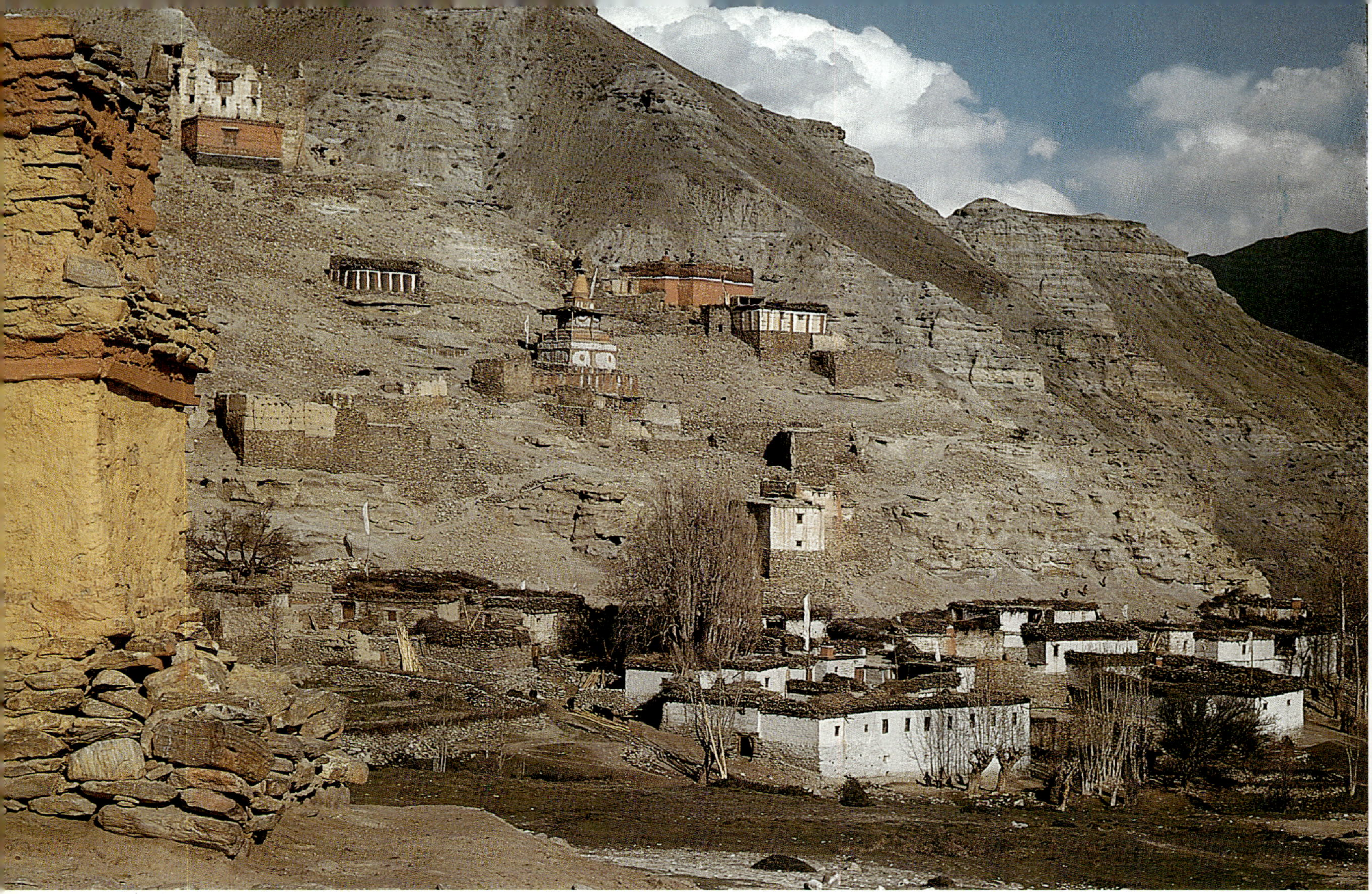
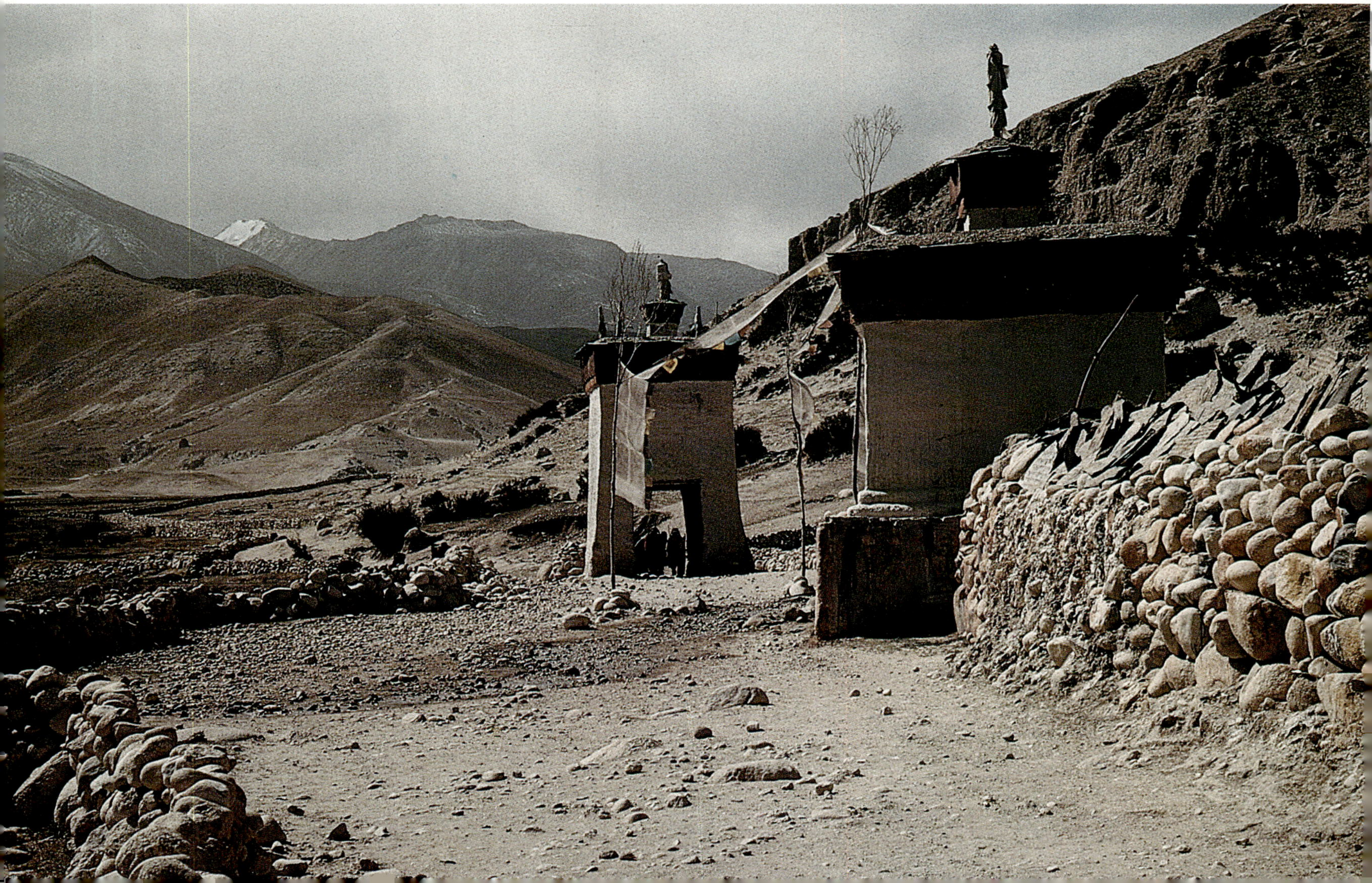

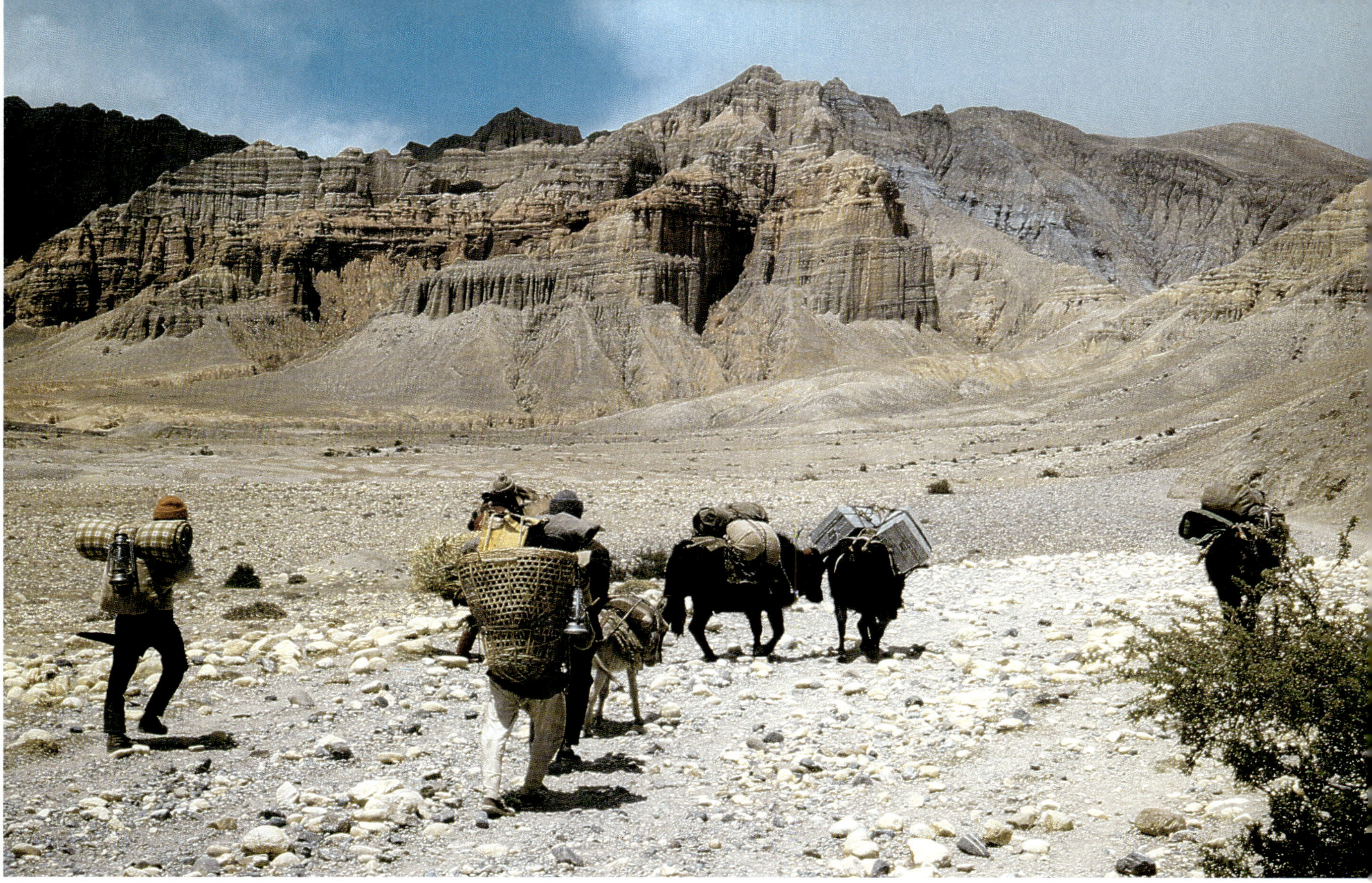

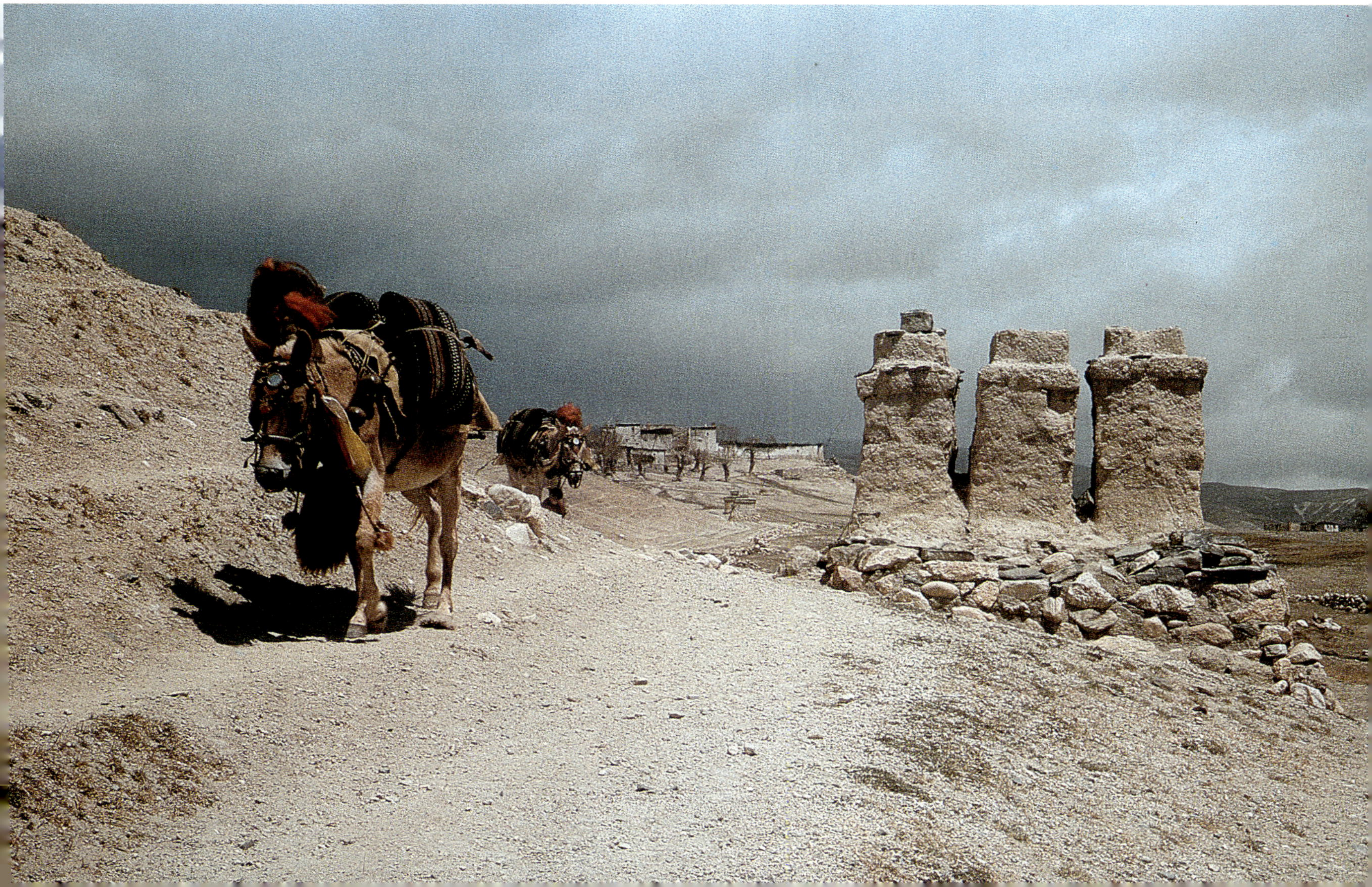

zu spielen. Nicht nur übernehmen die älteren die Verantwortung für jüngere Geschwister, sie helfen auch, die Herde der Familie oder der Dorfgemeinschaft auf den kargen Almweiden zu hüten, die sich oberhalb des Dorfes bis an die Schneegrenze hin erstrecken. Dort hört und sieht das Kind seinen ersten Wolf und lernt, mit der Steinschleuder auf ihn zu zielen. Mut, wie er in den Märchen gepriesen wird, ist da nicht nur eine Tugend, sondern auch eine Notwendigkeit.

Es ist keine leichte Aufgabe, Schafe über die steilen Pfade der Felshänge auf die Almweiden zu treiben. Die kleinen Hirten müssen ständig hierhin und dorthin laufen, denn ausgebildete Schäferhunde gibt es im Himalaya kaum. In den Ebenen von Zentraltibet allerdings richten die Nomaden große Doggen ab, sowohl um ihre Schafe und Rinder zu beschützen, wie auch zur Verteidigung gegen berittene Wilderer und Banditen.

Eine sonst weit verbreitete kindliche Untugend gibt es im Himalaya nicht, nämlich die Grausamkeit gegenüber Tieren. Von frühester Kindheit an lernen sie, das Leben zu achten, und alle kennen das Gebet auswendig, das alltäglich um Verzeihung bittet, sollte man unabsichtlich ein Insekt zertreten haben. Zu den frühesten Kindheitserinnerungen gehört, daß die Mutter Flöhe aus dem Haar ihres Kindes liest und den unverletzten Parasiten jedesmal vorsichtig auf den Boden setzt. Alles Leben, selbst das eines Flohs, wird heiliggehalten. Mit der Religion werden die Kinder schon im frühen Alter vertraut gemacht. Bald verstehen sie, daß es zwei Arten von Menschen gibt, nämlich Laien, wie ihre Eltern, und der Religion geweihte, wie ihre Tanten und Onkel, die als Nonnen und Mönche ihr Leben der Suche nach der Erleuchtung widmen. Einige der Mönche und Nonnen

65a Die Yak-Karawane des Autors am Oberlauf des Kali-Gandaki-Flusses, der sein Tal zwischen das Dhaulagiri- und das Annapurna-Massiv hineingeschnitten hat.

65b Diese drei Tschörten am Wegrand, deren Farben den Buddha, seine Lehre und seine Kirche symbolisieren, gehören zu den Tausenden von Sakralbauten, die die Wege im Himalaya säumen. Sie liegen an der Salzstraße, die vom tibetischen Hochland quer durch Mustang nach Nepal führt.

66/67 Ein Blick auf Lo Mantang von Namgyal-Kloster aus zeigt die Kargheit der Landschaft von Mustang, jenes entlegenen Königtums, das Fremden noch länger verschlossen blieb als Tibet selbst.

68 Gesichter aus einer anderen Zeit: Mädchen aus Nord-Mustang bei einer religiösen Zeremonie.

leben in Klöstern, aber ebenso viele woh-nen während des größeren Teils des Jahres in ihren Heimatdörfern, wo sie ihren Exer-zitien nachgehen. Dort sind sie Tag und Nacht zu hören, wie sie Gebete sprechen, Trommeln schlagen und Hörner blasen. Häufig werden die Zeremonien auch im Familienkreis abgehalten, sei es, um Glück und Segen zu erlangen, sei es, um Krankheiten abzuwehren. In fast jeder Familie gibt es einen Onkel väterlicher-seits, der Mönch geworden ist. Er übt einen nicht geringen Einfluß aus. Auch wenn er einen Teil des Jahres in einem Kloster verbringt und häufig auf Reisen ist, hat dieser Vaterbruder zu Hause im-mer sein Bett bereit, und er ist es, der die Gelehrsamkeit ins Haus bringt. Er achtet darauf, daß sein Neffe, der zweitgebo-rene Sohn, ebenfalls auf das Mönchsle-ben vorbereitet wird, und er unterrichtet auch die anderen Kinder der Familie.

Der älteste Sohn weiß, daß er bei seiner Heirat Haus und Land seines Vaters erben wird, während der jüngere Bruder weiß, daß er die hohe Ehre haben wird, Mönch zu werden. Für uns, die in Ländern leben, wo der Glaube nur eine geringe Rolle spielt, ist schwer zu ermessen, wie sehr im Himalaya das Leben eines Mönches als be-sonders beneidenswert gilt. Wir, die wir geboren wurden, um weltliche Güter zu erstreben, achten das geistige Leben oft ge-ring. Im Himalaya lernt das Kind seine Lehrer zu achten, Bücher hochzuschätzen und zu erkennen, daß das Leben nur ein vorübergehender Abschnitt auf dem Weg zur Vollkommenheit ist. Die Knaben sind ernsthaft davon überzeugt, daß es ein seltenes und einzigartiges Vorrecht ist, Mönch zu werden, eine echte gesellschaft-liche und geistige Höherstellung. Sie wis-sen auch, daß ihre Onkel, die Mönche sind, ein hochinteressantes Leben führen. „Welches Leben könnte besser sein? Ich habe keine Frau und keine Kinder zu er-nähren, ich brauche nicht auf den Feldern zu arbeiten oder die Berge nach verlau-fenen Pferden oder verlorengegangenen Kühen abzusuchen. Ich habe keine Sor-gen. Ich bin frei. Weder Gold noch Silber ist mein, aber ich besitze den höchsten Schatz, nämlich das Verständnis der Leh-re und den wahren Geist der Lehre. Keine andere Lebensform reicht an die Hinga-be, an das Dharma heran." Mit solch be-geisterten Worten sprechen überall die Mönche über ihr sorgenfreies Dasein, erleuchtet vom Glauben und bestärkt durch die persönliche Meditation über die Bedeutung des Lebens. Solche Begei-sterung wirkt oft ansteckend, und wahrhaftig haben die Mönche viele gute Gründe, glücklich zu sein. So lernen die kleinen Jungen, ob sie nun Mönche werden sollen oder in die Fußstapfen ihres Vaters treten und den Hausstand übernehmen werden, unter der Obhut ihres väterlichen Onkels lesen und schreiben. Diese kleinen Jungen und ihre Brüder und Schwestern erfüllen das Haus mit ihrem „Ka-Kha-Ga-Nya", den ersten vier Buchstaben des tibetischen Alphabets, die sie, um sie auswendig zu lernen, mit höchster Lautstärke aufsagen.

Es ist leicht, die dreißig Buchstaben des tibetischen Alphabets zu beherrschen und zu schreiben, so daß es kaum ein Kind gibt, das nicht wenigstens die Grundlagen der tibetischen Schrift erlernt. Aber nur wenige gelangen dahin, die komplizierte Grammatik und das altertümliche Vokabular der religiösen Texte zu meistern. Diese Dinge bleiben den zweiten Söhnen vorbehalten, die, wie wir noch hören werden, zur weiteren Erziehung und religiösen Bildung in die Klöster geschickt werden.

Die jungen Menschen des Himalaya werden in eine wohlgeordnete Welt hineingeboren. Nur weniges von dem, was ihnen begegnet, bleibt Glück und Zufall überlassen. Bei aller Dynamik sind die auf Landbesitz und Pacht und auf den Geboten der buddhistischen Lehre beruhenden gesellschaftlichen und wirtschaftlichen Strukturen recht unverrückbar.

Wie man sich als Heranwachsender verhält ist kaum eine Frage; man richtet sich nach Eltern, Onkel und Tanten. Was zählt, ist, ob man aufgeweckt ist, rücksichtsvoll und kameradschaftlich. Man kennt kaum den Zwang, mit den Nachbarn wirtschaftlich konkurrieren zu müssen; was von Jugendlichen erwartet wird, ist Geschick, Klugheit, gutes Benehmen, Selbstbeherrschung und Großmut.

Von jenem brennenden Ehrgeiz und der kämpferischen Aktivität, die in unserer Gesellschaft, wo der militärische und wirtschaftliche Erfolg gepriesen wird, so gegenwärtig sind, findet man bei den Himalayabewohnern nichts. Auch hier sind sie bestrebt, die Übertreibungen des Zuviel oder Zuwenig in engsten Grenzen zu halten. Wohl gibt es unter den Kindern eine gewisse Rivalität im Bemühen zu lernen und auch den Ehrgeiz, den Geist zu entwickeln, aber nicht um eines Profits willen oder aus Hochmut.

Das also sind die Leitlinien der Kindererziehung und einige der Grundvorstellungen, die die Lebensauffassung der Menschen im Himalaya prägen.

Religiöses Leben

Um die Menschen im Himalaya zu verstehen, ist es notwendig, Einsicht in die wahre Natur ihrer oft übel beleumundeten Religion, den Lamaismus, zu gewinnen. Es ist seltsam, daß die Himalayaregion heute eine Bastion des Buddhismus in Asien bildet, wo doch Tibet und der Himalaya jahrhundertelang die einzigen nichtbuddhistischen Gebiete Ost- und Mittelasiens waren. Jahrhundert um Jahrhundert hatten die rauhen Himalayabewohner an ihrer uralten Anbetung der Steinböcke, der Feen, der Berggötter, der Wassergeister, der Felsen und des Bodens festgehalten. Bis zur Mitte des 7. Jahrhunderts nach Christus waren sie die letzten Ungläubigen, umgeben von den buddhistischen Völkern Indiens, Afghanistans, Turkestans, Chinas und Nepals.

Obwohl in Sichtweite des Himalaya geboren, predigte Buddha seine strenge Philosophie von Entsagung und Erleuchtung zunächst wohlhabenden indischen Prinzen. Am Anfang war der Buddhismus eine Philosophie für die Elite. Im Volk verbreitete er sich erst im zweiten vorchristlichen Jahrhundert unter der aktiven Propaganda seines ersten großen Schutzherrn, des Königs Ashoka. Von ihm einberufene Konzilien legten die Lehre des Weisen unter den Weisen neu fest, und die Lehre wurde zur Religion. Ashoka finanzierte auch die Gründung zahlloser Klöster und sandte Missionare durch ganz Asien. Nach seinem Tod wurde seine Arbeit von Mönchen fortgesetzt, die in ihrem missionarischen Eifer begannen, aus Buddha einen Gott zu machen: Der Begriff der Buddhaschaft hatte den historischen Buddha überholt. Sie wurde durch fünf Buddhagestalten repräsentiert. Eine davon, Amitabha, der Buddha des Westens, wurde eine Art Gott, der über ein Paradies regierte.

Dreihundert Jahre später, im ersten nachchristlichen Jahrhundert, wurde König Kanishka, der dritte Herrscher von Kushan, zum eifrigen Verfechter des Buddhismus, so wie zuvor Ashoka. Auch Kanishka berief große Konzilien ein, um das buddhistische Lehrgebäude weiter abzuklären. Zu jener Zeit war der Buddhismus schon eine echte Religion geworden, mit vergöttlichten Gestalten, begleitenden Erzengeln und Heiligen, wie den Bodhisattwas, sowie einer Heerschar aus älterer Zeit überlieferter Götter, Dämonen und Feen in einer gewaltigen Versammlung von Geistern.

Zwischen der einfacheren Form des Buddhismus aus der Zeit des König Ashoka und dieser neueren Populärform kam es zu einer Trennung. Der neuere Buddhismus heißt Mahajana „großes Fahrzeug", und er bietet Befreiung und Nirwana — Erlösung für alle, wohingegen die ältere, reinere Form, das Hinajana oder das „kleine Fahrzeug", das Nirwana nur einigen wenigen Auserwählten anträgt. Um Austin Waddel zu zitieren: „Der Mahajana-Buddhismus erblühte schnell überall in Asien, besonders in Indien und China und schließlich sogar in Japan, wohingegen der Buddhismus des kleinen Fahrzeugs in Burma, Ceylon und Thailand Verbreitung fand, wo er bis heute lebendig ist."

Noch war Indien das Kernland des Mahajana-Buddhismus, als der ruhmglänzende tibetische König Songsten Gampo den Buddhismus im 7. Jahrhundert in Tibet einzuführen begann, nachdem er zwei buddhistische Prinzessinnen geheiratet hatte, die eine aus China, die andere aus Nepal. Der eigentliche Beginn dessen, was wir heute Lamaismus nennen, war jedoch hundert Jahre später, nämlich im Jahre 747, als der tibetische König Tritson Deutsen einen Mönch aus Udyana im westlichen Indien kommen ließ, um die Lehre des großen Fahrzeugs zu predigen. Mittlerweile war der indische Buddhismus zu einer komplizierten Religion geworden, die die meisten der ursprüngli-

chen Hindu-Gottheiten anerkannte. Zudem waren vielerlei magische Riten unbekannten Ursprungs in die Lehre aufgenommen worden, was die Sache noch verwickelter machte. Zu diesen gehörte auch die „tantrische", dem Gott Schiwa zugeordnete Anbetung der weiblichen Energien, der „Gattinnen des Schiwa", eine Anbetung, die später auch auf andere Gottheiten ausgeweitet wurde, die auf diese Weise zu Partnerinnen kamen. Die himmlischen Bodhisattwas erhielten sozusagen Gespielinnen oder, besser, Gefährtinnen, geistige Wesenheiten, die sich je und je der Gestimmtheit ihrer Gottheiten anpaßten. Sowie diese Gattinnen Bedeutung erlangten, wurden auch sie angebetet und allenthalben sehr verehrt, wodurch sich der Mahajana-Buddhismus von der ursprünglichen einfachen Philosophie Buddhas noch weiter entfernte.

Als der heilige Mönch aus Udyana, einem Gebiet, das für seine Magier berühmt war, in Tibet ankam, um die ersten Klöster zu gründen, da mußte er, so sagt die Legende, gegen die alteingesessenen Götter des Himalaya kämpfen, die Götter des Bodens, der Felsen, des Wassers und der Berge. Der heilige Mann, der später als der heilige Urgyan Rinpotsche oder Guru Rinpotsche bekannt wurde, besiegte die heidnischen

Götter, so daß sie ihm zu seinen Füßen huldigten, und bekehrte sie sodann zum Buddhismus. So vermehrte er den schon stark bevölkerten Himmel des späteren Buddhismus um weitere Geister und Zauberer, zu deren Besänftigung weitere Rituale und magische Übungen notwendig wurden.

Im Jahre 749 gründete Urgyan Rinpotsche in Samyas, östlich von Lhasa, das erste lamaistische Kloster von Tibet. Und bald darauf wuchsen Hunderte solcher Klöster im ganzen Land aus dem Boden. Immer mehr Gelehrte wurden nach Indien ausgesandt, um die heiligen Texte aus dem Sanskrit ins Tibetische zu übersetzen, und so begann die große Sammlung all dessen, was die buddhistische Lehre betrifft. Sowohl die frühe Lehre als auch deren späteren Umwandlungen wurden samt ausführlichen Kommentaren zum Kanjur und Tenjur, dem großen tibetischen Kanon zusammengestellt, der 108 (Kanjur) und 210 Bände (Tenjur) umfaßt.

Im Laufe der Jahre wurden der Lamaismus, wie Austin Waddel es nennt, „eine priesterliche Mischung von Schiwa-Mystik, Zauberei und indisch-tibetischer Dämonenanbetung, überzogen mit einer dünnen Schicht von Mahajana-Buddhismus". Nachdem er im 10. Jahrhundert von dem atheistischen König Langdarma von Tibet beinahe ausgerottet worden wäre, gedieh der Buddhismus erneut zu einer wahrhaft populären Religion, und zwar durch das Verdienst des berühmten Übersetzers Rintschen Zangpo, der im 11. Jahrhundert lebte. Seither ist der Lamaismus uneingeschränkt der Glaube des tibetisch sprechenden Menschen.

Jedes der heutigen Klöster gehört einer der verschiedenen Sekten an, von denen es insgesamt 17 gibt. Sie unterscheiden sich durch Lehren, die auf später „geoffenbarten" Texten beruhen, wobei sich jede neue Sekte immer weiter von der klaren und einfachen Lehre Buddhas entfernte. Im 15. Jahrhundert suchte die Gelup-pa-Sekte wieder zu einer einfacheren früheren Lehre zurückzukehren. Sie wird daher reformiert genannt, und ihre Mönche tragen gelbe Mützen im Gegensatz zu den roten Mützen der Nichtreformierten.

Unter der Ägide Kublai Khans im 13. Jahrhundert wurden die Oberhäupter des Sakya-Ordens als politische Herrscher von Tibet eingesetzt. Später fand die Gelup-pa-Sekte politische Unterstützung bei den Mongolen und dann bei den Chinesen, wodurch die weltliche Herrschaft über den größten Teil von Zentraltibet an die Oberhäupter dieser Sekte, die Dalai Lamas überging. Während die reformierte Gelup-pa-Sekte der Dalai Lamas über das Gebiet des heutigen Tibet herrschte, stand Mustang immer noch unter der Herrschaft der Sakya-pa-Sekte, die unter Kublai Khan regiert hatte. In Bhutan wurde die Kargyu-pa-Sekte, ein Ableger der Rotmützen, zum nationalen religiösen Orden.

In der Gegend des Mount Everest herrschte die Nying-ma-pa-Sekte, die älteste der Rotmützen-Sekten. Im Westen, in Zanskar, Lahaul und Ladakh gewann die Gelup-pa-Sekte an Boden und teilte sich das Gebiet mit der bhutanesischen Kargyu-pa-Sekte sowie der alten Kandem-pa-Sekte.

Der Lamaismus ist heute im Himalaya so aktiv wie eh und je. Die Flucht der tibetischen Mönche vor den Chinesen in die Gebiete von Bhutan, Sikkim, Nepal und Indien hat den buddhistischen Glauben neu belebt. Das gilt besonders für den westlichen Himalaya, der zuvor in religiöser Hinsicht am unlebendigsten gewesen war. Heute werden überall im Himalaya neue Klöster errichtet, ältere werden restauriert oder vergrößert.

Auch das in jüngster Zeit erwachte Interesse westlicher Wissenschaftler und Laien am Lamaismus hat den Mönchen bei ihrer Aufgabe geholfen. Außerdem sehen viele im Himalaya beheimatete die Religion als ein Mittel an, ihre Identität angesichts kultureller, wirtschaftlicher und politischer Bedrohungen, wie sie heute von China, Indien und Nepal ausgehen, aktiv zu behaupten.

Nachdem wir uns mit den Ursprüngen des Buddhismus und seiner Verbreitung im Himalaya beschäftigt haben, wollen wir uns den Grundelementen seiner Rituale und Glaubenssätze zuwenden. Dabei interessiert uns nicht so sehr die komplizierte Theorie und Metaphysik des Lamaismus, sondern die Religion, wie sie von den Mönchen und vom Volk tatsächlich praktiziert wird. Zum Glück ist der Glaube des durchschnittlichen Mönchs und Laien nicht so kompliziert wie die religiöse Theorie. Denn der Lamaismus bietet sowohl leicht verständliche Antworten auf die Fragen des einfachen Volkes als auch kompliziertere für die Gebildeten. Dies ist das Kennzeichen einer wirklich volkstümlichen Religion. Neben seinen weitläufigen Ritualen, seinen esoterischen Glaubensformen und dem übervölkerten Pantheon bietet der Lamaismus eine einfache Morallehre an, die ganze Nationen von freundlichen und aufgeschlossenen Menschen hervorgebracht hat, Menschen ohne jene intolerante Selbstgerechtigkeit oder fanatische Verfolgungssucht, wie sie unter den Anhängern anderer Populärreligionen unserer Zeit anzutreffen sind. Geduld, Toleranz und Aufgeschlossenheit charakterisieren den guten Lamaisten, der davon überzeugt ist, daß Ärger, Sturheit und Mangel an Verständnis für den Glauben anderer Kennzeichen niederer Gesinnung sind.

Für den Bauern des Himalaya und seine Familie ist der Buddhismus in erster Linie eine bestimmte Vorstellung von der Welt, vom Himmel und vom Leben. Jedermann glaubt, daß er schon vor diesem Leben gelebt habe und daß er danach wieder andere Leben leben werde. Das Betragen eines jeden entscheidet darüber, in welcher der sechs Sphären des Daseins er wiedergeboren wird. Es gibt Sphären der glücklichen Wiedergeburt und weniger wünschenswerte. Die beste Sphäre ist die Welt der Götter, die in großer Freude leben, doch ihr Glück ist überschattet von dem Wissen, daß auch sie eines Tages sterben werden. Die zweitbeste Art der Wiedergeburt ist, Mensch oder Titan zu werden (die Titanen sind Gottheiten, die widereinander kämpfen). Die drei niedrigeren Formen der Wiedergeburt sind die als

77   Ein Knabe aus Zanskar mit dem dort traditionellen Hut und einem Umhang aus Ziegenfell. Trotz der Kargheit ihrer Umgebung oder vielleicht gerade deswegen, achten die Himalayabewohner sehr auf ihr Äußeres. Zwar sind die Alltagskleider alt und voller Flicken und vermitteln oft den Eindruck von Armut. Aber die allermeisten Menschen, auch die Kinder, besitzen zumindest eine Garnitur feiner Kleidung für festliche Anlässe. Frische Blumen, Türkise und Korallenschmuck zieren die Kopfbedeckungen der Männer und Frauen. Hüte gibt es in den mannigfaltigsten Formen und Größen. Die Hüte und Gewänder sind durchaus modischen Veränderungen unterworfen, wenn auch langsamer als bei uns. Alte Photographien und Stiche zeigen, daß die Kleidung vor hundert Jahren nach Schnitt und Farbe ganz anders ausgesehen hat als heute. Überdies sind regionale Verschiedenheiten stark ausgeprägt. Jede große Talschaft hat ihre eigenen Kopfbedeckungen und Haartrachten. Neue Moden werden oft durch die Aristokratie populär gemacht. Viele der kunstvoll gearbeiteten Frisuren und Hüte wurden von Prinzessinnen eingeführt, die als Bräute aus Nachbarprovinzen kamen. Über den gesellschaftlichen Rang, den Familienstand und den religiösen Status ihrer Träger sagen Hüte und Haartrachten mehr aus als Kleider.

78 / 79   Der Ort Karsha in Zanskar ist ein gutes Beispiel für die sich ergänzenden Rollen von Mönchs- und Dorfgemeinschaft. Fast die Hälfte der männlichen Bevölkerung lebt innerhalb des Klosterkomplexes am Hang, während die Väter und die älteren Brüder dieser Männer in ihren Häusern neben den niedriger liegenden Feldern wohnen. Das Ergebnis ist eine stabile Bevölkerungszahl und eine lebensfähige Gemeinschaft.

80   Dieses Mädchen aus Zanskar hat sich für ein Dorffest geschmückt. Es trägt seine besten Kleider und eine gelbe Mütze, an der man es als ein Mitglied der reformierten Gelug-pa-Sekte, der „Gelbmützen", erkennen kann.

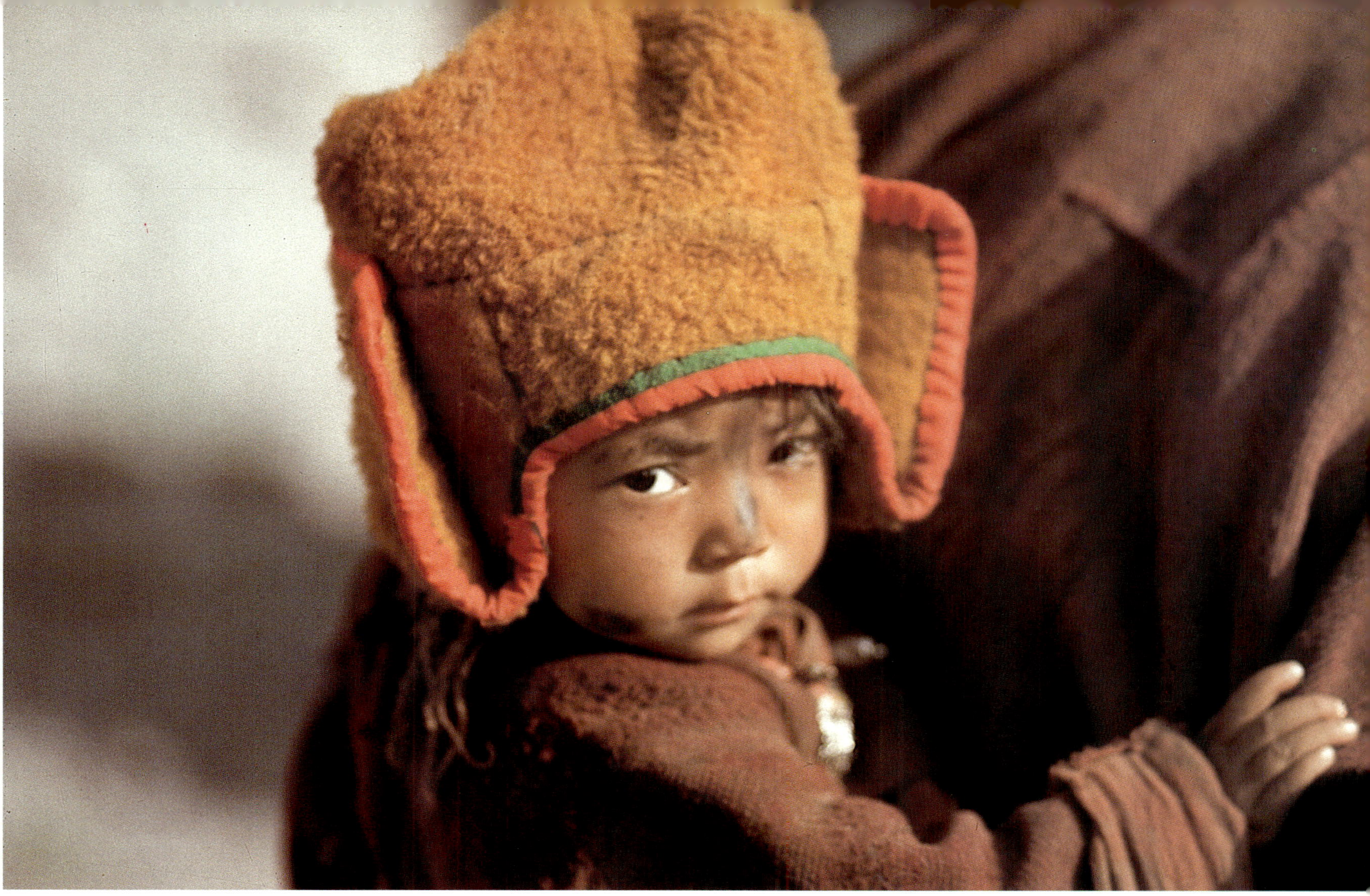

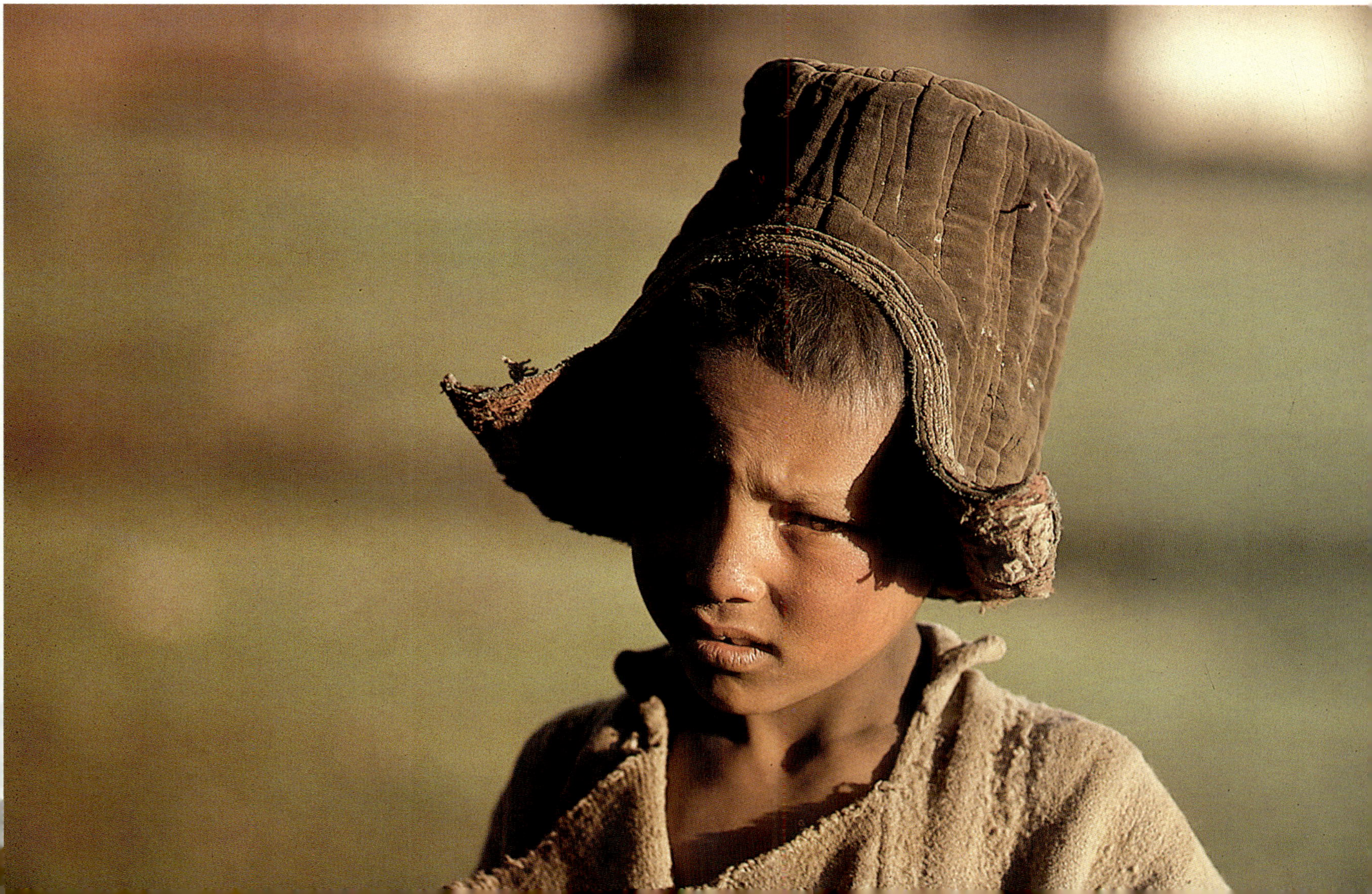

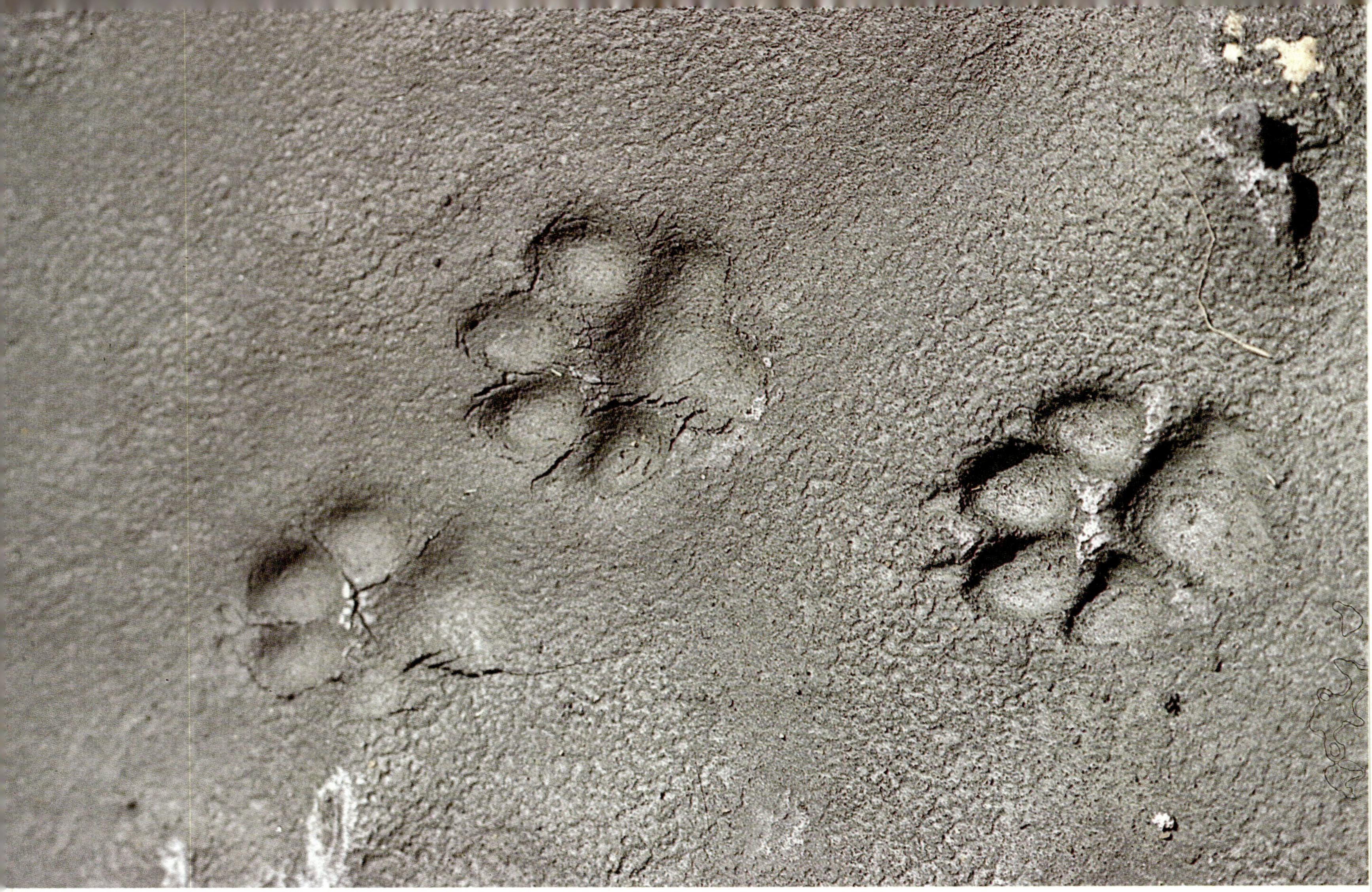

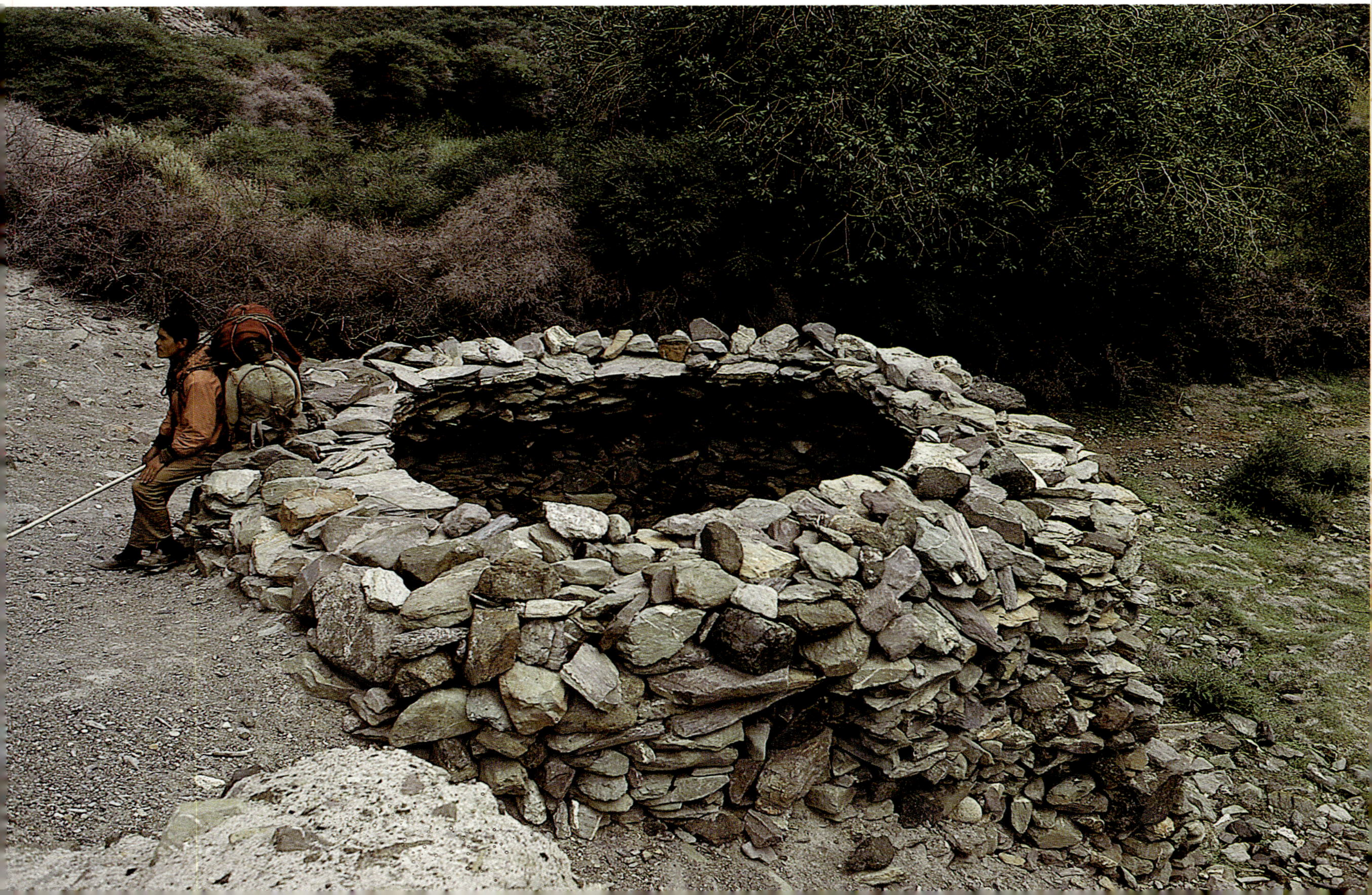

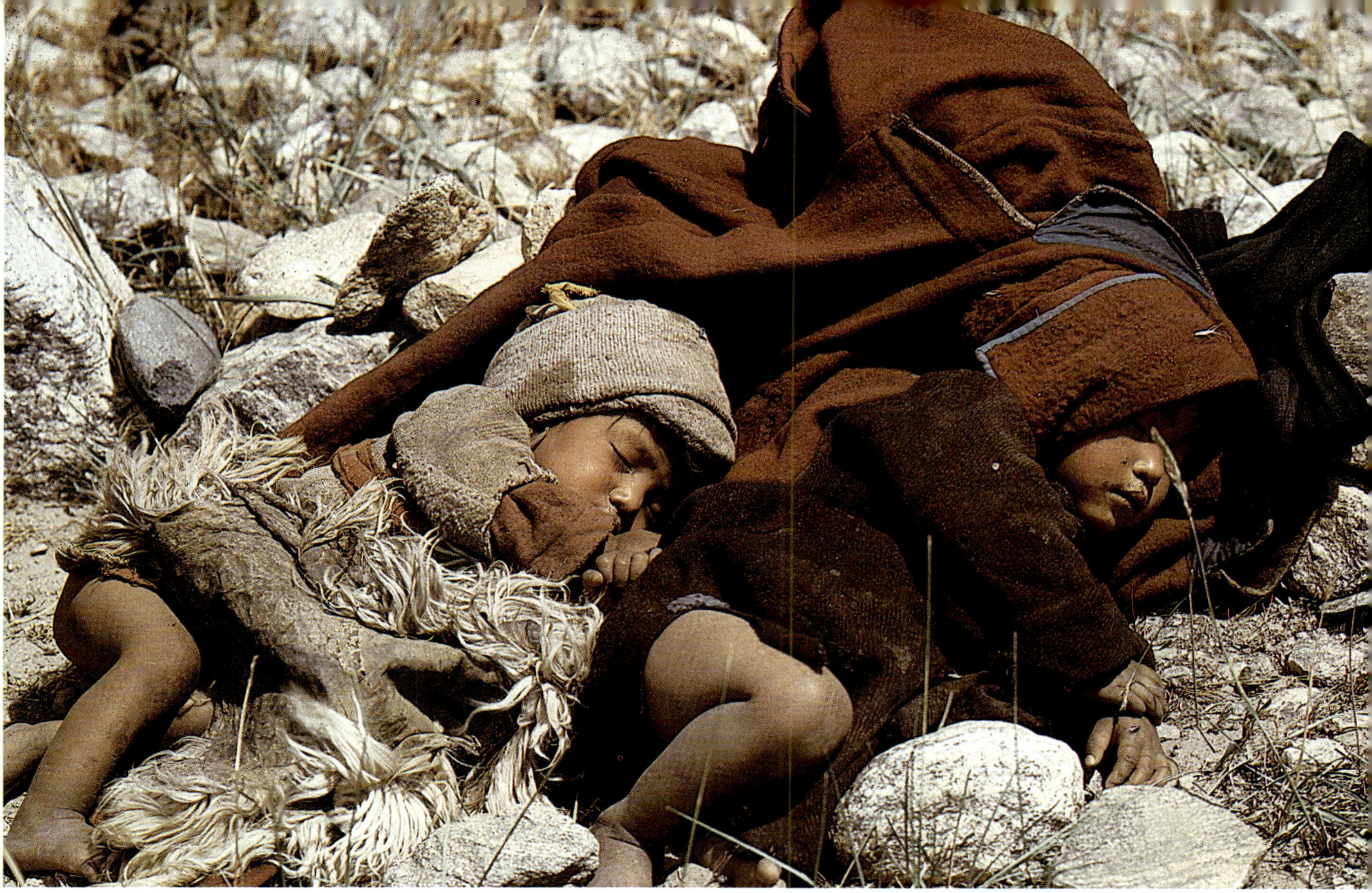

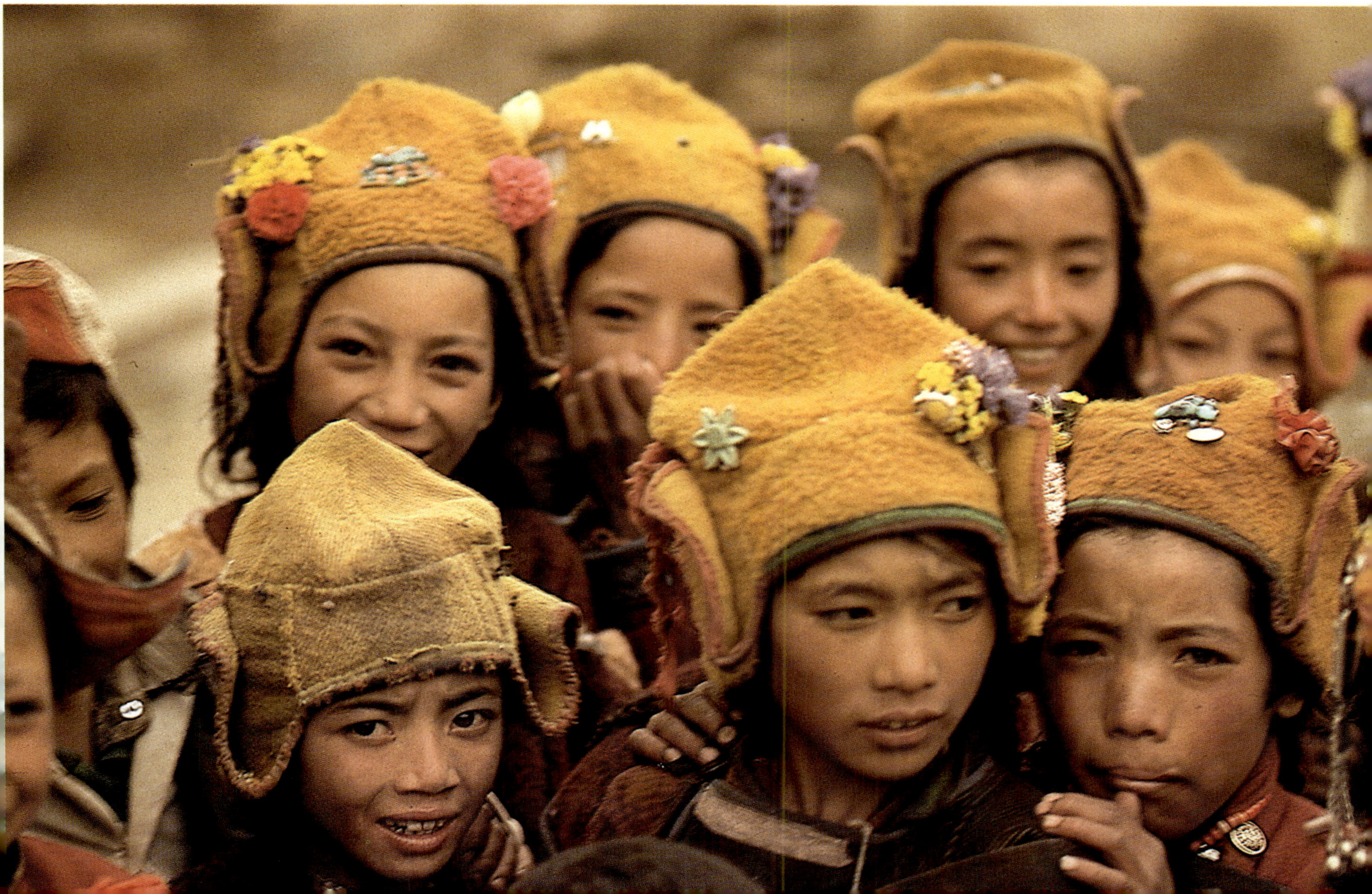

81 a Das kleine Mädchen hat zum Spaß eine gelbe Mütze aufgesetzt, die ihm zu groß ist. Der schwarze Fleck auf Stirn und Nase soll es häßlich erscheinen lassen und böse Geister abstoßen, die sich sonst zu dem schönen Kind hingezogen fühlen könnten.

81 b Abwechselnd mit anderen Dorfkindern hütet dieser Knabe die Ziegen und Schafe. Seine Aufgabe verlangt Aufmerksamkeit und Mut, denn stets lauern die Wölfe auf verstreute Tiere.

82 a Wie einst auch bei uns ist der Wolf der schlimmste Feind der Hirten. Wolfsspuren findet man fast überall im Himalaya.

82 b Im Winter kommen die hungrigen Wölfe bis in die Dörfer herunter, wo viele von ihnen in solchen Wolfsfallen gefangen werden. Tote Tiere werden innerhalb der Ummauerung als Köder ausgelegt. Die nach innen überstehenden scharfkantigen Steine hindern den Wolf daran, wieder aus der Falle herauszuspringen. Sobald die Dorfbewohner das Geheul des gefangenen Tieres hören, eilen sie herbei und steinigen es zu Tode. Alle Dorfbewohner, die dazu in der Lage sind, werfen Steine, damit nicht ein einzelner die Schuld am Tod des Wolfs zu tragen hat.

83 a Die Kinder haben einen natürlichen Platz im Leben ihrer Eltern. In der ländlichen Gesellschaft des Himalaya werden sie kaum eingeengt oder bedrängt. Sie können sich frei bewegen oder schlafen, wann und wo sie wollen.

83 b Heranwachsende Kinder gehen nicht unbedingt zur Schule, denn das Leben im Umkreis ihrer Eltern lehrt sie das meiste von dem, was sie wissen müssen. Und das Lesen und Schreiben lernen sie von ihren Brüdern und Onkeln, die Mönche sind. Kinder nehmen an allen gesellschaftlichen Aktivitäten teil, auch an Hochzeiten, Festen und den meisten religiösen Feiern.

84 In Zanskar ist das Wasser knapp. Bewässerte Felder auf der Ebene hoch über dem Hauptfluß von Zanskar.

Tier, als gequälter Geist (Wesen, die unter nagendem Hunger leiden, deren Mund aber nicht größer ist als das Loch, das eine Nadel sticht, und die ihre Wünsche niemals erfüllen können) und, am schlimmsten, als Wesen in der Hölle der Höllen, wo die übelsten Qualen äußerster Hitze und Kälte zu erleiden sind.

Das Leben stellt sich dar als ein in den Händen und Zähnen des Totengottes Mara gehaltenes Rad. An der Nabe dieses Rades befinden sich ein Vogel, eine Schlange und ein Schwein: die Symbole von Leidenschaft, Haß und Unwissenheit; denn diese menschlichen Schwächen sind es, die dafür sorgen, daß das Rad sich dreht. Keine Wiedergeburt ist nur angenehm, denn mit allen Aspekten des Lebens ist auch der Schmerz verbunden. Dies symbolisieren die auf dem Rad dargestellten zwölf Ursachen des Schmerzes, die zuletzt sämtlich aus der Unwissenheit entspringen. Die Buddhaschaft liegt außerhalb des Rades, was besagt, daß das Nirwana jenen vorbehalten ist, die dem infernalischen Rad des Lebens zu entrinnen vermögen.

Jedermann im Himalaya weiß und versteht das. Dem Rad begegnet man auf Schritt und Tritt auf zahlreichen Holzdrucken oder in Malereien an den Eingängen der meisten Kapellen. Ein jeder weiß auch, daß er als Mönch eine größere Chance hat, Nirwana zu erreichen. So wollen alle lieber Mönche werden als irgend etwas anderes, und alle beneiden die Zweitgeborenen, die nach der Tradition in das örtliche Kloster geschickt werden, um ihr Leben der Bemühung um die Erleuchtung zu widmen.

Für die außerhalb der Klöster Gebliebenen gibt es verschiedene Wege, sich religiöse Verdienste zu erwerben, deren meistbegangener das Rezitieren der heiligen Formel „Om Mani Padme Hum" ist, die gewöhnlich unter Abzählen der 108 Perlen einer Gebetsschnur psalmodiert wird.

Verdienste lassen sich auch durch Errichtung eines Tschörten oder einer Gebetsmauer erwerben, das sind Haufen oder Reihen von Steinplatten, die entweder die Inschrift „Om Mani Padme Hum" tragen oder in die religiöse Darstellungen eingemeißelt sind, ferner durch Aufstellen von Gebetsflaggen an den vier Ecken des Hauses, was auch Glück bringen soll, sowie auf Paßhöhen oder in der Nähe von gefährlichen Brücken als Dank für das sichere Hinüberkommen. Verdienstvoll ist auch das Drehen eines Gebetsrades, eines Zylinders, der mit bedruckten Gebetszetteln gefüllt ist. Ebenso vermehren Pilgerfahrten das Verdienst und verhelfen somit zu einer besseren Wiedergeburt.

Familien laden Mönche zur Lesung heiliger Texte in ihre Häuser oder um bestimmte Reinigungszeremonien auszuführen und den vielen Gottheiten Opfer darzubringen. Diese Zeremonien bringen Glück und Segen oder verjagen böse Geister, die Krankheiten oder Mißernten verursachen könnten.

Zugleich aber achten die religiösen Laien sorgsam darauf, nicht etwa die Gottheiten ihres Dorfes zu beleidigen, von denen viele noch außerhalb des buddhistischen Götterhimmels stehen, wiewohl der Buddhismus sie duldend anerkennt. Als der Dalai Lama im Jahr 1980 Zanskar besuchte und schwere Sandstürme die Gottesdienste unterbrachen, glaubten die Mönche, diese seien von den „Sa-daks", den heidnischen Landgöttern verursacht, die nicht besänftigt worden waren und auf diese Weise ihren Ärger kundtäten. Sofort begannen die Mönche und die übrigen Bewohner von Zanskar den Landgöttern zu opfern und Gebete zu weihen, woraufhin die Stürme etwas nachließen.

Das „Om Mani Padme Hum" rezitiert jeder im Himalaya einige hundert Male am

Tag, entweder laut oder im stillen, und zudem umschreitet er im Uhrzeigersinn jedes heilige Bauwerk, das er antrifft, seien es Gebetsmauern, Tschörten oder Fahnen. Er erneuert auch täglich das Opferwasser in den sieben Schalen vor den Bildnissen auf seinem kleinen Hausaltar. Immer, wenn er zu seinem meist auf einem Hügel gelegenen Kloster aufschaut, wird er an seine Brüder, Söhne oder Onkel erinnert, die dort leben. Die Religion ist seinem Geist stets gegenwärtig und auf Schritt und Tritt wird er gemahnt, daß er freundlich, edel und gut sei und die Sünden des Zuviel oder Zuwenig meide.

Den Laien und den meisten Mönchen macht es wenig aus, daß sie die subtileren Interpretationen des buddhistischen Lehrgebäudes oder der Auffassung, wonach das Leben nur eine Illusion der Sinne ist, nicht verstehen. Nur wenige lesen die erbaulichen Biographien der Mönche oder durchdringen die ontologischen Argumentationen des Buddhismus. Was sie aber wissen, ist, daß die fünf Buddhas der vier Weltgegenden von Amitabha angeführt werden und daß sie auf Avalokitesvara vertrauen sollen, den mitleidsvoll „herabschauenden" Buddha, dessen Inkarnation die Dalai Lamas sind. Ihr

Nachtgebet richten sie an Tara, die Göttin der Milde, die Erlöserin und Befreierin. Diese „Gottheiten" bitten sie um Hilfe im weltlichen Leben und um Beistand in der Stunde des Todes, bevor das Rad des Lebens sie abermals ergreift.

Neben diesen Hauptgottheiten verehren sie in Guru Rinpotsche den großen Lehrer, der den Buddhismus von Udyana nach Tibet gebracht hat, und sie verehren den wiederverkörperten Lama, also zumeist den Abt des nächstgelegenen Klosters. Diese Lamas sind Bodhisattwas, große Mitleidende, die auf das Nirwana verzichtet haben, um den Menschen auf ihrem Weg zur Vollkommenheit beizustehen. Das in etwa ist der Glaubenshorizont eines Himalayabauern. Für seinen jüngeren Bruder aber sieht die Welt anders aus. Von Geburt an wird der zweite Sohn einer Familie stets als der glückliche bezeichnet, weil er sein Leben ganz der Religion widmen darf. Er gehört zu den Auserwählten, die „nang pa", „innerhalb" der Kirche, also Mönche sind.

Wenn wir von Mönchen und Klöstern im Himalaya sprechen, dann sollten wir uns vor Augen halten, daß unser westliches Vokabular uns in die Irre führt; denn wir denken bei diesen Wörtern an christliche Mönche und Klöster, also an Gemeinschaften von Männern oder Frauen, die sich berufen gefühlt haben oder von Gott gerufen wurden und die ihr Leben freiwillig aufgaben, um nur ihm zu leben. Der lamaistische Mönch fühlt keine Berufung, noch meint er, ein von Gott auserwählter besonderer Mensch zu sein. Er ist lediglich ein Zweitgeborener in einem Land, das wohlhabend genug ist, ihm ein Leben im Gebet zu gestatten, aber zu arm, als daß es ihm erlauben könnte, selbst zu heiraten und Kinder aufzuziehen.

Ähnlich wie bei uns im Mittelalter sind viele Mönche im Himalaya nicht durch Berufung, sondern durch wirtschaftliche Notwendigkeit das geworden, was sie sind. Man könnte sie mit Studenten vergleichen, jungen Männern, von denen die Konvention verlangt, daß sie in eine Schule gehen, dort bleiben und den Weg zur Erleuchtung studieren. Das Kloster selbst gehört weder der Kirche, noch ist es das ständige Zuhause der Mönche. Es ist eher mit einer Universität vergleichbar. Die Kapellen, die Versammlungshallen, der Verwaltungstrakt und die Stallungen sind die einzigen gemeinschaftlichen Baulichkeiten; alle anderen Bauten gehören den Familien der Mönche und befinden sich dort wie private Gebäude auf dem Gelände einer Universität.

Anders als christliche Nonnen und Mönche, werden die Mönche des Himalaya nicht von der Kirche erhalten, sondern von ihren Familien, die ihnen den Ertrag oder das Eigentum an ein oder zwei Feldern überlassen. Dasselbe Feld dient später dem Neffen, so wie es vorher dem Onkel gedient hat. Wie bei Studenten sorgen also die Eltern für den Lebensunterhalt. Kann die Familie eines jungen Mönchs nichts erübrigen, so muß er entweder arbeiten, um das Lebensnotwendige zu verdienen, oder er versucht, von der Klosterleitung ein Stipendium zu bekommen. Wir westlichen Menschen sollten deshalb für „Kloster" die Wörter „Schule" oder „Universität" und für „Mönch" das Wort „Student" lesen.

Diese Analogien sind auch insofern zutreffend, als die frühen europäischen Universitäten als einziges Fach die Religion lehrten und als Grade nur das Bakkalaureat oder den Doktor der Theologie vergaben. Noch bis zum Jahre 1880 waren in Oxford alle Professoren Kleriker.

Die heutigen Chinesen und einige europäische Wissenschaftler haben die Mönche Tibets und der Himalayaregion Parasiten genannt. In einem vor einiger Zeit gedrehten Film über die gesellschaftlichen Verhältnisse in Ladakh wurden die dortigen

Klöster sogar als furchtbare Einrichtungen zur Ausbeutung der Armen dargestellt. Man macht sich aber kaum klar, daß das Gegenteil der Fall ist und die Klöster für alle von wirtschaftlichem Nutzen sind. Denn es gibt in den meisten Gebieten des Himalaya nur wenig Land, das bewässert und kultiviert werden kann. Würden die Bauerngüter jedesmal gleichmäßig unter die Kinder aufgeteilt, und sei es auch nur unter die männlichen Kinder, dann würde die Bevölkerung in wenigen Generationen so zunehmen, daß der einzelne entweder an die Schwelle des Hungertodes getrieben oder zur Auswanderung genötigt wäre.

In Gegenden, wo das urbare Land knapp ist, muß eine bäuerliche Gesellschaft irgendeine Art der Geburtenkontrolle haben. Das freiwillige Zölibat ist da wohl die beste Methode zur Stabilisierung der Bevölkerung. Indem sie die zweiten Söhne der Familien aufnehmen, nehmen die Klöster diese aus dem Kreislauf der Vermehrung heraus. Ebenso entschließen sich viele Frauen, den Konventen beizutreten und damit unverheiratet zu bleiben.

Das also sind die Klöster im Himalaya: Schulen für den Weg zur Erleuchtung. Institutionen, deren Studenten entweder von ihrer Familie unterhalten werden oder durch eigene Arbeit und mit Hilfe von Stipendien, wenn die Familie arm ist und kein Land besitzt. Die Mönche leben in ihren eigenen Häusern oder Zellen, die sie von ihren väterlichen Onkeln geerbt haben und die sie selbst oder ihre Familien instandhalten. Diese Mönchswohnungen können ganz unterschiedlich sein. Die Möglichkeiten reichen von der spartanischen Zelle bis zum Haus mit sechs oder zehn Zimmern. Wie bei unseren Studenten ist die Anwesenheit der Mönche auch nur zu bestimmten Zeiten, die „Yarne" genannt werden, erforderlich; es sind mindestens fünf bis sechs Wochen im Jahr.

So ergibt sich ein Bild, das von der Klischeevorstellung, Himalayaklöster seien eine Last für die Gesellschaft, weit abweicht. Natürlich gibt es Mißbräuche in jedem System — so, wenn Klöster über die Jahre ein umfangreiches Vermögen und Grundeigentum ansammeln und damit die Stellung von Grundherren erlangen. Der Großteil des klösterlichen Landeigentums wird von den Mönchsversammlungen verwaltet und an Bauern verpachtet, die kein eigenes Land besitzen. In manchen Gegenden, etwa in Ladakh und Bhutan, besitzen die Klöster sehr viel Land, wodurch die Mönche meist von ihren

90

Familien unabhängiger sind. In aller Regel sind die Klöster nicht reich, haben aber genug Getreide, um die ärmsten ihrer Mönche zu ernähren und um die Erhaltungsarbeiten an Versammlungsräumen, Kapellen und Verwaltungsgebäude zu bezahlen.

Der eigentliche Reichtum der Klöster war immer die Fülle der Kunstschätze, gelegentlich auch der Besitz von Gold, Silber und Edelsteinen, woraus Statuen und Schreine gearbeitet sind. Dieser Besitz gehört niemals dem Abt oder einem einzelnen Mönch, sondern der ganzen Gemeinde aus Mönchen und Laien, und das ist gewiß nicht eine Form der Ausnützung naiv unwissender Massen, wie die Chinesen behauptet haben.

Das Kloster ist nicht nur einer Universität vergleichbar, es ist in der Tat eine öffentliche Schule oder Universität. Die Studenten wählen ihren Bildungsgang selbst und bestimmen über ihre Fortschritte. Meist können sie studieren, was und wann sie wollen. Sie haben die Freiheit, sich Lehrern anderer Klöster anzuschließen oder zu Hause zu studieren. Anders als die christlichen Mönche, sind sie nicht durch unwiderrufliche Gelübde gebunden; sie können das Kloster, ohne daß damit Nachteile verbunden wären, auch end-

gültig verlassen, was aber äußerst selten geschieht.

Statt uns weiter generell mit den Aspekten des Mönchslebens zu befassen, wollen wir die Lebensumstände eines jungen Mönches genauer betrachten. Als Kind von acht oder neun Jahren wird er von den Eltern in das nächstliegende Kloster gebracht. Zuerst wird der Knabe dem Abt vorgestellt, der ihn auf seine Gesundheit untersucht und dann prüfend befragt, um sicherzustellen, daß er aus freien Stücken gekommen ist. Ist er bei guter Gesundheit und hat wirklich den Wunsch, ins Kloster einzutreten, wird er der Obhut seines väterlichen Onkels übergeben. Hat er im Kloster keinen Onkel, so übernimmt ihn ein Tutor, der unter den älteren Mönchen ausgewählt wird. Der Kopf des Kindes wird kahlgeschoren, und es erhält die Kleidung eines Lama, bestehend aus einem ärmellosen Hemd mit V-Ausschnitt, einem langen Tuch, das so um die Hüfte gebunden wird, daß es einen knöchellangen Rock bildet und einer Stola, alles von weinroter Farbe.

Bei der Morgenversammlung wird der Knabe dann den übrigen Mönchen vorgestellt. Bei dieser Gelegenheit übergibt die Familie der Klostergemeinschaft öffentlich eine Spende in Form von Tee, Tsampa (geröstetes Gerstenmehl) oder Geld, wonach der Knabe formell in die Gemeinschaft aufgenommen wird.

Wenn er das Alphabet schon beherrscht, was selten vorkommt, bringt man ihm zuerst bei, bestimmte Gebete und kurze grundlegende Texte zu lesen und sodann auswendig zu lernen. Diese Texte sind von Sekte zu Sekte verschieden, aber sie alle enthalten Gebete für das allgemeine Wohlergehen, zur Abwendung von Schicksalsschlägen oder Krankheiten sowie zur Vergebung der Sünden und Anrufungen zur Abwendung von Gefahr und Unrecht.

Jedes Kind muß diese Texte lesen, auswendig sprechen und verstehen, ehe es ein regelrechter Novize wird. Es wird auch zu moralischem Wohlverhalten erzogen. Es erfährt, daß „alles Glück die Frucht des Wunsches nach dem Wohlergehen anderer ist, während alles Leid aus der Mißachtung anderer und aus der Selbstsucht entspringt", und es hört: „Kein Auge ist so gut wie das Verstehen, keine Blindheit so übel wie die Unwissenheit und kein Feind so arg wie die Krankheit und wie der Tod."

Wie in der Familie, so wird hier unter allen Tugenden die Intelligenz am höchsten geschätzt. Das Sprichwort sagt: „Ein König ist in seinem Reich geachtet, ein kluger Mann überall."

So beginnt eine lange mönchische Laufbahn. Sie führt vom „Trava", dem Postulanten, zum „Getsul", dem Novizen, aus dem am Ende, und hoffentlich, ein „Gelong", ein Mönch, wird. Vor dem Anfang eines jeden dieser Abschnitte stehen bestimmte Gelübde: keine alkoholischen Getränke zu sich zu nehmen, keinen Geschlechtsverkehr mit Frauen zu üben und vieles mehr. Vom Gelong wird erwartet, daß er sich an 253 Regeln halte. Der höchste Rang ist der des „Rinpotsche", des Abtes. Diesen erhält häufig ein „wiedergeborener Lama", ein Kind, in dem die Wiederverkörperung eines verstorbenen Rinpotsche erkannt wird, der den Rang eines Bodhisattwa erklommen, aber auf die Glückseligkeit des Nirwana verzichtet hat, und statt dessen auf Erden wiedergeboren wurde, um seinen Mitmenschen zu helfen.

Im allgemeinen sind zwar die Mönche frei, zu kommen und zu gehen, und viele von ihnen nützen ihre Freiheit, um im Sommer in den Dörfern zu leben und im Winter auf weite Pilgerreisen zu gehen. Jene, die im Kloster bleiben, um die Travas und Getsuls zu unterrichten, folgen einem bewährten Tagesplan: Bei Tagesanbruch, sobald die Sonne den Gipfel des höchsten der umliegenden Berge anstrahlt, werden die Mönche vom Blasen einer Trompete oder vom alphorngleichen Dröhnen des langen tibetischen Horns oder durch einen großen kupfernen Gong zum Gebet gerufen. Unmittelbar vor Sonnenaufgang entzündet der Mönch, der die Küche leitet, unter Beistand vieler Küchenjungen die Feuer, auf denen der Morgentee gekocht wird. Wenn der Tee fertig ist, haben sich die Mönche in der Versammlungshalle schon zum Gebet aufgereiht. Während sie die Gebete singen, werden ihnen zahlreiche „Purus", Tassen mit Buttertee, gereicht, dem sie geröstetes Gerstenmehl beimischen. Sie rezitieren ihre Gebete in monotonem Dröhnen, das nur vom Klang der Glocke, die der Abt immer wieder läutet, und von gelegentlichem Trommelschlag unterbrochen wird.

Die allgemeine Morgenversammlung ist eine informelle Angelegenheit: Es wird dabei gesprochen, gegessen, man lächelt und lacht verhalten, während der Gottesdienst seinen Fortgang nimmt. Mit dessen Ende kehren die Mönche in ihre Wohnungen zurück, und jeder macht sich an seine besondere Arbeit. Lehrer unterrichten ihre Schüler, künstlerisch tätige Mönche malen in den Kapellen Fresken oder fertigen Gebetsfahnen an, und einige helfen anderen gegen geringen Lohn beim Ausbessern und Vergrößern ihrer Behausungen; wieder andere, ärmere, schreiben für reichere Mönche oder für Laien religiöse Texte. Einige mögen auch einzeln oder gruppenweise in ihre Heimatdörfer gehen, um dort Begräbnis- oder Hochzeitsfeierlichkeiten zu leiten oder besondere Rituale auszuführen, die Segen bringen oder Dämonen und Geister verjagen sollen.

Einige Mönche sind mit der Verwaltung des Klosters betraut. Sie arbeiten unter Leitung des „Nyerchen", des Oberverwalters. Andere sollen die klösterliche Diszi-

93 Von der Höhe des Karsha-Klosters blickt man auf die zentrale Hochebene von Zanskar hinab, die im Süden durch die Himalayakette abgeschlossen wird. Überall dort, wo der Boden bewässert werden kann, liegen kleine Dörfer in der Ebene verstreut. In den Falten des Himalaya sind solch ausgedehnte Ebenen selten. So bot sich die von Zanskar als natürlicher Mittelpunkt eines unabhängigen Fürstentums an.

94 / 95 Die Hängebrücke von Zangla zeugt vom Geschick der Baumeister im Himalaya. Sie ist 64 Meter lang. Ihre dünnen Seile bestehen aus verflochtenen Birkenzweigen von jeweils kaum 50 cm Länge. Diese Seile können erstaunlich große Spannungen aushalten, obwohl die einzelnen Zweige spröde sind und leicht brechen, wenn man sie umbiegt.

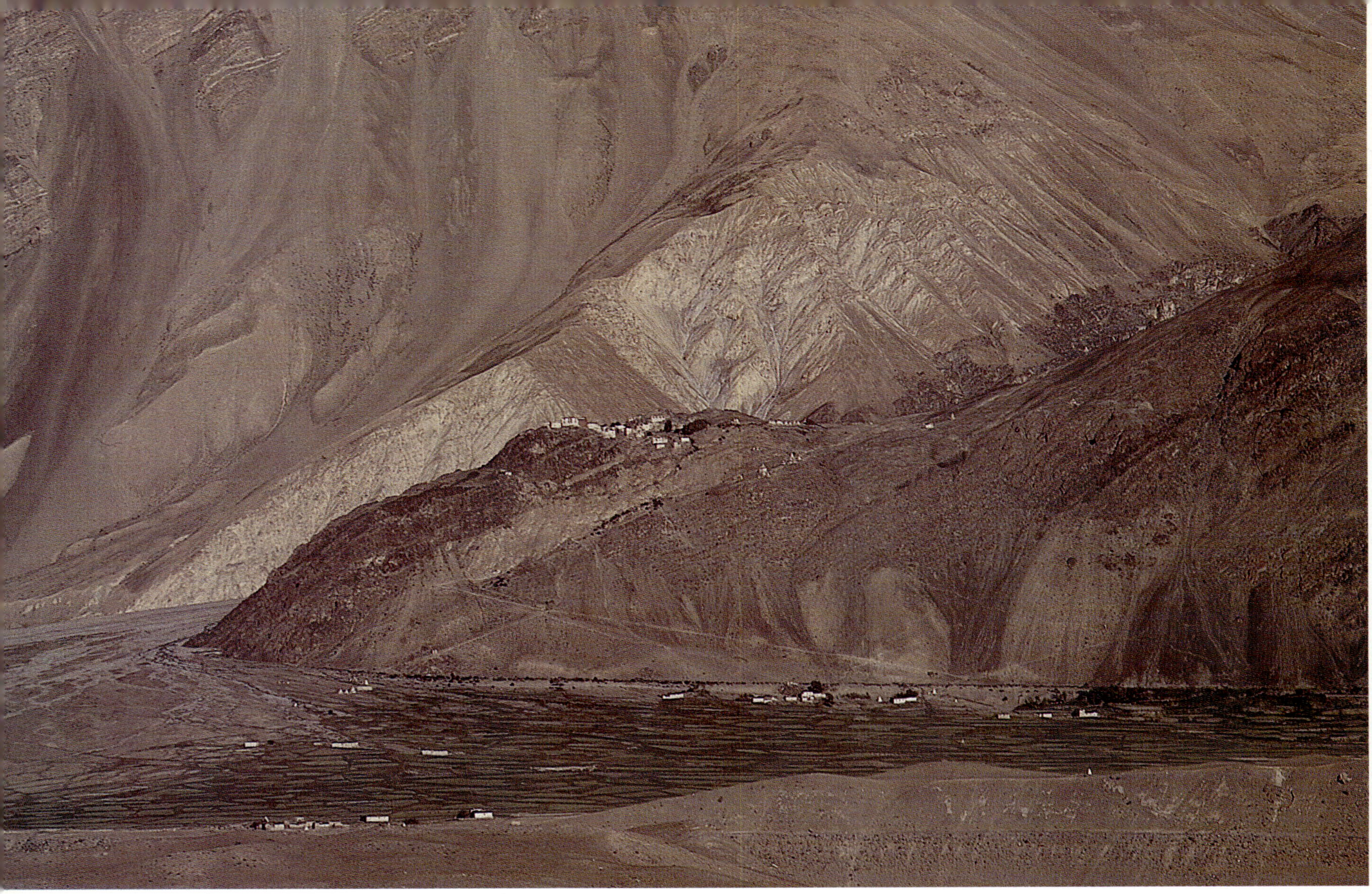

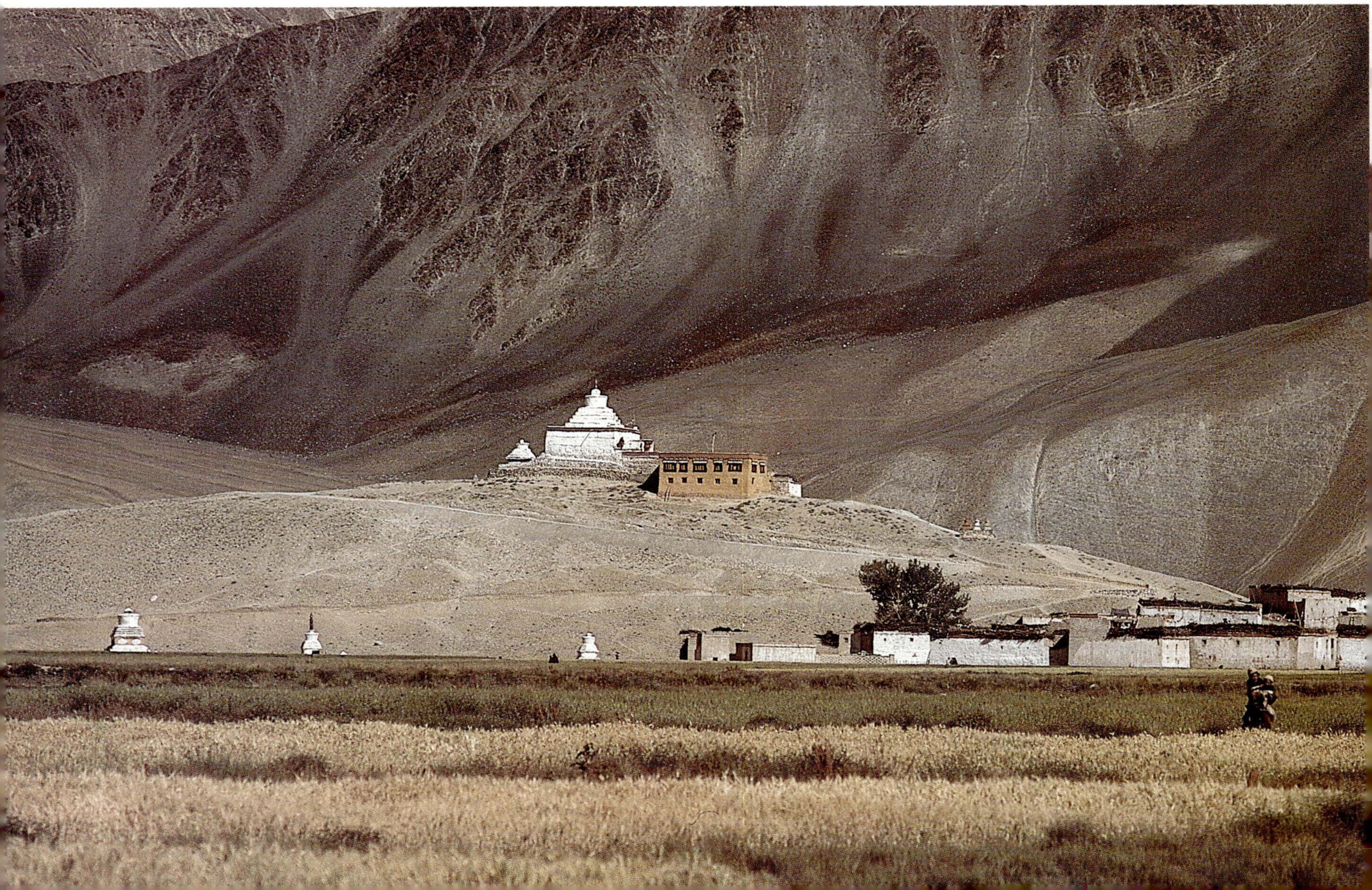

plin aufrechterhalten, wieder andere wichtige jährlich wiederkehrende Feierlichkeiten organisieren, wozu sie Spenden sammeln gehen, die meistens in Form von Gerstenmehl gegeben werden. Der Großteil der Mönche aber bleibt sich selbst überlassen. Sie studieren und versuchen die verschiedenen akademischen Grade zu erreichen: zuerst den „Gyegen", dann den „Geshe" und schließlich den „Ranjam", den Doktor der Theologie. In der Gelupa-Sekte gibt es auch den Titel „Lotsawa", was Übersetzer bedeutet, und den noch höheren Gelehrtenrang „Cho-je",

96 / 97, 98 / 99 Ob von Menschen oder von den Kräften der Natur geformt, die Vielfalt der Landschaft des Westhimalaya ist für den Reisenden immer wieder überraschend. Der Überlieferung nach sind viele dieser natürlichen Festungen und seltsamen Monumente Ausdruck der Macht der zahlreichen Gottheiten im lamaistischen Pantheon.

100 a Das Kloster von Thonde krönt eine Erhebung am Fuße des Thonde-la-Passes, der in die von Nomaden bewohnten Ebenen der Rupchu-Region östlich von Zanskar führt.

100 b Der große Tschörten von Pipiting (Zanskar) wurde zum Andenken an Urgyan Rinpotsche errichtet, einen Mönch aus Swat, der im 8. Jahrhundert die ersten Klöster in Tibet errichtet und als Hauptbegründer des Lamaismus gilt.

den ehrwürdigen Meister des Heiligen Gesetzes.

Die meisten Mönche kommen mit ihren Studien niemals so weit. Sie sind zufrieden mit einem arbeitsreichen Leben, das eine praktische Arbeit als Handwerker oder in der Verwaltung des klösterlichen Besitzes mit religiöser Tätigkeit verbindet, die im Ausführen von Riten für das Laienvolk besteht. Einige Mönche treiben auch Handel und verbinden die Geschäftsreise mit der Pilgerfahrt. Sie bringen Papier zum Druck in weit entfernte Klöster oder nehmen Kupfer mit nach Nepal, um daraus religiöse Statuen gießen zu lassen. Alle sind darin einig, daß das Mönchsleben ein gutes Leben sei.

„Weder Kinder noch Familien zu ernähren, keine Felder zu bestellen" — ein Leben, dessen Annehmlichkeit von der Zuversicht weiter erhöht wird, das nächste Leben werde wahrscheinlich noch besser sein. Das ist die Existenzform von zehn bis fünfzehn Prozent aller Menschen im Himalaya.

Dieser Form des religiösen Lebens verdanken wir die vielen hundert erstaunlichen Klöster, die man überall im Himalaya antrifft: Dörfer aus privaten Zellen und Häusern von Mönchen, die sich um die Versammlungshallen, die Küchen, die Verwaltungsgebäude, die Lagerräume und die gemeinschaftlichen Stallungen gruppieren — Universitäten, die Freundlichkeit und Duldsamkeit gegenüber allem Lebendigen lehren. Es darf also nicht verwundern, daß die Menschen im Himalaya und die Bewohner Tibets, um mit den Worten von Richardson zu sprechen, „ein freundliches, sanftes, ehrliches, offenes und fröhliches Volk" sind.

Architektur

Die Baukunst ist zweifellos die überraschendste Erscheinungsform der Himalayakultur. Wenn der Reisende zunächst ins Staunen über die grandiose Berglandschaft gerät, nimmt ihn dann ebenso die Schönheit der Klöster, der Häuser und der religiösen Monumente gefangen.

Von aller asiatischen Architektur ist die tibetische die eleganteste und einfachste — in starkem Kontrast zu den Bauweisen Japans, Chinas und Indiens und deren üppigen Ausgestaltungen. Die Architektur des Himalaya arbeitet mit Volumen, Raum und einfachen Linien. Es gibt zwei Ursachen für die Schönheit so vieler dieser Baulichkeiten. Erstens bringt es das religiöse und gesellschaftliche Leben mit sich, daß viele Festungen, Klöster und große Gemeinschaftsgebäude in erster Linie durch freiwillige Arbeit errichtet wurden; und zweitens stellt die dortige Umwelt nur eine geringe Auswahl an Baumaterialien zur Verfügung, so daß nüchterne, einfache Gebäudeformen notwendig werden. Holz ist in den meisten Himalayastaaten mit Ausnahme von Bhutan sehr knapp. Holzbalken sind daher zumeist kurz. In anderen Gegenden der Welt, wo das Bauholz ähnlich knapp ist, fand das gemauerte Gewölbe Anwendung. Aber aus irgendeinem Grund ist die Gewölbebauweise im Himalaya unbekannt, vielleicht weil das Gewölbe auch in der Baukunst Indiens und Chinas, wo die stärksten kulturellen Einflüsse herkommen, erst in jüngster Zeit häufiger verwendet wurde. Guter Kalkstein ist im Himalaya ebenfalls selten. Daher wird meist mit Lehmziegeln gebaut, in Techniken, wie man sie ähnlich aus Persien kennt. Dennoch ist die tibetische Architektur an Ort und Stelle gewachsen und hat ihre eigene Entwicklungsgeschichte. Höhlen bieten die frühesten Zeugnisse der Besiedelung des Himalaya, und Höhlen spielen dort noch immer eine Rolle als Wohnstätten, sei es in Form kleiner Felskammern, oder als ausgedehnte unterirdische Systeme, wie man sie in Mustang findet. Die meisten Klöster sind Höhlen benachbart oder gar um Höhlen herumgebaut, die einstmals Einsiedlern Schutz geboten haben. Dementsprechend kommt das Wort „Gun-pa" für Kloster von dem Wort für Höhle. Die jungsteinzeitlichen Bewohner Zentralasiens lebten in Höhlen. Über die prähistorische Besiedelung des Himalaya wissen wir nur wenig. Aber in benachbarten Regionen wurden Höhlen gefunden, die eine seit einigen Jahrtausenden andauernde Besiedelung anzeigen. Die Strukturelemente aller Bauten im Himalaya sind folgende: Rohbehauene

Steinfundamente erheben sich über den Boden; auf ihnen ruhen die geböschten Wände, die aus Lehmziegeln errichtet sind oder aus zwischen Brettern gestampften Lehm. Die Zimmerdecken bestehen aus kurzen Holzbalken, die erst mit Ästen und dann mit Blättern und Zweigen bedeckt werden, schließlich mit einer Lehmschicht. Grundeinheit ist ein ummauertes Viereck mit Balkendach oder -decke, abgestützt von einem Mittelständer. Er erlaubt den Bau großer Räume unter Verwendung relativ kurzer Balken. Diese Holzstützen sind nicht nur eine Eigenart der dortigen Bauweise; sie sind auch Symbol des Hausstandes. Am Neujahrstag werden ihnen rituelle Opfer dargebracht. Die von den Mongolen im 16. Jahrhundert eingehobene Steuer nahm die Anzahl der im Haus befindlichen Stützen zur Grundlage.

In vielen Ländern hat sich die Architektur der Festungen und Paläste aus dem einfachen Bauernhaus entwickelt. Das gilt beispielsweise für Ägypten, wo sich in den Palästen bestimmte Züge und Dekorationen von den Schilfhütten des Volkes erhalten haben. Im Himalaya scheint es umgekehrt zu sein: Festungen und Paläste gingen den Bauernhäusern voran, denn die frühesten Bewohner des Landes lebten als Nomaden in Zelten (wie das in bestimmten Gebieten von Tibet und Ladakh bis heute der Fall ist). Die ersten Gebäude waren also Festungen oder Klöster, um die herum die Nomaden ihre Zelte aufschlugen. Noch heute dienen Klöster und Festungen den nomadisierenden Stämmen als Sammelplätze. Überall im Himalaya haben einfache Wohnhäuser noch immer die Form kleiner Festungen. Ihr Obergeschoß ist nur über entfernbare Leitern erreichbar oder durch mühsam zu durchquerende Eingänge, die sich leicht verteidigen lassen.

Die ältesten Gebäude sind kleine Kapellen, einfache rechteckige Baukörper mit einer, zwei oder vier Dachstützen. In den großen Kapellen mit vier Stützen bilden diese ein kleines Rechteck in der Mitte des Gebäudes, so daß eine Art Laterne entsteht: Zwischen den Säulen erhält die Decke einen rechteckigen Ausschnitt, und dieser ist von einem kleinen Dach überdeckt, das seinerseits auf vier kurzen Säulen über der Öffnung steht. Kunsthandwerker schmückten die Säulenkapitelle vielfach mit den Gestalten kauernder Löwen. Mitunter sind diese kleinen Laternendächer pagodenartig ausgebildet und stehen dann in deutlichem Kontrast zu der sonst flachen Anlage der Bauten im Himalaya. In Alchi in Ladakh steht eine Gruppe rechteckiger Kapellen, aus dem 12. und 13. Jahrhundert, klassische Beispiele der frühen Architektur. Andere hervorragende Beispiele sind der rechteckige Bau des Sani-Klosters in Zanskar, die Kapelle des großen Lehrers Drukpa Kungleg in der Nähe von Wanduphotrang in Bhutan sowie die Klöster von Logekar und Garphu in Mustang.

Die Bautechniken sind einfach. Erde wird mit Wasser zu lehmigem Brei angerührt, manchmal kommt auch noch ein wenig trockener Kuhdung oder Stroh dazu. Der Brei wird in rechteckige Holzformen (40×16×16 cm) gegossen und in der Sonne getrocknet. Die so entstandenen Ziegel werden wie bei uns gemauert, wobei Lehm als Mörtel dient.

Eine andere Methode, Mauern zu errichten, besteht darin, ein Gemisch von Erde und Kuhdung in eine lange, enge und hohe Bretterverschalung zu füllen, die von Lederstreifen und Hölzern gehalten wird. Die Erde wird mit Füßen oder hölzernen Stößeln eingestampft. So entstehen geböschte Wände, deren Oberfläche an modernen Gußbeton erinnert. Diese Methode herrschte einst in Mustang und Ladakh vor. Wegen der steigenden Holzknappheit wird heute dort aber ebenfalls meist mit luftgetrockneten Ziegeln gebaut. In einigen anderen waldarmen Gegenden, wie etwa in Zanskar, ersetzt man die Holzbretter durch Geflechte aus Weidenzweigen, wodurch die Oberfläche ein interessantes Korbmuster erhält.

In den großen Höhen trocknen die Ziegel- und Lehmwände steinhart aus. Captain Pemberton ließ im Jahre 1832 versuchsweise Gewehrkugeln auf solche Wände abschießen, um ihre erstaunliche Härte zu prüfen. „Die Geschosse drangen nur einen halben Zoll (ca. 12 mm) tief in das ungebrannte Mauerwerk ein", berichtete er.

Aber so hart die Erdziegel in der Sonne auch werden, dem Regen widerstehen sie nicht sehr gut. Obwohl es im Nordteil des Himalaya nur selten regnet, müssen die Wände der einfachen Häuser geschützt werden. Dies geschieht entweder mit Steinplatten oder mit Brennholzscheiten, die an den Rändern der flachen Dächer aufgeschichtet werden. Diese Holzschicht schützt die Mauern so gut, daß ein Teil der Scheite, der somit rein bautechnischen Zwecken dient, nie verbraucht wird. Überdies bilden sie einen dunklen sehr dekorativen Fries, den man als so angenehm für das Auge empfand, daß er im Laufe der Zeit zu einem Schmuckelement gedieh und später auf viele Häuser aufgemalt wurde. In solchen Fällen werden die Mauern mit Steinplatten abgedeckt, um sie vor Regen zu schützen. Dieser Dachfries ist für die Bauweise im Himalaya charakteristisch. Es ist amüsant zu sehen, daß viele dieser Friese nicht aufgemalt sind, sondern aus einer eng gepackten Reisigschicht bestehen. Zwar dienen die herausragenden Zweigspitzen ebenfalls dem praktischen Zweck, der Erosion entgegenzuwirken, aber angebracht wurde der Reisigfries aus rein ästhetischen Gründen. Auf großen Bauwerken kann er bis zu drei Meter hoch sein, ein Schmuck, der sich der Größe und Proportion des Gebäudes anpaßt.

Ebenfalls der Bautechnik entlehnt ist eine andere dekorative Begrenzung: ein Band aus runden Balkenenden, die aber nur vorgetäuscht sind und sich als weiße Kreise von einem dunklen Hintergrund abheben. Sie werden häufig unmittelbar unter dem Holzfries aufgemalt.

Statische Gründe führten zu den geböschten Außenwänden, die für die meisten Gebäude im Himalaya charakteristisch sind. Aber auch das ist in eine Tradition hineingewachsen und wird oft übertrieben, um den Gebäuden ein anmutig sich nach oben verjüngendes Erscheinungsbild zu verleihen, das sich so gut in die Bergszenerie einfügt. Auch die Fundamente aus roh gehauenen Steinen helfen, das Gebäude mit der Landschaft verschmelzen zu lassen. Aus Verteidigungsgründen wurden viele Dörfer auf Felserhebungen oder an Steilhängen rund um alte Festungen errichtet. Eine ungewöhnliche architektonische Erscheinung trägt sehr zur Eleganz großer Gebäude bei: die weiter unten liegenden Fenster sind kleiner ausgeführt als die oberen, die, immer größer werdend, sich im obersten Geschoß zu getäfelten Loggien weiten. Beginnend mit den winzigen Stall-, Kerkeroder Lagerraumfensterchen im unteren Bereich, weiten sich die Fenster bis hin zu den großen Gitteröffnungen der Dachaufbauten, wie wir sie auf großen Wohnhäusern und Klostergebäuden finden. Es ist das Zusammenspiel der nach oben verjüngten Wände und der Reihen immer größer werdenden Fensteröffnungen, das den Baulichkeiten des Himalaya das kraftvolle Aussehen verleiht.

Erdreich ist überall ausreichend vorhanden; nur Holzarmut schränkt die Baulust ein. Im allgemeinen werden zwei Holzarten zum Hausbau verwendet: die langen, geraden Stämme der Pappeln, die allein zu Bauzwecken angepflanzt werden, und die Zweige der Weiden. Weiden wie

Pappeln wachsen in den höher gelegenen Gegenden des Himalaya nur bei angemessener Bewässerung. Von weit vorausschauenden Bauern werden sie als Baumaterial für spätere Zeiten angepflanzt. Weidenpflanzungen werden aber auch als Gärten angelegt, Königen und reichen Edelleuten zum Vergnügen. In einem Land, wo die Sommersonne fast unerträglich wird, ist nichts so anziehend und erholungbietend wie ein Weidengarten, dessen schimmernde Blätter die kleinen gurgelnden Rinnsale der Bewässerungsanlagen beschatten. Diese Vergnügungsgärten dienen noch einem dritten Zweck. Jedes dritte Jahr werden die Weidenzweige ausgeschnitten, um als Brennmaterial und zum Korbmachen verwendet zu werden. Holz zu finden, aus dem sich Balken machen lassen, ist weithin schwierig. Deshalb werden in entlegenen Trockengebieten die Hauptbalken der Häuser und Kapellen vielfach so hergestellt, daß man dünnere Stämme zusammenbindet. Andernorts wieder sind die Bäume so krumm und verwachsen, daß sich niemals gerade Stützen ergeben. Es gibt Gegenden, wo nichts anders verfügbar ist als die knorrigen Stämme des Wacholders, der indes für seinen würzigen Duft gepriesen wird. Sein Holz und seine Blätter werden in den meisten buddhistischen Zeremonien als Weihrauch verwendet.

In Bhutan und Solu-Khumbu, wo es keine Holzknappheit gibt, haben auch die kleinsten Klöster Einrichtungen aufzuweisen, die anderswo als großer Luxus angesehen würden: Holzböden und kunstvoll gestaltete Holzfassaden.

Der Himalaya kennt keine berufsmäßigen Architekten oder Baumeister. In jedem Dorf gibt es ein oder zwei Männer, die sich besser als ihre Nachbarn auf die Holzbearbeitung verstehen; andere tun sich bei der architektonischen Gestaltung hervor und wieder andere bei der Herstellung von Ziegeln. Ein jeder hat seine besonderen Fähigkeiten, die er seinen Nachbarn gern zur Verfügung stellt. Gewöhnlich gibt es dafür keine Bezahlung, aber reichlich Buttertee sowie ein oder zwei Maß (Bo) Gerste täglich und so viel Tsampa, wie er essen kann.

Das wichtigste Zimmermannswerkzeug ist das Adze, mit dem die meisten Holzformen geschnitzt werden und mit dem man auch ganze Bretter von einem Stamm herunterhauen kann, die dann als teurer Luxus gelten. Das Bauen ist immer eine Angelegenheit der ganzen Gemeinde, ein gemeinsames Tun unter Freunden und Bekannten, die zum Lohn für ihre Hilfe mitessen dürfen. Das teuerste am Bau ist das Holz. Oft müssen die Balken viele Tagreisen entfernt erstanden und auf dem Rücken der Menschen mühsam herangeschafft werden. Manchmal lassen sich große Stämme auf Flüssen stromaufwärts ziehen, aber solche Gelegenheiten sind selten. Oft ist das Problem der Holzknappheit nur zu lösen, wenn man die Stämme über die hohen Pässe, die zur indischen Seite des Himalaya führen, heranholt, und nicht selten begegnet man dort Reihen gebeugter Männer, mit Balken auf dem Rücken, die ihre Schultern wie Flügel überragen. So stapfen sie im Schnee auf die bis zu 5000 Meter hohen Pässe hinauf. Befestigungsanlagen und Paläste sind zusammen mit Kapellen und Versammlungshallen die eindrucksvollsten Bauwerke des Himalaya. In den einzelnen Königtümern finden sich durchaus Unterschiede in der Anlage der Befestigungen. Ihr Hauptzweck ist die Verteidigung. Sie dienen überdies den Königen und Edelleuten als Residenz und beherbergen deren Soldaten und Diener. Deshalb sind diese Anlagen oft sehr weitläufig, zumal in Bhutan, wo die Festungen stets noch ein ganzes Kloster in ihren Mauern bergen. Sie sind oft auf steilen Felsen oder auf Bergen erbaut. Ihre Steinfundamente reichen

weit aufwärts, ehe die erste Reihe der Fenster ansetzt. Die unteren Fenster sind

109 In Khalatse, das die wichtigste Indusbrücke an der Handelsstraße, die von Kaschmir durch Ladakh nach Tibet und Zentralasien führt, beherrscht, zeigt ein Mönch stolz die Statue des sitzenden Maitreya, des kommenden Buddha. Sie ist aus Lehm und wurde im Laufe der Jahrhunderte viele Male neu bemalt und umgeformt. Auf den Knien trägt sie Bücher. Sitzende Figuren dieses Typs sind in Zentralasien häufig.
Bis zur Mitte des 8. Jahrhunderts wurde die Gegend von Khalatse von den indogermanischen Darden bewohnt, die schon vor der Ankunft der tibetischen Armeen zum Buddhismus bekehrt worden waren. Bis heute spricht man hier noch Gebete im Dah-Dialekt von Shina, einer indogermanischen Sprache. In den niedriger gelegenen Gebieten von Ladakh haben viele Bewohner indogermanische Gesichtszüge, so auch der alte Mann auf unserem Bild.

110 / 111 Von der Höhe des Karsha-Klosters in Zanskar genießen die Mönche einen weiten Ausblick auf den ewigen Schnee. Aber sie verbringen auch viel Zeit bei ihren Familien im unten liegenden Dorf. Dort helfen sie auf den Feldern, sprechen Gebete, gestalten religiöse Feiern für die Dorfbewohner oder sind damit beschäftigt, ihren kleinen Brüdern und Neffen das Lesen und Schreiben beizubringen.

112 Wie ein Wachposten steht ein sehr schöner Tschörten auf dem Steilhang des Karsha-Klosters. Trotz ihrem engen Gemeinschaftsleben können sich die Mönche beim Anblick der vor ihnen liegenden Landschaft in die Natur versenken. Der individuellen Meditation wird im lamaistischen Kloster ein höherer Wert beigemessen als den gemeinsamen Zeremonien.

schmale Schlitze für die Bogenschützen, sie belüften die dunklen kellerartigen Räume, in denen Vorräte an getrocknetem Fleisch und Tonnen ranziger Butter aufbewahrt werden, die in Yakblasen und -mägen eingenäht sind. In vielen der niedrig gelegenen Räume finden sich Korngruben, in denen Gerste aufbewahrt wird, die dort dank der kalten, trockenen Luft zwanzig bis dreißig Jahre haltbar ist. Diese Getreidespeicher sind mit großen Stein-

113 Die Gebäude und Mönchszellen werden von den großen Versammlungshallen des Karsha-Klosters überragt. Hier kommen die Mönche zu ihrem frühmorgendlichen Gebet zusammen. Im kleinen Hof zu Füßen der Halle, wo ein Mast mit Gebetsflaggen steht, finden religiöse Tänze und öffentliche Zeremonien statt.

114 / 115 Mit weißen Zeremonienschals und heiligen Bannern erwartet eine Abordnung von Mönchen die Ankunft des Dalai Lama zu seinem ersten Besuch in Zanskar, das die westlichste Region der lamaistischen Welt ist.

116 Die Verwaltung eines Klosters ist vor allem mit der Erhaltung der Gemeinschaftsgebäude und der Beschaffung von Brennmaterial und Nahrungsmitteln befaßt. Die Lebensmittel sind aber nicht für die tägliche Versorgung der Mönche bestimmt, denn dafür sind deren Familien zuständig. Sie dienen vielmehr der Bereitung von Tee und Mahlzeiten, die bei besonderen Anlässen verteilt werden. Die Nahrungsmittel werden durch Spenden aufgebracht und als Pachterträge von den Bauern, die das Land bestellen, das dem Kloster vermacht wurde.

platten verschlossen und mit Lehm versiegelt, in dem das runde oder rechteckige Holzsiegel des Hausherren eingeprägt ist. Über diesen Untergeschossen, die auch Stallungen für Pferde und Yaks einschließen können, befinden sich die niedrigen Wohnräume der Diener und Soldaten, Dutzende kleiner, ganz gleich aussehender Räume, einer neben dem anderen. Im selben Stockwerk findet sich meist eine große Küche, die oftmals die gesamte Festung versorgt. Diese Küchen sind riesige Räume, deren Decken sich zu hohen Schächten öffnen, die durch das ganze Gebäude reichen. In großen Feuern brennen hier getrocknete Yakdungfladen und Weidenzweige unter riesigen Kupferkesseln. Darin wird der berühmte Buttertee bereitet.

In den Stockwerken oberhalb der Küche liegen die Winterquartiere und Andachtsräume der Edelleute. Die Wohnräume sind sehr groß, jeder hat seinen großen Herd und entlang den Wänden Podeste, über die mit Stroh oder Wolle gefüllte Matten und obenauf Teppiche gebreitet sind. Vor diesen Podesten, auf denen man mit gekreuzten Beinen zu sitzen pflegt, stehen niedrige kistenartige Tische, bemalt mit lichten, vielfarbigen Verzierungen. Entsprechend dem Rang des Bewohners sind diese Tische höher oder niedriger, mehr oder weniger geschmückt; für die Diener und Bauern, die zu ihren Herrn oder Lamas kommen, stehen einfache Holzklötze als Tische zur Verfügung.

Im Festungs- oder Palastdach sind rechteckige Öffnungen, so daß man in die Küche und in die Lichthöfe des Bauwerks hinuntersehen kann. Häufig sind die Dächer von hohen Mauern umgeben. An diese Mauern lehnen sich kleine Räume an, die sich durch vergitterte Fenster und Türen zum sonnenbeschienenen Dach hin öffnen. Sie dienen den Edelleuten als Sommerwohnung, und hier empfangen sie ihre Gäste. Mitunter bieten Zelte oder geschmückte Markisen zusätzlich Schutz auf diesen ummauerten Dachterrassen. Die Menschen des Himalaya halten sich gern im Freien auf, so daß das Dach der rauchigen Dunkelheit der Innenräume, wo ohnehin die langen Wintermonate zu überstehen sind, bei weitem vorgezogen wird.

Wenn man die verschiedenen Stockwerke einer solchen Festung betrachtet, erhält man eine Vorstellung vom vielfältigen Leben, das sich darin abspielt, von den Kerkern und Getreidespeichern über die Kammern der Soldaten, die Küchen, die Versammlungsräume und die Zimmer des Königs bis hinauf zu den Penthäusern. In Lhasa gab es über den Dachgeschoßwohnungen oft noch vergoldete pagodenähnliche Dächer; aber solch kunstvolle Bauformen findet man im Himalaya nur selten.

Die Höhe der Gebäude ist eine Prestigeangelegenheit. Es heißt, König Songsten Gampo von Tibet habe einen neunstöckigen festungsartigen Palast in Phaongkha und eine elfstöckige Festung in Marpori besessen.

Tatsächlich reicht die Tradition dieser gigantischen Gebäude bis ins Altertum zurück. Die hier im 6. Jahrhundert errichteten bis zu elf Stockwerken hohen Festungen gehören wohl zu den ersten Hochhäusern überhaupt. Der Potala, der Palast des Dalai Lama in Lhasa, der in der zweiten Hälfte des 17. Jahrhunderts errichtet wurde, ist zwischen sechzehn und neunzehn Stockwerken hoch. Wie viele es immer sein mögen, der Potala muß für mehrere Jahrhunderte eines der höchsten und größten Gebäude der Welt gewesen sein. In Europa reichte erst ein im Jahre 1922 in Belgien erbauter Wolkenkratzer an ihn heran.

Man kennt zwar Baumeister europäischer Kathedralen, aber man weiß wenig oder nichts von denen, die die größten Festungen des Himalaya erbaut haben. Vielleicht haben die betreffenden Herrscher ihre Festungen selbst entworfen, und begabte Mönche standen ihnen zur Seite, um die Zeichnungen anzufertigen. Bis zur Vollkommenheit beherrschten diese Architekten die Kunst, Größe und Ausrichtung ihres Bauwerks von der natürlichen Umgebung, etwa der Gestalt eines Hügels oder Berghangs bestimmen zu lassen und es so harmonisch in die Landschaft einzufügen.

Die Festungen besaßen enge Eingänge, die leicht zu verteidigen waren. Einige hatten sogar Zugbrücken. Denn man war dauernd von Angriffen bedroht, meist durch vorüberziehende Truppen mongolischer Kriegsherren oder kühner bewaffneter Banden aus benachbarten Königtümern. So drangen beispielsweise Truppen aus Kulu bis ins 19. Jahrhundert mehrmals nach Zanskar ein, und noch im Jahre 1834 überfielen die Truppen des Hindukönigs Gulab Singh aus Jammu dieses Königreich. Bhutan wurde häufig von Tibet überfallen und war auch im Inneren eine Stätte ewiger Fehden und Machtkämpfe um die Vorherrschaft im Bhutanesischen Festungsbund. Erst 1907 einigten sich die kämpfenden Territorien auf die Wahl eines Königs, dessen Amt erb-

lich war. Mustang erlitt Invasionen sowohl von Norden als auch von Süden. Zuerst kam vom Norden Sokpo Gaden Tsewang von Dungar, dann rückten aus dem Süden die Truppen des Königs von Jumla heran, der die Herrschaft über jene Handelsstraßen an sich reißen wollte, die Mustang von alters her kontrollierte.

In friedlicheren Zeiten wurden die Festungen entweder verlassen oder in Paläste umgewandelt. Aus Zugbrücken wurden Brücken, die Verteidigungstürme verschwanden, die Soldatenzimmer wurden umgebaut und die Fenster vergrößert. Mitunter wurden auch die hoch gelegenen Festungen mit bequemeren im Tal gelegenen Palästen vertauscht.

Neben den Palästen und Festungen sind die bemerkenswertesten und auch die bei weitem zahlreichsten Gebäude im Himalaya die Kapellen und Klöster. Wie wir gesehen haben, ist es die wirtschaftliche und soziale Organisation der Himalayaklöster, die deren äußere Gestalt und innere Einrichtung bestimmt. Das Kloster ist ein Komplex verschiedenartiger Gebäude, zu dem auch eine oder mehrere Kapellen gehören können.

Eine buddhistische Kapelle dient der Unterbringung von Götter- oder Heiligenstatuen und von Büchern, häufig einer kompletten Sammlung der 108 Bände des Kanjur. Die Kapelle ist auch ein Ort gemeinsamer Anbetung. Es gibt dort meist einen kleinen Altar mit mehreren eingebauten Borden, auf denen ganze Reihen von Butterlampen stehen, zusammen mit den sieben zum rituellen Opfer verwendeten Wasserschalen. Ein verschlossener rattensicherer Schrank enthält die „Torma", geschmückte Figuren, die als Opfergaben dienen und mit großer Geschicklichkeit aus Gerstenmehl und Butter gestaltet werden.

Im Himalaya gibt es immer noch viele altehrwürdige Kapellen, die zwar etwas verfallen sind, aber ihre ursprünglichen Fresken und Statuen sind erhalten geblieben. Im Unterschied dazu wurden in Tibet viele Kapellen immer wieder erneuert, wobei die alten Fresken unglücklicherweise übermalt worden sind.

Im westlichen Himalaya und in Mustang findet man in vielen Kapellen noch letzte Überreste der Werke hochbegabter Künstler aus der Frühzeit des Buddhismus. Bemerkenswerte Fresken aus dem 15. und 16. Jahrhundert finden sich in vielen Kapellen und Versammlungshallen in Mustang. In Spiti, Zanskar und Ladakh haben mehrere Kapellen und geschmückte Tschörten ihren Zustand aus den Tagen des Rintschen Zangpo (958 bis 1055), des heiligen Übersetzers, der den Buddhismus in Tibet und im Himalaya wiederbelebt hat, im wesentlichen bewahrt.

Diese alten Kapellen sind selten groß. Sie bestehen aus einem quadratischen Raum ohne Oberlicht, und sind manchmal in ein anderes Gebäude hineingesetzt, so daß sich ein Gang um die Kapelle herum ergibt, der sich für das heilige Ritual des Umschreitens anbietet. Es gibt verschiedene Arten der Innenraumgestaltung. Hauptaltar und Statuen befinden sich entweder zurückgesetzt in Nischen oder in der Raummitte. Die Hauptgottheit ist von Sekte zu Sekte und auch von Gegend zu Gegend eine andere. Dieser Hauptgottheit stehen Bilder ihrer Untergebenen zur Seite und oft auch Sitzstatuen aus Bronze oder Terrakotta, welche frühere Äbte der Gegend darstellen. Es handelt sich dabei um echte Porträts, mit Bärten, Schnurrbärten oder kahlen Köpfen, ganz den einstmals lebenden Vorbildern entsprechend. Fresken bedecken die Wände, auf denen furchterregende böse Geister, freundliche Gottheiten oder die verschiedenen symbolischen Darstellungen des Buddha zu sehen sind. Unabhängig von der Sekte ist das Bildprogramm in den Vorhallen der Klöster gleichartig: Fresken, die vier Gottheiten darstellen, die Hüter der vier Weltgegenden, sowie das Rad des Lebens und manchmal auch einen heidnischen Gott oder eine Menschenfresserin jener Gegend, von der es heißt, sie sei von Guru Rinpotsche, dem Begründer des Lamaismus, bekehrt worden. Von diesen Kapellen gibt es im Himalaya viele Hunderte. Allein in Zanskar befinden sich 55, und jedes Himalayadorf hat mindestens eine, wenn nicht zwei oder drei.

Die architektonisch bei weitem interessantesten Bauten im Himalaya sind die Klöster. Meist sind es Gebäudegruppen, die durch ihre Ausmaße, ihren einheitlichen Baustil und ihre Lage höchst bemerkenswert sind. Die große Versammlungshalle ist traditionell das höchste und gewöhnlich auch das größte Gebäude des Klosterkomplexes. Gipfel und Berghänge sind bevorzugte Meditationsorte, und so werden Klöster oft an Steilhängen erbaut, was das Pyramidenartige ihrer von der Versammlungshalle gekrönten Erscheinung noch verstärkt.

Die Versammlungshallen, Dukhang genannt, haben vieles mit den kleinen Kapellen gemeinsam. Hinter dem Altar ist eine Bibliothek untergebracht, und im freien Raum sitzen die Mönche in Reihen mit Blick zum Altar. In der Mitte der Halle ist eine Dachöffnung, deren Weite von der Zahl der tragenden Säulen abhängt, von denen es bis zu 108 geben kann. Man gelangt zunächst in einen Vorraum und betritt von ihm aus die Versammlungshalle.

In großen Klöstern gibt es meist ebensolche Penthousewohnungen wie auf den Dächern der Festungen und Paläste. Darin residieren der Abt und die Würdenträger, die ihn besuchen. Gehört das Kloster zu einer der „Rotmützen"-Sekten, dann besitzt es seitlich der Versammlungshalle eine Kapelle, in der die Masken für die Totentänze aufbewahrt werden, jene Chams zur Darstellung der Wanderung der Menschengeister im Reich des Todes vor der Wiedergeburt. In diesen Kapellen findet man auch Statuen satanischer Geister.

Der zweitwichtigste Bau eines größeren Klosters ist das Lhabrang, das Amtsgebäude des Rinpotsche, des Klostervorstehers. Dort führt auch der Verwalter Buch über das Vermögen an Getreide, Tieren und Land und außerdem befindet sich hier ein Teil der Lagerräume. Außer den Büchern im Dukhang gibt es gelegentlich noch eine weitere Bibliothek mit religiösen Texten. Dort sind dann auch die zahlreichen Holzplatten untergebracht, die zum Druck von Büchern verwendet werden. Daneben kann das Kloster mehrere weitere Vorratsräume, Stallungen und Küchen aufweisen. Diese Gebäude zusammen mit ein oder zwei Gästehäusern für Mönche, die auf Besuch weilen, sind im allgemeinen jener Teil, der dem Kloster selbst gehört. Alle anderen Gebäude, und das können 50 bis 100 oder mehr sein, sind die Privatwohnungen der Mönche. Von der an einem unglaublichen Steilhang klebenden Hütte, die nur aus einem einzigen Raum besteht, bis zu den geräumigen Häusern reicherer Mönche mit zehn Zimmern reichen die Möglichkeiten.

Mit ihren charakteristischen Friesen, den geneigten Außenwänden und den von den Fundamentgeschossen bis zu den Dachwohnungen größer werdenden Fenstern fügen sich alle diese Gebäude zu einem harmonischen Ganzen. Meist sind sie weiß gekalkt, die Friese in Dunkelbraun oder in rosarotem Ocker gemalt, die Kapellen und Versammlungshallen rot oder ockerfarben. Eine Ausnahme bilden die Sakya-Klöster mit ihren farbenfrohen Versammlungshallen, deren Wände senkrecht rot, weiß und grau gestreift sind.

In Bhutan gibt es kaum allein stehende Klöster, denn dort sind sie meist den Festungsanlagen eingegliedert: den großen Dzongs, gigantischen Baukomplexen mit riesigen Hallen, großen Höfen, tiefen, dunklen Verliesen und großen Versammlungsräumen von strengem Äußeren, aufgehellt nur durch pastellfarbene Muster auf den zahlreichen Holzbalken der Fassaden.

Die Himalayaklöster vereinigen alle ästhetischen Vorzüge einer „organischen" Architektur mit denen der einfachen Strenge geometrischer Formen. Sie scheinen organisch auf Felsen gewachsen und aus Höhlen hervorgequollen zu sein, und doch bestehen sie aus Kuben und Flächen von klarer Linienführung. Aus einfachen Formen aufgebaut zu sein und sich zugleich der Umgebung anzuschmiegen, dieser an einen Bienenstock erinnernde Zusammenklang ist es, der die einzigartige Eleganz vieler dieser Klosteranlagen ausmacht, die man zu den großartigsten Architekturensembles der Welt rechnen kann.

Auch das gewöhnliche Wohnhaus zwischen Bhutan und Zanskar ist mehr als eine einfache, bescheidene Behausung. Schon ihrer Ausmaße wegen sind diese Bauernhäuser bemerkenswert. Die stattlichsten findet man in Ladakh und Bhutan. Ihre Größe rührt daher, daß im Himalaya der Landbesitz nicht geteilt werden darf, sondern stets zur Gänze auf den ältesten Sohn übergeht. Die von einem solchen System begründete Stabilität spiegelt sich in der Anlage der Häuser wider, von denen viele wie kleine Paläste wirken.

Die meisten Häuser sind um einen Innenhof herum angelegt, der auf der Ebene des ersten Stockes liegt und zu dem hin sich die verschiedenen Lagerräume, die Privatkapelle und die Winterküche öffnen. Im Sommer spielt sich das Leben hauptsächlich in diesem offenen Innenhof ab, der auch als Schlafstelle dient. Nur im Winter leben die Bewohner in den geschlossenen Zimmern und Küchen des Hausinneren. Die Tiere werden im Erdgeschoß gehalten. Nur in Zanskar gibt es unten einen Winterwohnraum, der halb in den Boden eingelassen und der Wärme wegen von den Stallungen umgeben ist.

Die meisten Häuser haben einen oder mehrere Innenaborte. Das sind kleine Kammern mit einem Loch im Fußboden, das zu einem daruntergelegenen Raum führt, der von außen her zugänglich ist; die bei Nacht angefallenen Fäkalien werden von dort entfernt und auf die Felder gebracht. Ärmliche Behausungen gibt es im Himalaya nur in den höchsten und entlegensten Tälern, wo Holzmangel und ein fürchterliches Klima die Häuser zu Karikaturen ihrer ursprünglichen Vorbilder werden lassen, Häuser mit kurzen knorrigen Stützbalken, die wegen der Kälte halb in den Boden eingegraben sind.

Von Tal zu Tal unterscheiden sich die Wohnhäuser nur geringfügig voneinander. Abweichungen sind bedingt durch die mehr oder weniger große Verfügbarkeit von Holz und durch die jährliche Regenmenge. Schwere Regenfälle verlangen teure geneigte Dächer aus Nadelholzbrettern, so in Bhutan und Solu-Khumbu. Trotz dieser Unterschiede sind die Häuser in ihren Bau- und Schmuckelementen einander ähnlich, so daß auch 3000 Kilometer voneinander entfernte Gebäude denselben leicht erkennbaren Stempel der Himalayakultur tragen.

Eine Darstellung der Himalayakultur, die nicht auf die Tschörten einginge, wäre unvollständig. Diese Denkmäler sind Nachahmungen der Stupas, antiker indischer Gräber. Aber sie sind nicht eigentlich Grabmäler, sondern Glaubenssymbole, Zeugen der Spiritualität. „Tschör-ten" bedeutet „Träger des Glaubens". Mitunter stehen kleine Totenfiguren auf den Sim-

125 Am Ufer des Indus in Ladakh steht eine bescheidene Gruppe von Gebäuden, die das kleine Kloster von Alchi bilden. Heute dem großen Kloster von Likir zugeordnet, das auf der anderen Seite des Flusses liegt, ist Alchi eines der ältesten Klöster des Landes. Obwohl seine frühe Geschichte unsicher ist, steht außer Zweifel, daß es von dem berühmten Rintschen Zangpo oder von einem seiner Schüler um die Mitte des 11. Jahrhunderts gegründet wurde. Seinen Ruhm verdankt es der Tatsache, daß sein ursprüngliches Erscheinungsbild sich kaum verändert hat und daß in einigen seiner Kapellen und Versammlungshallen sich Wandmalereien erhalten haben, die zu den schönsten der lamaistischen Welt gehören. In tiefblauen und roten Tönen gehalten, sind sie in einem Stil gemalt, der sich sowohl an zentralasiatischen als auch an altindischen Traditionen orientiert. Eine angemessene Würdigung dieser Wandbilder würde ein ganzes Buch füllen. Unglücklicherweise werden sie von den heute zuständigen buddhistischen Amtsträgern vernachlässigt. Alchi ist ein eindrucksvolles Beispiel für die karge Einfachheit der Außenarchitektur im Himalaya, die im Gegensatz zur leuchtenden Farbenpracht der Innenräume steht. An anderen Orten haben leider beflissene Mönche allzu oft die alten Fresken übermalt oder sie gar durch neue ersetzt, ohne je die Gestaltungskraft der alten Meister zu erreichen.

126 a Heiter und gelassen blickt die Göttin „Vollkommenheit der Weisheit" hinunter in die Hauptkapelle von Alchi.

126 b Eine der Wandmalereien, deretwegen Alchi als eines der Wunder der buddhistischen Welt bezeichnet wird. Die Farben sind aus zermahlenen Mineralien hergestellt, das Blau aus Lapislazuli, das Rot aus örtlichem Gestein.

126 c Ein Ausschnitt der Malerei auf dem Bein der Riesenstatue des Avalokitesvara offenbart die Meisterschaft eines unbekannten mittelalterlichen Künstlers.

127 a, b Wenn Kunst darin besteht, unbelebter Materie Geist zu verleihen, dann kann man einige der Künstler des Himalaya, die meist anonym geblieben sind, zu den Größten der Welt zählen. Anonym sind auch die Künstler, die diese Porträts wiederverkörperter Mönche geschaffen haben, die einst dem Kloster von Zangla vorstanden. Diese Darstellungen sind mehr als die realistische Wiedergabe der Gesichtszüge der beiden Äbte; sie haben etwas vom subtilen Geist dieser Weisen bewahrt, die über das Leben lächeln können, weil sie begriffen haben, daß des nur eine liebenswerte Täuschung der Sinne ist. Die Wahrheit und das Absolute, das wissen sie, liegen jenseits der irdischen Existenz des Menschen.

127 c Seit ältester Zeit war es die Größe, die die Majestät des Buddha in seinen vielfältigen Erscheinungsformen zum Ausdruck gebracht hat. Im Thikse-Kloster in Ladakh erhebt sich ein Bildnis des Chamba, „des kommenden Buddha", zu einer Höhe von mehr als vier Stockwerken.

127 d Im Himalaya nimmt die sakrale Kunst viele Formen an. So ist es nicht überraschend, daß es auch eine Kunst der Formung und Bemalung von Butter und Gerstenmehl gibt. Viele Stunden mühsamer Arbeit stecken in diesen geschmückten Butteropfern, die auf einen Altar gestellt werden, wo sie mehrere Wochen lang bleiben, bevor die Ratten sie fressen, die von Körnern und anderen den Gottheiten zugedachten Opfergaben leben.

128 a Der Schmuck der Statuen, Opfergaben, Vasen oder Butterlampen folgt bestimmten Regeln, wonach jede Farbe und jedes Ornament symbolische Bedeutung hat.

128 b Im Verlauf einer Gebetsversammlung im Hause des Gyalpo von Zangla bietet ein Diener mit dem seltsamen Haarschnitt, der hier Brauch ist, den Göttern eine Schale mit Opferkuchen dar.

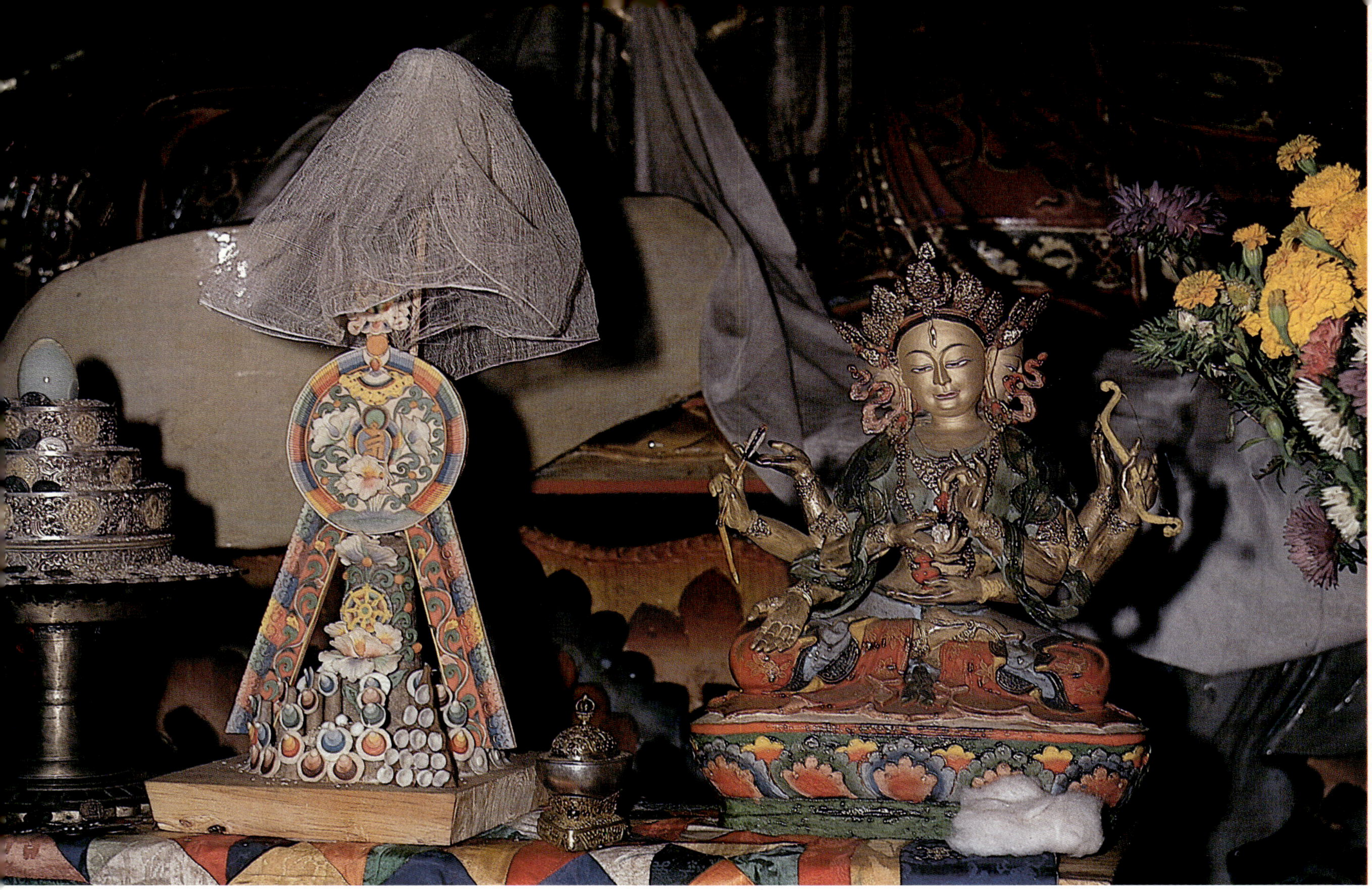

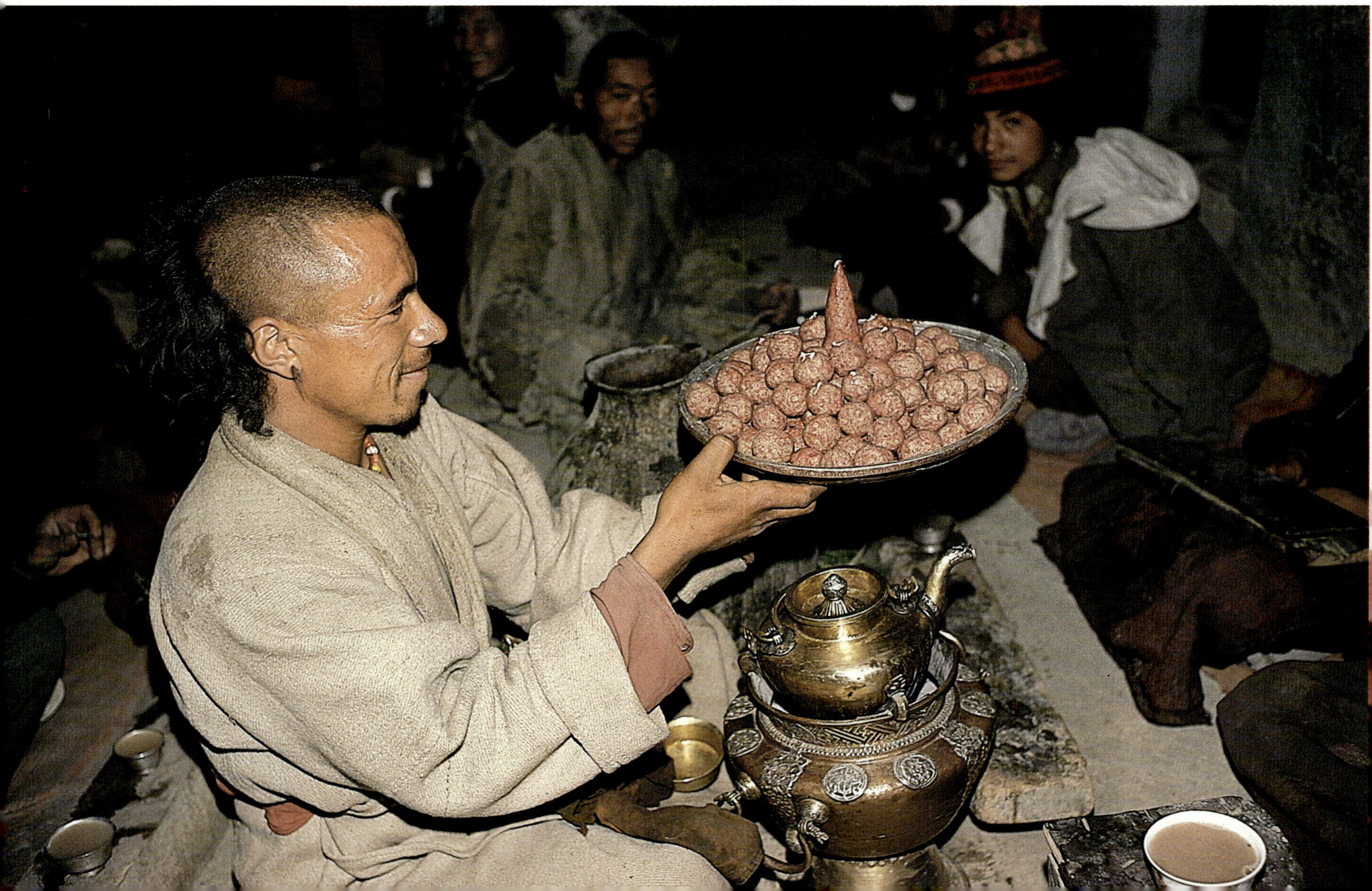

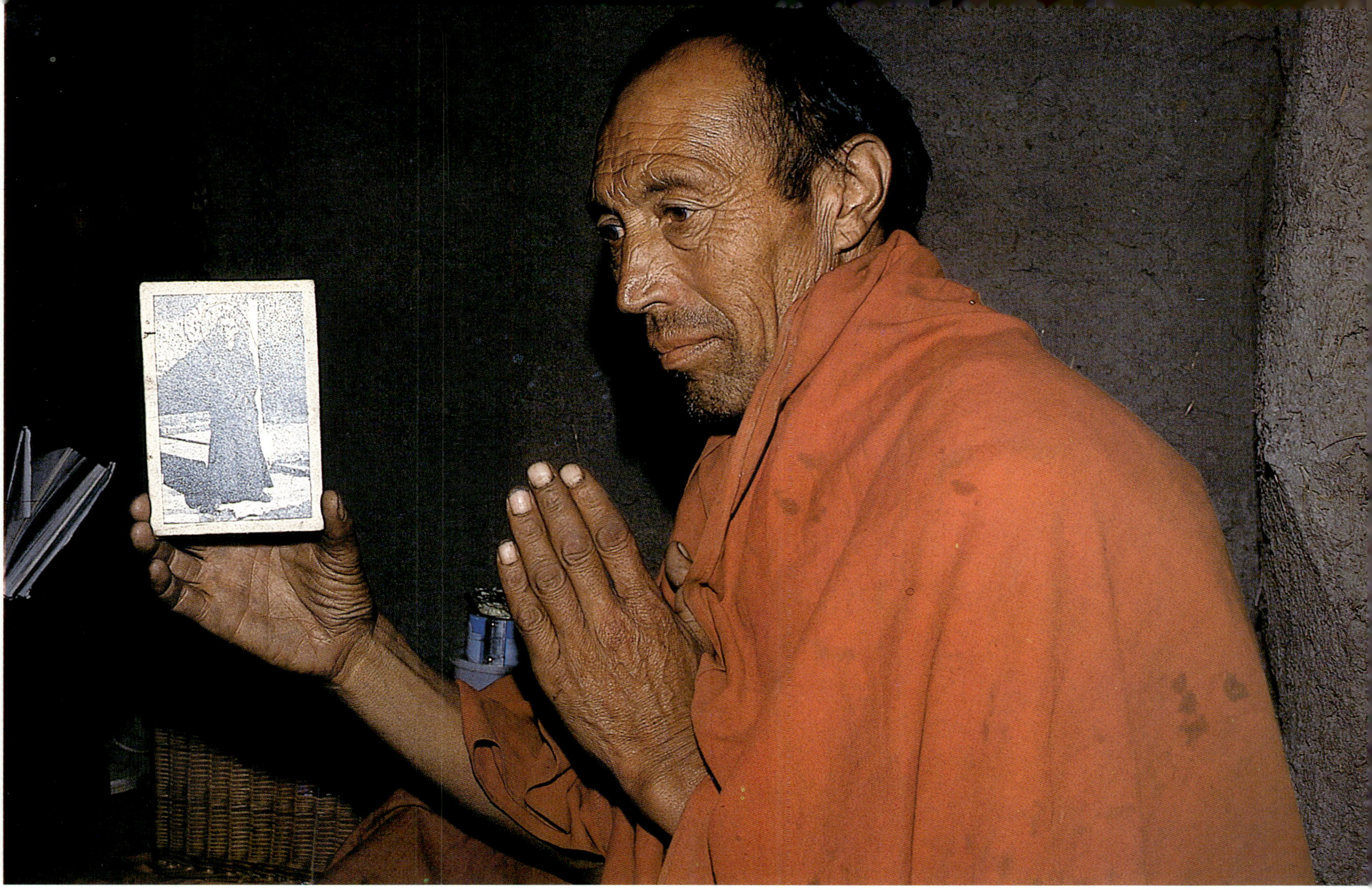

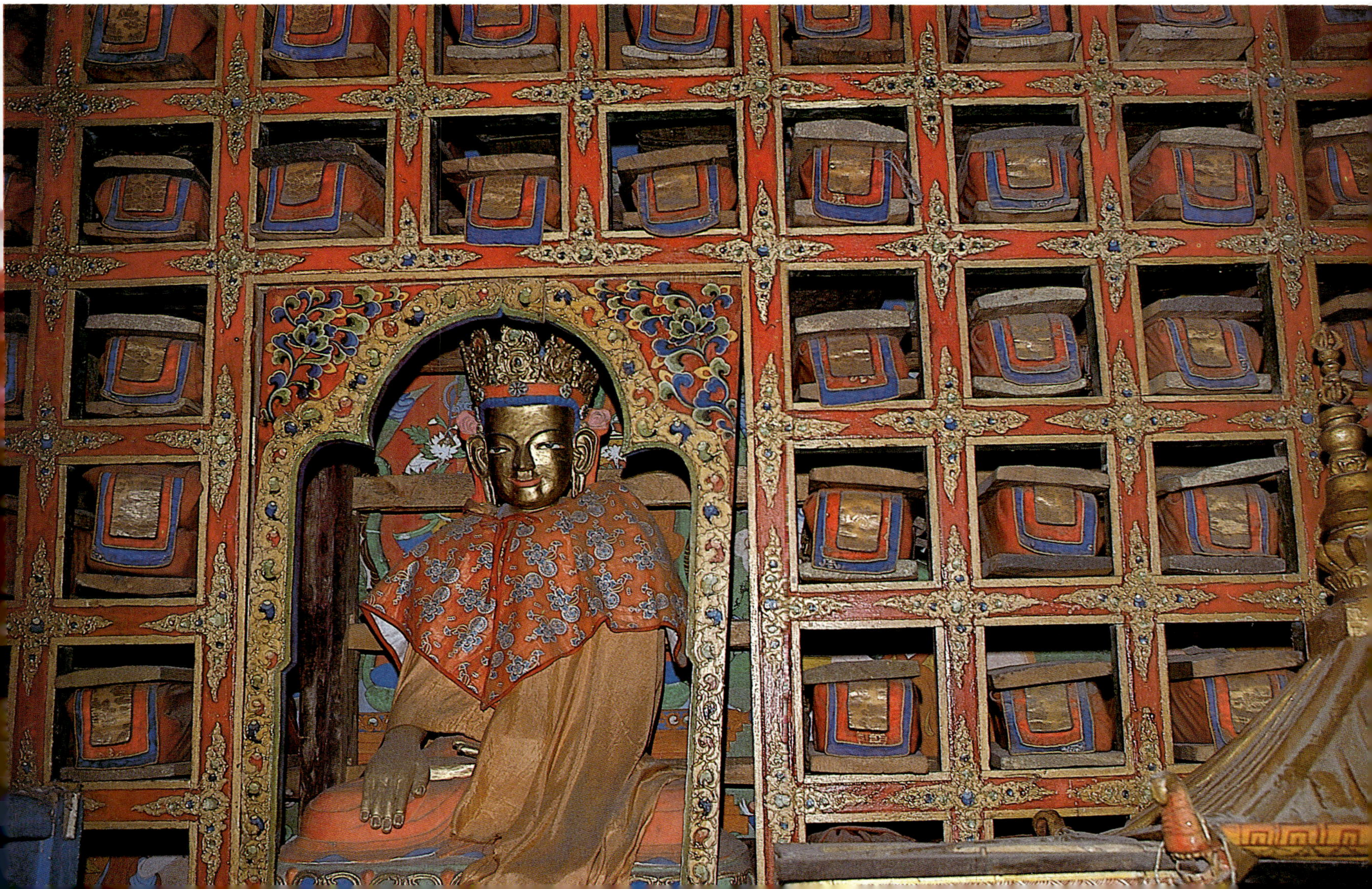

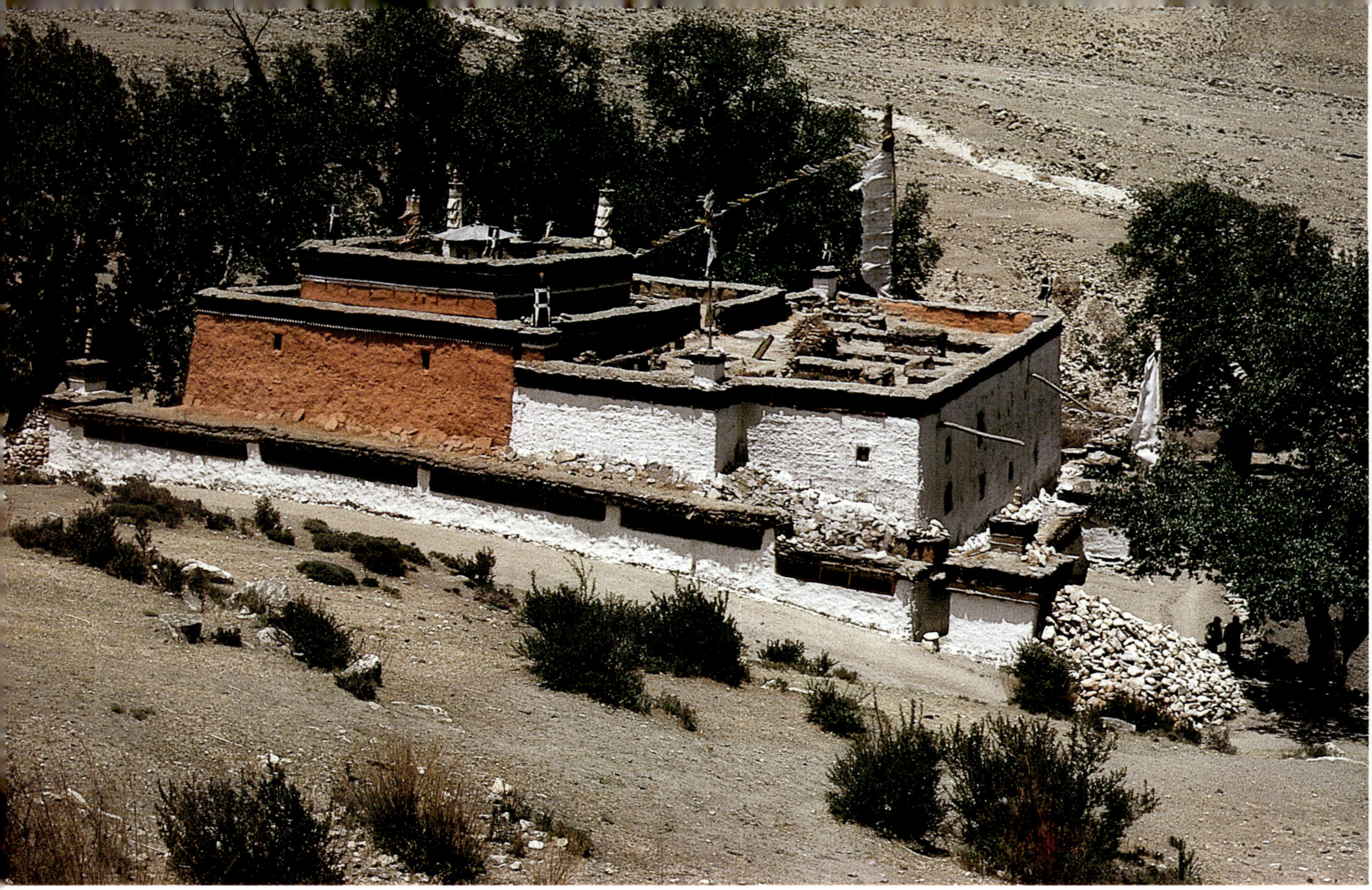

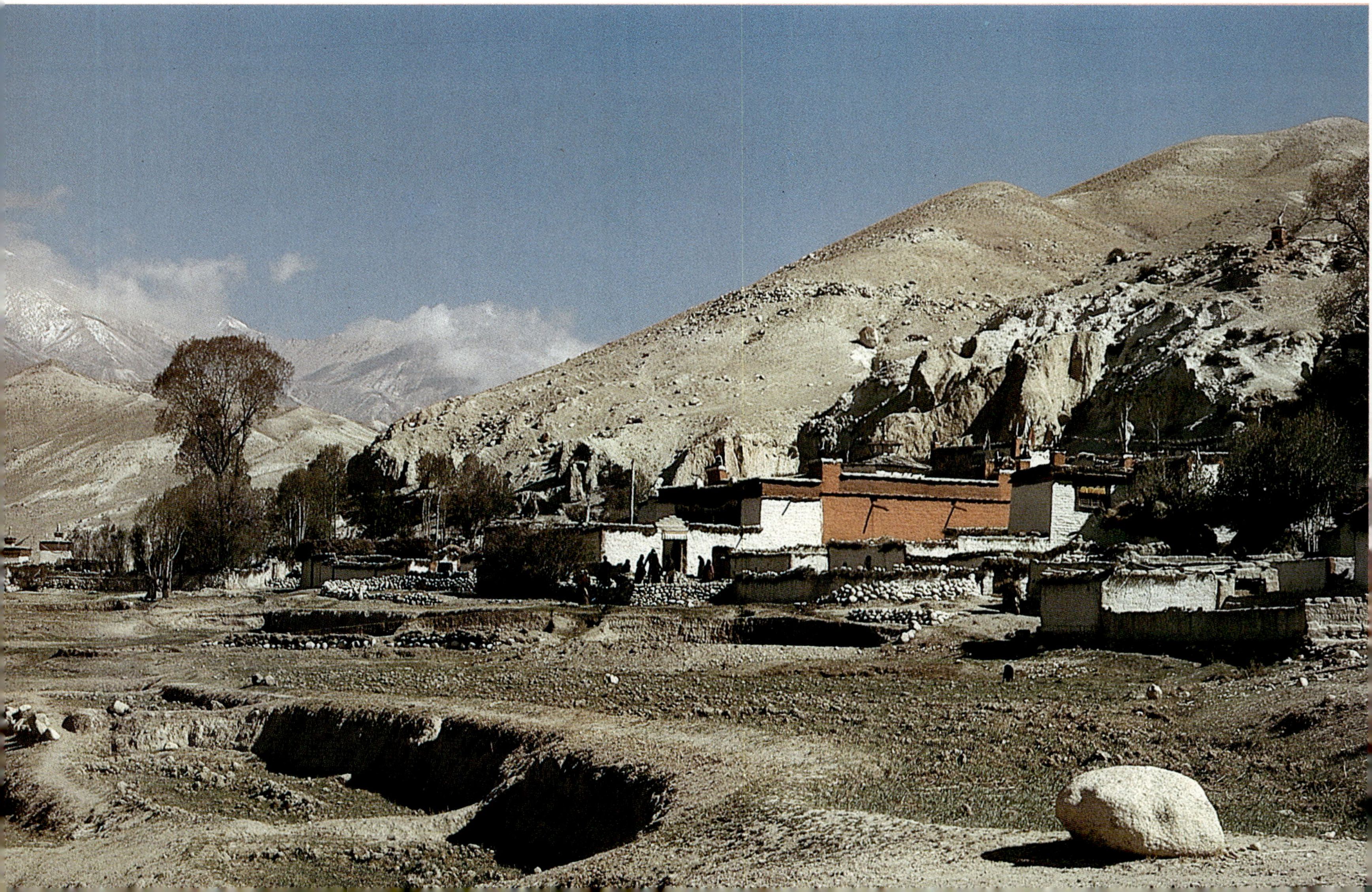

129 a *Ehrfürchtig zeigt ein Mönch aus Zanskar die Photographie des jüngeren Bruders des Dalai Lama, der das reinkarnierte Oberhaupt des Klosters von Karsha ist. Er ist davon überzeugt, daß Bilder, Photographien ebenso wie Wandmalereien, den Geist dessen enthalten, den sie darstellen.*

129 b *Wichtiger als Bilder und Statuen und noch größerer Verehrung würdig sind die Bücher. Heilig sind sie der Weisheit ihres Inhalts wegen. Sie werden über den Altären der Versammlungshallen aufbewahrt, säuberlich aufgereiht in Nischen, eingeschlagen in Seide, die Blätter zwischen zwei Holzbrettchen. Herausschauende Enden von Stoffstreifen tragen Titel und Nummer jedes der 108 Bände des heiligen Kanjur.*

130 / 131 *Die sicherlich eindrucksvollsten Monumente buddhistischen Glaubens sind die erstaunlichen Silhouetten der vielen Klöster des Landes. Das Lamayuru-Kloster in Ladakh hat seinen Ursprung in den Einsiedlerhöhlen, über denen es sich erhebt. Im Laufe der Zeit sind die einzelnen Baukörper zu einer Gesamtheit zusammengewachsen, die sich harmonisch in die Landschaft einfügt und stolz vom geistigen Streben des Menschen Zeugnis gibt.*

132 a, b *Die Klöster von Garphu im Norden und von Logekar im Süden von Mustang sind von jener Schönheit, die durch einfache Formen und die Vollkommenheit der Proportionen entsteht. Im Gegensatz zu den oft formenreichen Tempeln und Monumenten Indiens und Chinas ist die Baukunst im Himalaya mit dem leichten Schwung ihrer senkrechten Linien und der kräftigen Betonung waagrechter Elemente eine Architektur der Einfachheit.*

sen der Tschörten. Sie sind aus Lehm geformt, der mit der Asche eines Toten vermischt ist. Tschörten findet man an den Ecken heiliger Gebäude, an Bergkämmen oder in der Nähe von Flußmündungen, kurz gesagt überall da, wo böse Geister lauern könnten, so daß eine Erinnerung an den Glauben wohl angebracht ist. Man findet sie auf Bergspitzen, in engen Schluchten und an Furten. Man kann schier den gesamten Himalaya durchwandern und wird fast immer wenigstens einen Tschörten im Blick haben.

Die ursprünglichen indischen Gräber glichen umgedrehten Fingerhüten, die Tschörten des Himalaya sehen eher wie umgedrehte Kreisel aus, die auf Sockeln stehen. Der verbreitetste Typ aus der unendlichen Vielfalt der Tschörten hat einen quadratischen Sockel, dem drei oder vier Stufen aufgesetzt sind, die ihrerseits in einen zwiebelförmigen Aufbau übergehen; darüber erhebt sich eine dreizehngängige Spirale, die einen Halbmond trägt, der ein rundes Sonnensymbol einschließt. Der Sockel vertritt die Erde, die Zwiebelform das Wasser, die Spirale das Feuer und die Spitze den Wind. Einen Tschörten zu bauen ist eine heilige Handlung, 108 (eine heilige Zahl) Tschörten in einer Reihe zu bauen, wie sie in Ladakh

134

nicht selten anzutreffen sind, eine noch heiligere.

Einer der größten und ältesten Tschörten hat die Form einer breit hingelagerten Kuppel. Es ist der heilige Tschörten von Bodnath am Stadtrand von Katmandu. Nachbildungen dieses halbkugelförmigen Tschörten finden sich in Bhutan, Solu-Khumbu und Ladakh. Viele der großen Tschörten haben einen Durchgang, der im Sockel ausgespart ist. Solche Tor-Tschörten dienen oft auch als Eingänge zu Klöstern, oder sie sind über Pfaden errichtet, die in Dörfer hineinführen. Meist sind die Decken dieser Durchgänge mit schmückenden Mandalas bemalt, komplizierten konzentrischen Anordnungen, die das lamaistische Universum mit den verschiedenen Personifizierungen des Buddha und den ihm untergeordneten Gottheiten darstellen.

Die Philosophie des Mandala ist recht kompliziert, und es soll hier genügen, wenn wir sagen, daß diese Darstellung des lamaistischen Universums dem Glauben nach dieses Universum selbst ist. Mit anderen Worten, der Mandala gilt als der wirkliche Sitz jener Geister, die er darstellt. Bestimmte Kapellen sind als lebensgroße Mandalas ausgeführt, und ihre

Statuen und Fresken sind so angeordnet, daß sie insgesamt das geistige Universum darstellen.

Es ist ganz erstaunlich, daß die tibetische Architektur sich so nüchtern und elegant zeigt, während die künstlerische Tradition des Landes von einer komplizierten symbolischen Bildwelt geprägt ist. Dies wird jedem eindrucksvoll vor Augen geführt, der durch das Tor einer Kapelle oder Versammlungshalle tritt. Hinter den nüchternen Fassaden verbergen sich prunkende barocke Interieurs mit farbenfreudigen Fresken, geschmückten Säulen und vergoldeten Schnitzaltären. Die Erklärung dafür ist, daß die künstlerische Tradition des Lamaismus sich aus dem Indien des 12., 13. und 14. Jahrhunderts herleitet, als man dort schmuckreiche Pagoden mit ebenso üppigen Fresken bemalte. In Nepal, wo diese Pagoden erhalten sind, stimmen äußerer und innerer Formenreichtum überein. Im übrigen Himalaya hingegen steht das schmucküberladene Innere im Widerspruch zum schlichten Äußeren.

Obschon einige Gelehrte die Architektur des Himalaya einfach abgetan haben, weil sie der persischen Lehmarchitektur zu ähnlich sei, hat sie doch zweifellos ihren besonderen Rang, mit Motiven und traditionellen Formen, die nur ihr eigen sind. Die Baulichkeiten des Himalaya verdienen es wegen ihrer atemberaubenden Schönheit und Harmonie, besser bekannt, gewürdigt und erhalten zu werden.

Handwerk und Kunst

In unserem Computerzeitalter ist es interessant, die Technologie im Himalaya und den Status der dortigen Handwerker und Künstler in Augenschein zu nehmen. Hauptberufliche Handwerker gibt es im Himalaya kaum. Die meisten verdienen ihren Lebensunterhalt nicht als Fachkräfte, sondern sind in erster Linie Bauern, die überdies eine besondere handwerkliche Fertigkeit beherrschen. Die wichtigste Ausnahme von dieser Regel ist der Gara, der berufsmäßige Schmied, der zugleich Grobschmied, Schlosser, Goldschmied und Kesselflicker ist. Wie unsere mittelalterlichen Schmiede und Kesselflicker, sind auch die Garas nicht gänzlich in die übrige Bevölkerung integriert. Sie bilden eine Kaste innerhalb der sonst kastenlosen Gesellschaft des Himalaya. Sie heiraten nur untereinander und nehmen im allgemeinen eine niedrigere gesellschaftliche Stellung ein. Es ist ihnen nicht erlaubt, im Gebetshaus in der ersten Reihe zu sitzen. In Mustang dürfen sie auch nicht innerhalb der Mauern der Hauptstadt leben. Deshalb liegen ihre Häuser am Fluß bei den Wasserrädern, die sie gebaut haben und instandhalten.

Die Geschicklichkeit dieser Garas ist beträchtlich. Sie können nicht nur Pferde beschlagen oder Pflugscharen und Si-

cheln schmieden; sie erzeugen auch aufs geschmackvollste gestaltete kupferne Teekessel und hämmern Trompeten für die Mönche. Zudem bearbeiten sie Silber und Gold und machen Schatullen, Amulette, Ringe und Halsbänder, und das alles mit wahrhaft künstlerischem Talent. Noch erstaunlicher ist, daß fast alle Garas Meister sind in der Kunst des Herausschmelzens und Läuterns von Kupfer und Gold aus Oxyden und Goldsand. Der Schmied kann seine Arbeit überall tun. Seine tragbare Schmiede besteht lediglich aus einem Blasebalg, der aus Schafs- oder Ziegenhaut gemacht ist, und einem kleinen rechteckigen Amboß von der Größe einer Faust, der wie ein großer Nagel in den Boden eingeschlagen wird. Zum weiteren Werkzeug des Gara gehören ein kleiner schmaler Hammer, verschiedene pinzettenartige Greifwerkzeuge, mit denen er das rotglühende Eisen aus dem Feuer holt, und ein kleines Blasrohr, mit dem er die Flamme so erhitzt, daß Gold darin schmilzt.

Neben allem, was mit der Goldwäsche und der Kupferschmelze zu tun hat, ist die aufwendigste Technik im Himalaya der Bau von Wasserrädern, die dem Mahlen der Gerste, dem Herstellen von Holzschliff und dem Drehen der großen Gebetsräder dienen. Diese Verwertung der Wasserkraft verlangt komplizierte Maschinen. Das Wasserrad funktioniert dort nach dem Prinzip der Turbine. Es ist ein mit der Achse senkrecht gestelltes propellerartiges Rad, einfacher und weniger leistungsfähig als das in Europa übliche Schaufelrad. Überraschend und besonders interessant ist, daß diese Wasserräder trotz ihrer ausgefeilten Technik meist mit geringer Sorgfalt gebaut sind. Das gilt auch für die Handwebstühle und alle Holzstreben und Holzrahmen, die oft aus den krummsten und unpassendsten Holzteilen zusammengesetzt sind. Teils ist dies wohl auf die in weiten Gebieten herrschende Holzknappheit zurückzuführen, aber auch darauf, daß dort die Vorstellung, die man von einer Maschine hat, von der unseren gänzlich verschieden ist. Maschinen, so empfinden es die Menschen im Himalaya, sind Mittel zur Erleichterung der menschlichen Arbeit. Sie werden nicht von Experten oder Spezialisten hergestellt, sondern von denen, die sie hinterher benützen und instandhalten. Die Vorstellung von Technik ist, ähnlich wie bei uns im Mittelalter: Maschinen sollen leicht und billig herzustellen sein. Viel Zeit oder kostbare Materialien auf die Herstellung einer Maschine zu verwenden

würde ihren Zweck zunichte machen, denn sie hat vor allem nützlich zu sein. Es lohnt sich, einmal darüber nachzudenken, wie weit wir im Westen von diesen einfachen Grundregeln abgekommen sind.
Im Himalaya muß man nicht Fachleute heranholen, um diese Maschine zu bauen oder zu warten, und man benötigt keinen anderen Treibstoff als den, der in der Natur frei verfügbar ist: Wind und Wasserkraft. Die Menschen im Himalaya sind der Ansicht, daß Maschinen zur Freiheit verhelfen sollen, zu Freiheit von übermäßiger Anstrengung, von Wartungsarbeiten, von teuren Ausgaben und von Abhängigkeiten. Je einfacher und urtümlicher eine Maschine ist, desto besser, auch wenn diese Einfachheit auf Kosten der theoretisch möglichen mechanischen Leistungsfähigkeit geht.
Interessant ist dann aber der Vergleich zwischen dieser ziemlich urtümlichen Technologie, etwa der Webstühle und Wasserräder einerseits, und den ausgefeilten handwerklichen Techniken und der gewissenhaften Genauigkeit andererseits, mit der in der Kunst gearbeitet wird. Diese Einstellung zur Kunst im Gegensatz zur Einstellung gegenüber Maschinen unterstreicht, daß es der Himalayakultur mehr

auf Ästhetik als auf Wirtschaftlichkeit ankommt.

So geschieht es, daß eine Tür beim Öffnen in ihren wackeligen Scharnieren knarrt und doch mit wunderbaren Schnitzarbeiten geschmückt ist. Hier gilt die ästhetische Rolle der Tür für gleich wichtig, wenn nicht für wichtiger als ihre Funktion. In unserer modernen Welt ist es eher umgekehrt. Mehr Zeit und Geld werden darauf verwendet, eine Maschine leistungsfähig zu machen, als darauf, sie schön zu gestalten. Und wenn Schönheit gelegentlich doch herangezogen wird, dann als Mittel, den Konsumenten zu motivieren, damit er die Maschine kauft. So sind Begriffe wie Leistungsfähigkeit, Zweckmäßigkeit und Bequemlichkeit bei uns wichtiger geworden als der der Schönheit. Für die Tibeter ist das Wort für Glück gleichlautend mit dem für Schönheit. Hier liegt einer der Hauptunterschiede der beiden Welten.

Die Künstler widmen sich in erster Linie der religiösen Kunst, die wegen der Wertschätzung, die sie weithin erfährt, und wegen ihrer weiten Verbreitung als volkstümlich angesehen werden muß. Fast alle Häuser haben kleine Kapellen, die je nach Größe und Reichtum der Familie Fresken, Statuen, Tankas (bemalte Stoffrollen) und kleinere religiöse Gegenstände wie Gebetsräder enthalten. In den Dorfkapellen sind die Fresken größer und aufwendiger und ebenso die zahlreichen Statuen und anderen Gegenstände der Andacht.

Wie wird man Künstler im Himalaya? Für einen jungen Mönch ist das nicht schwer. Wird bei seinem Eintritt ins Kloster entdeckt, daß er künstlerisch begabt ist, dann kommt er dort zu einem Künstler in die Lehre, der ihn anleitet und ihn mit den komplizierten Regeln und den zahllosen Symbolen bekannt macht, die in der religiösen Kunst Anwendung finden. Im Kloster wird er sodann Fresken erneuern, Kapellen neu gestalten oder Devotionalien herstellen. Im Sommer kann er auch umherreisen und für fromme Laien Mandalas und Tankas malen.

Für einen Laien ist es schwieriger, Künstler zu werden. Denn er muß sich in erster Linie der Landwirtschaft widmen, und so bleibt ihm nur wenig freie Zeit zum Malen oder Schnitzen. Dennoch gibt es Laienkünstler, die Mandalas und Tankas malen oder für sich, ihre Familie sowie für Nachbarn Andachtsgegenstände schnitzen.

Aber ebenso wie Heilkundige und andere Handwerker werden auch die Künstler niemals für ihre Arbeit bezahlt. Sie werden lediglich mit freier Kost und den notwendigen Materialien versorgt.

Wie der Maler früherer Zeiten reibt und mischt der Künstler im Himalaya sorgfältig seine Farbpigmente selbst. Er bereitet auch den Malgrund vor, gewöhnlich Leinen oder Baumwollstoffe, die geleimt und mit einer Mischung aus zerstoßenem Muschelkalk und Ton grundiert werden. Anstriche wurden früher aus mineralischen Pigmenten hergestellt, die jetzt leider durch grellere moderne, aus Indien importierte Farben ersetzt werden. Die Künstler schlagen häufig in handgeschriebenen Lehrbüchern nach, in denen die Geometrie, die Figuren, Linien und Quadrate angegeben sind, die den genauen Proportionen der einzelnen buddhistischen Gottheiten entsprechen.

Sie lernen malen, wie wir schreiben lernen. Zunächst wird ein Gegenstand von vorne, dann von hinten und dann von der Seite dargestellt. Man beginnt bei der einfachsten Ansicht und schreitet zur kompliziertesten fort. Die Abfolge der Pinselstriche ist festgelegt. Jedes Element einer Porträtzeichnung wird in seine Wesensbestandteile zerlegt. Wenn diese Darstellungsweise die Figuren auch gleichsam wie eingefroren erscheinen läßt und ihnen eine gewisse Unbeholfenheit verleiht, so

findet doch jeder Künstler innerhalb dieses starren Rahmens genug Freiraum, um einen persönlichen Stil zu finden. Dementsprechend sind die Werke einzelner Künstler leicht wiederzuerkennen, obwohl Themen, Darstellungsweise und Figuren festen Regeln unterworfen sind.

Einige der ältesten und besten Fresken findet man in Mustang, Ladakh und Zanskar. Anders als in Bhutan und in vielen Gegenden des östlichen Himalaya hat man in diesen sehr entlegenen Gebieten die ganz alten und oft verblichenen Fresken nicht restauriert oder übermalt. Es wird kaum bezweifelt, daß das 16., 17. und 18. Jahrhundert mehr talentierte Künstler hervorgebracht haben als das 19. und 20. Dennoch leben auch heute einige große Meister. Leider haben moderne importierte Farben zusammen mit einem neuen religiösen Eifer überall im Himalaya viele Walt-Disney-artige, bunte Kunstwerke sprießen lassen, deren grelle Farben und glänzende Glätte in ihrer Profanität denen eines Karikaturenzeichners aus Los Angeles kaum nachstehen.

Die Künstler malen nicht allein Fresken und Tankas; sie schmücken auch Gebäude mit gemalten Girlanden aus religiösen Symbolen und stilisierten Motiven. Zunächst glaubte man, viele dieser Motive, wie Wolken, Berge usw., seien chinesischen Ursprungs, bis man entdeckte, daß diese Art der Wolken-, Vögel- und Drachendarstellung von buddhistischen Künstlern Indiens stammt und schon von den Chinesen kopiert worden war.

Die religiöse Kunst des Himalaya nimmt oft in den überraschendsten Materialien Gestalt an. So wird häufig Butter bemalt und vergoldet, so daß erstaunliche Altargegenstände entstehen, die unglücklicherweise nur zu kurzer Lebensdauer verurteilt sind. Gerstenmehl wird angefeuchtet, gefärbt und zu Tormas geformt, das sind Opfergaben, bestimmt für grimmige oder freundliche Gottheiten, wunderschöne Kunstwerke, die an den berühmten französischen Küchenchef Carème

bei die Baumeister sich allerdings sorgfältig darum bemühten, sich die natürliche Umgebung zunutze zu machen.

Der Bau im einzelnen, auch der kleinsten Zelle, wird sehr genau bedacht. Der Standort eines jeden neuen Gebäudes, besonders wenn es sich um einen Sakralbau handelt, unterliegt festen Regeln, nach denen sich auch die Anordnung der Türen und Fenster richtet, ebenso wie die Orientierung des Gebäudes in Bezug auf Flüsse, Wasserfälle und benachbarte Berggipfel. Im Idealfall sollen Klöster nach Osten schauen und oberhalb eines Sturzbaches oder eines Wasserfalls stehen. Die Versammlungshalle hat das höchste Gebäude zu sein, und die einzelnen Zellen müssen innerhalb des heiligen Bezirks liegen, der durch die Überlieferung oder die Entscheidung von Orakeln festgelegt ist. Ecken und Winkel eines Gebäudes und auch die von ihnen ausgehenden Fluchtlinien sind, so glaubt man, mit bösen Kräften besetzt, die durch den Bau von Tschörten und anderen religiösen Denkmälern gebannt werden müssen. Zahlreiche weitere Tabus und Auflagen sind zu berücksichtigen. Was wie das Ergebnis zufälligen Wachstums aussieht, beruht also im einzelnen auf sehr viel Überlegung, denn für die Menschen im Himalaya haben Gebäude ebenso wie Statuen und Bilder ihre eigene Seele.

141 Lange bevor die Wolkenkratzer von New York uns die Schönheit vertikaler Architektur vor Augen geführt haben, nutzten die Tibeter die Höhe als ein bauliches Element. Für eine die Natur ergänzende Architektur ist das Kloster von Phugtal in Ost-Zanskar ein perfektes Beispiel. Wie so oft war eine Einsiedlerhöhle der Ursprung. Im Lauf der Zeit entstand eine ganze Kaskade von Mönchszellen am Fuß der riesigen Höhle, die jetzt die Versammlungshallen birgt. Auch hier war das Wachstum der Gesamtanlage mehr organisch als geplant, wo-

142 In der riesigen Höhle von Phugtal erhebt sich ein Tschörten, von dem man sagt, er habe sich selbst erbaut. Ursprünglich wohl ein Stalagmit, fängt er jetzt wieder an, einem solchen zu gleichen. Im Lauf der Jahre haben die Mönche ihn so oft geweißt, daß die vielen Kalkschichten ihm weich fließende Konturen verliehen haben.

143 Die Versammlungshalle des Klosters steht im Schatten der großen Höhle. Wie auf der Bühne eines Naturtheaters gehen die Mönche ihren alltäglichen Beschäftigungen nach.

erinnern, der behauptet hat, die dekorative Gestaltung von Backwerk sei ebenso wie Architektur und Bildhauerei den
schönen Künsten zuzurechnen.

Es gibt auch viele Künstler, zumal in Bhutan, die mit vielfarbigem Seidengarn religiöse Fahnen sticken und aus dem Petit
Point eine hohe Kunst machen. Seit lan-
gem im Westen bekannt und geschätzt
sind Bronzestatuen, die meist von den
Newars in Nepal gegossen werden. Weitgehend übersehen werden dagegen die
schönen, fein gearbeiteten Terrakotten,
die man überall im Himalaya herstellt.
In fast jedem Kloster sind die größten
Figuren aus Terrakotta, viele von ihnen

*144 / 145 Trotz seines schlechten Bauzustandes ist der
Palast des Königs von Ladakh in Leh ein stolzes Denkmal
für die Größe der Nation, die im Stande war, sich in
einem der lebensfeindlichsten und trockensten Winkel
der Erde über die bloße Notwendigkeit des Überlebens
weit zu erheben. Das subtile Zusammenspiel der nach
oben immer größer werdenden Fensteröffnungen und der
geneigten Außenwände verleiht diesem Bau seine eigentümliche Eleganz.*

*146 / 147, 148 Das Kloster von Thikse in Ladakh er-
innert an den Potala von Lhasa, den Palast des Dalai
Lama. Wie nur wenige Klöster sind beide von ganz un-
verwechselbarer Gestalt, die keineswegs das Ergebnis
zufälligen Wachstums, sondern sorgfältiger Planungen
ist.*

Meisterstücke in einer Tradition, die
in die griechisch-buddhistische Zeit zu-
rückreicht.

Über die Holzdrucke im Himalaya könnte
man ein ganzes Buch schreiben. Die Kunst
der Herstellung hölzerner Druckstöcke
hat hier, wo die unzähligen religiösen Texte ausschließlich von Holztafeln gedruckt
werden, ein hohes Niveau erreicht.

Die Mehrzahl der Kunstwerke im Himalaya erscheint dem westlichen Auge als
streng formgebunden. Aber bei näherer
Betrachtung offenbart sich nicht nur der
persönliche Stil des Künstlers, es finden
sich auch wirklichkeitsgetreue Darstellungen: sein Haus, sein Dorf, ein Selbst-
bildnis, die Porträts von Mönchen und
Äbten, mitunter in einem fast kruden
Realismus gemalt.

Wir sollten hier auch die Webkunst und
den Entwurf von Stoffmustern betrachten. Viele glauben, daß die Menschen im
Himalaya sich heute ebenso kleiden wie
vor Hunderten von Jahren. Das stimmt
aber nicht. Auch wenn die Mode im
Himalaya nicht so schnell gewechselt
hat wie bei uns, so hat doch jede Epoche
und jede Region ihre besonderen Formen
der Kleidung hervorgebracht. In Bhutan werden Kleider gewöhnlich aus Roh-
seide hergestellt. Die farbenprächtigen

Stoffe zeigen vielerlei Dessins, und jedes Tal hat seine Eigenheiten, von den schottenartigen Mustern des Bhumtang-Tales bis zu den orangefarbenen, rot und rosarot gestreiften von Tashigang. Selbst die Gürtel und Schärpen der Frauen zeigen ganz unterschiedliche Muster. In Mustang und Dolpo ist die Technik verbreitet, Stoffe in zusammengebundenem Zustand zu färben, wodurch Muster aus geheimnisvollen Kreuzen und farbenprächtigen Blüten entstehen. In Zanskar trugen die Frauen vor nicht allzu langer Zeit rot-gelb-blau gestreifte Mäntel. Auch Hüte, Blusen und Schultertücher wechselten mit der Zeit Farbe und Stil, wobei unglaublich viele verschiedene Webarten und Farben verwendet wurden. Das beste Beispiel für die modische Vielfalt im Himalaya sind wahrscheinlich die von Tal zu Tal verschiedenen Hüte. Es gibt Bambushüte und perückenartige Hüte aus Yakhaar, die nach Amt und Sekte unterschiedlichen Hüte der Mönche und Lamas, die hohen eckigen oder runden Hüte der Edelleute und Könige, die aus Filz und Pappe bestehen und gefärbt und vergoldet sind. Die Peraks, die Hüte der Frauen in Ladakh, sind wahre Schatzsammlungen; denn sie stecken die ganze Mitgift an

Türkisen, Gold, Silber und Korallen daran fest.

Dieser Vielfalt der Kopfbedeckungen entsprechen Zahl und Vielfalt der Masken, die Mönche und Laien an religiösen Feiertagen zum rituellen Tanz aufsetzen. Die Maskenherstellung ist eine Kunst für sich. Einige sind aus Holz geschnitzt, andere aus Papiermaché und wieder andere aus dem verfilzten, verleimten Haar des Yak oder der Ziege gefertigt. Meist stellen diese Masken Götter- und Dämonengestalten dar. Die wichtigsten Tänze, die Chams, beschreiben die Wanderungen der Seele nach dem Tode durch die Fegefeuer und die Unterwelten der Dämonen.

Jahrhundertelang wurden im Himalaya Teppiche gewebt, sowohl für die Häuser, wo man darauf sitzt, wie auch als Satteldecken. Ihre Muster und Motive — Drachen, Löwen, stilisierte Berge, Landschaften und Wälder —, die zunächst irrtümlich für chinesisch gehalten wurden, entstammen der religiösen Kunst und der Laienkunst des antiken indischen Buddhismus. Tibetische Teppiche wurden im Westen modern, als die Tibeter in den Flüchtlingslagern von Indien und Nepal sie in großen Mengen für den Export herzustellen begannen.

Seit der Jungsteinzeit werden im Himalaya

Bilder und Zeichen in den Fels gehauen und geritzt. Die frühesten von ihnen stellen den stilisierten Steinbock dar oder Jagdszenen von mit Pfeil und Bogen bewaffneten Männern mit ihren Hunden. Jüngere Felszeichnungen zeigen die Umrisse von Tschörten, dem Symbol des Buddhismus, oder buddhistische Gebete, deren verbreitetstes das manchmal in riesigen Buchstaben über Felswänden geschriebene „Om Mani Padme Hum" ist. Im westlichen Himalaya finden sich große Skulpturen des Maitreya, des „kommenden Buddha", aus dem 5. und 6. Jahrhundert. Der eindrucksvollste Maitreya bei Mulbek in Ladakh ist mehr als zehn Meter hoch. In Ladakh und Zanskar findet man auch viele ehrwürdige Darstellungen der „fünf Buddhas". Heute werden Reliefs meist in Schiefer geschnitten, und religiöse Szenen wie Figuren finden sich als Flachrelief an Klostermauern oder sind in die Steine der Hunderttausende von Gebetsmauern gemeißelt, die fast jeden Pfad im Himalaya säumen.

Die Kunst ist im Himalaya allgegenwärtig, eine hochentwickelte Kunst, die in der religiösen Symbolik wurzelt und aus der Enge der Kapellen gleichsam explosionsartig auf alle Häuser und einen Teil der Landschaft überspringt.

Ein Wort sei hier noch gesagt über eine besondere Gruppe gelernter Handwerker, nämlich Ärzte und Tierärzte. Im Himalaya wird jemand der über das Heilen von Menschen oder Tieren besonderes Wissen erworben hat, die Heilkunst nicht als Beruf ausüben. Darin ist er den anderen Handwerkern gleich. Niemand, ausgenommen der Schmied, der als niedrig angesehen wird, denkt daran, für sein Wissen ein Honorar zu verlangen. Ärzte wie Tierärzte üben daher ihre Kunst unentgeltlich aus. Ihre einzige Entlohnung besteht in besonderer Ehrerbietung, die man ihnen entgegenbringt und in der großzügigen Gabe von Gerstenmehl und Bier (Tsang), die sie bei ihrem Besuch erhalten.

Arzt zu sein empfiehlt sich nur für einen reichen Mann, denn das Sammeln der Heilmittel, das Aufbereiten der Heiltränke und der Patientenbesuch erfordern viel Zeit. Es gibt auch vielerlei medizinische Literatur, die gelesen, Nachschlagewerke, die gekauft, und sogar medizinische Schulen, die besucht werden müssen. Drei Arten von Heilmittel werden verwendet: solche mineralischen und solche tierischen Ursprungs sowie pflanzliche Extrakte. Heilpflanzen werden meist auf den Hochweiden gesammelt, entweder vom Arzt selbst oder von Schafhirten.

Zu den typischen Heilmitteln gehören Murmeltierpfoten, Wolfsschwänze, getrocknete Frösche, zahllose pulverisierte Mineralien und mehr als 300 Heilpflanzen. Jahrelange Beobachtung und die Hilfe eines älteren Arztes lehren den jungen Arzt, die verschiedensten Krankheiten seiner Patienten zu diagnostizieren. Die tibetische Heilkunst macht Anleihen bei der chinesischen, der indischen und der westlichen Medizin, hat aber auch viele eigene Wesensmerkmale. Dennoch liegt die Heilung letzten Endes in der Macht der Geister und im Gebet, denn vor allem die Geister sind es, die die Krankheiten verursachen. Manchmal müssen denn auch Mönche gerufen werden, um dem Arzt einen bösen Geist von Sitz und Wurzel des Leidens verjagen zu helfen.

Tierärzte oder vielmehr sogenannte Pferdeärzte spielten eine wichtige Rolle, wie das bei einem Volk, für das Tierhaltung eine Hauptquelle des Lebensunterhaltes darstellt, nicht anders zu erwarten ist. Der Pferdearzt verfügt über verschiedene Bücher, denen er sein Wissen entnimmt, und wie der Humanmediziner zögert auch er nicht, seine Patienten zu operieren. Ist die Arbeit getan, kehren diese geschickten „gelehrten Handwerker" heim, um ihre Felder zu bestellen. Das ist eine Lektion in Bescheidenheit.

Weder technische Fähigkeiten noch Gelehrsamkeit dienen dem Profit. In ihrem Gegensatz zu unseren modernen Gewohnheiten zeigt diese Tatsache sehr deutlich, wie total wirtschaftsbezogen unsere Gesellschaft geworden ist, innerhalb derer wir fast ausnahmslos nur durch den Verkauf unserer Fertigkeiten und unseres Wissens überleben.

Der Alltag

Der Alltag im Himalaya ist von Tal zu Tal und von Jahreszeit zu Jahreszeit verschieden. Vielfalt ist der einzig vorherrschende Grundzug. Während die meisten Menschen woanders den immer gleichen Lebensstil haben, gibt es für die Menschen im Himalaya deren drei oder vier. Im Frühjahr sind sie Bauern, im Sommer werden sie Hirtennomaden, und im Winter schließlich sind sie zugleich Pilger und Händler, die Hunderte von Kilometern zu Fuß zurücklegen, um Wolle oder Getreide zu verkaufen und um die Heiligtümer zu besuchen. Dazu kommen die besonderen Fertigkeiten eines jeden als Zimmermann oder als Künstler, Baumeister, Papiermacher oder Steinmetz.

Die Bauern bauen verschiedenerlei Feldfrüchte an. Die Sherpas von Solu-Khumbu ziehen in erster Linie Kartoffeln, die im 18. Jahrhundert von den Briten hierher gebracht wurden. Die Bewohner der trockenen Nordhänge des Himalaya (Mustang, Zanskar und Ladakh) ernten Gerste, Weizen und Erbsen von ständig bewässerten Äckern, während in Bhutan und in Teilen von Sikkim und Towang Weizen, Buchweizen und Reis den Hauptertrag bilden.

Alle diese Pflanzen verlangen verschiedene Anbautechniken, und sogar ein und dieselbe Feldfrucht wird den Eigenarten der Region entsprechend auf verschiedene Arten angepflanzt, bewässert und geerntet. In einzelnen Gegenden wird die Gerste mit Dreschflegeln gedroschen, in anderen werden Esel und Yaks über sie hinweggetrieben, während wieder anderswo die Körner mit kammartigen Werkzeugen direkt vom Halm geerntet werden. In Bhutan werden Reis und Weizen von barfüßigen „Tretern" enthülst, die sich dazu an Holzstangen festhalten. Wenn auf den Bergen der Schnee schmilzt, dann hinterläßt das Schmelzwasser feuchte Hänge, die im Sommer üppiges Gras überdeckt, den Ziegen, Yaks und Dzos zur Weide. Diese Sommerweiden sind oft mehrere Tagreisen weit von den Dörfern entfernt; Teile der Familie begleiten die Herden und verbringen den ganzen Sommer auf den Berghängen im Zelt oder in provisorisch aus Steinen errichteten Unterkünften.

In diesen entlegenen Gegenden verbringen die Menschen den Sommer damit, Joghurt, Butter und Käse zu machen und die Wölfe von ihren Herden fernzuhalten. Alle übrige Zeit wird zum Spinnen von Ziegenwolle für Kleidung oder von Yakwolle für Taschen und Zelte genützt. Die Wolle wird in die Dörfer heimgebracht, wo die Männer sie verweben. Nur in Bhutan wird das Weben von Frauen besorgt.

Die Aufteilung der schweren Arbeit ist fast überall dieselbe. Die Männer pflügen und säen, die Frauen zerbrechen die Erdschollen hinter dem Pflug und jäten später das Unkraut. Die Ernte wird von Männern und Frauen gemeinsam besorgt. In armen Gegenden wird die Gerste nicht geschnitten, sondern mit der Wurzel ausgerissen, in reicheren Gegenden schneidet man sie mit einer Sichel. Die Frauen holen aus Quellen und kleinen Bächen, die sich meist unterhalb der Dörfer finden, das Wasser. Sobald es nach der Ernte wieder kalt wird, werden die Tiere von den Bergen heruntergetrieben, damit sie von den Stoppeln fressen, die auf den Feldern zurückgeblieben sind. Um dieselbe Zeit wird von den Rändern der Felder und weiter oben in den Bergen Gras gesammelt als Futter für die Tiere im langen, kalten Winter. Es wird neben Brennholz und getrocknetem Yakdung, dem wichtigsten Brennstoff, auf den Hausdächern gestapelt.

Alle Vorbereitungen für den Winter müssen beim ersten Schneefall abgeschlossen sein. Beim ersten Frost werden Tiere, meist Ziegen, von den Shembas geschlachtet, von Fleischhauern, die wie die Garas, die Schmiede, eine eigene Kaste bilden. Im westlichen Himalaya sind diese Shembas Moslems, die für ihre Tätigkeit die Innereien der von ihnen geschlachteten Tiere erhalten. In großer Höhe trocknet das Fleisch rasch und bleibt den ganzen Winter über genießbar. Mit weniger Tieren, die zu füttern sind, und einem ausreichenden Vorrat an Fleisch und Getreide sehen die Himalayabewohner der kalten Jahreszeit entgegen, die oft sechs oder sieben Monate dauert.

Mit Ausnahme der Bewohner der isolierten Region von Zanskar, das nach starken Schneefällen von allen größeren Handelswegen abgeschnitten ist, verläßt ein Großteil der Menschen im Winter die heimatliche Wohnung und geht auf Reisen. Der Winter ist die beste Reisezeit, denn jetzt sind alle Flüsse zugefroren, und weder der Ackerbau noch die Herden verlangen irgendeine Tätigkeit. Im Herzen sind die Menschen des Himalaya Nomaden geblieben, Menschen, die aus den zentralasiatischen Steppen kamen, und am glücklichsten sind, wenn sie geschäftlich oder zum Vergnügen unterwegs sein können, gewöhnlich in Verbindung mit einer Pilgerreise.

Jahrhundertelang standen aus allen Teilen des Himalaya zwei Reiserichtungen zur Wahl: südwärts nach Indien, wo das wunderbare Winterklima nach der extremen Kälte der Hochregionen von den Reisenden genossen wurde, oder nordwärts nach Tibet, in dessen trockenem Hochland wenig oder gar kein Schnee fällt. Tibet war nicht nur der Sitz des Dalai Lama, sondern auch ein Land, wo es wertvolles Salz reichlich gab, das an den windumwehten Ufern der zahlreichen Seen der nördlichen Ebene gewonnen wird. Gegen Gerste und Reis wurde dieses Salz nach Tibet eingetauscht und zusammen mit Wolle, die man von tibetischen Nomaden kaufte, nach Nepal und Indien zum Verkauf gebracht.

Zum Unglück der meisten Menschen im Himalaya nahm dieser Handel mit Tibet 1959 ein Ende, als die Chinesen dort die Macht übernahmen. Heute ziehen die Karawanen aus dem Himalaya nur noch nach Indien und Nepal. Jeden Winter kommen Händler und Mönche in die Grenzstädte herunter und durchstreifen in schweren Stiefeln und selbstgesponnenen Gewändern die Basare; ihre Zöpfe, die sie mit Butter eingerieben haben, glänzen, und ihr Lächeln unterscheidet sie von den grämlich dreinschauenden Leuten der Ebene. Die Inder kaufen das tibetische Salz und die tibetische Wolle (alle „Kaschmir"-Wolle kam stets aus dem Himalaya und von Tibet) sowie Yakschwänze, die als Fliegenwedel geschätzt sind. Auch Pferde und Himalayahunde, die Lhasa-Terrier, sind sehr gefragt. Nach indischen und nepalesischen Maßstäben sind die Menschen aus dem Himalaya reiche Leute. Als Grundbesitzer tragen sie aus dem Verkauf von Pferden, Yaks und Eseln hübsche Summen bei sich. Bargeld verwenden sie, um eine geringe Auswahl an Fabrikwaren zu kaufen: Nadeln, Baumwollzwirn, Baumwolltuch für die Gebetsfahnen und Zeremonientücher, vielleicht ein Messer, ein Schreibgerät, eine Taschenlampe, eine Thermosflasche und eine jener hoch geschätzten Glasscheiben, die sehr vorsichtig über die Berge nach Hause getragen werden. In den fernen Tälern warten Kinder und Großeltern, in ihren warmen dunklen Wohnräumen vorm Schnee geschützt, den ganzen Winter lang auf die Rückkehr des Familienoberhauptes.

Das Geschäftliche mischt sich mit dem Vergnügen und dem Religiösen, wenn ein Landmann aus dem Himalaya die großen Heiligtümer von Katmandu, Gauhati in

Assam oder die berühmten Schreine an den Plätzen von Geburt und Erleuchtung Buddhas besucht. Heute veräußert dort mancher Bauer sein altes Steinfeuerzeug oder altehrwürdige Vorhängeschlösser an tibetische Flüchtlinge, die sie ihrerseits als Antiquitäten an Touristen verkaufen. Die meisten Menschen des Himalaya treiben gern Handel, obwohl sie, wie sie sagen, keine Krämer sind.

Da die isolierten Hochtäler nicht alles erzeugen können, was gebraucht wird, müssen in Ziegeln gepreßter Tee in Indien und hölzerne Trinkschalen in Bhutan oder Kulu eingekauft werden. Der Weihrauch wird importiert und dort, wo man nicht genug davon selbst herstellen kann, auch das Papier zum Druck der Bücher.

Diese vielen weiten Reisen sind die Ursache für das aufgeschlossene Wesen des Menschen im Himalaya, der durch sein vielfältiges Tun als Bauer, Hirte, Kaufmann und Handwerker zu einer wohlabgerundeten Persönlichkeit wird, sowohl im Hinblick auf seine praktischen Fähigkeiten wie auf seine Lebenserfahrung.

Das Leben wird diesen Menschen selten langweilig, die zwischen ihren Reisen kaum Zeit finden, an allen geistlichen und weltlichen Feiern teilzunehmen, die den

157 Das Kloster von Likir ist eines der attraktivsten und am besten geführten in Ladakh. Hier wurden gerade große Gebäudeteile neu errichtet, so daß dieses Bild nicht eine Vision der Vergangenheit ist, sondern ein Blick in die Zukunft. Dieser Aufschwung des Lamaismus ist nicht auf den Himalaya beschränkt. In wachsender Zahl werden heute Klöster auch in Europa und in Amerika gegründet.

158 a Der Königspalast in Stok in Ladakh erhebt sich hier über einem nicht weniger elegant gebauten Bauernhaus.

158 b Die Architektur der Angst ist zwar stabiler als die des Glaubens, aber sie scheint zu einer kürzeren Lebensdauer verurteilt zu sein. Die Ruine der Festung von Tayen in Mustang wird langsam von den Naturkräften abgetragen, bis ihre Reste das gleiche Aussehen haben wie die Umgebung.

159 Das Kloster von Chendey im östlichen Ladakh über den Feldern des Dorfs Sakti. Es gehört zum Druk-pa-Zweig der Kargyu-pa-Sekte, die die nationale Sekte von Bhutan ist. Diese Verbindung über mehr als 1500 Kilometer hinweg ist wie ein Symbol für die religiöse, sprachliche und kulturelle Einheit der Welt des Himalaya.
Es gab durchaus Situationen, in denen die Mönche Krieg geführt haben, und die Lage der Klöster auf den Bergen ist nicht immer ohne Bezug zu ihrem strategischen Wert. In Bhutan sind Festungen und Klöster sogar unter einem Dach vereinigt.

160 Über der Ebene von Zentral-Ladakh erhebt sich das Kloster von Stakna. Angesichts einer gewaltigen Naturkulisse ist die Gestaltung von Architektur keine leichte Aufgabe. Die Baumeister im Himalaya haben die Herausforderung mit Erfolg angenommen. Ihre Schöpfungen sind oft ebenso bemerkenswert, wie die Natur, die sie umgibt.

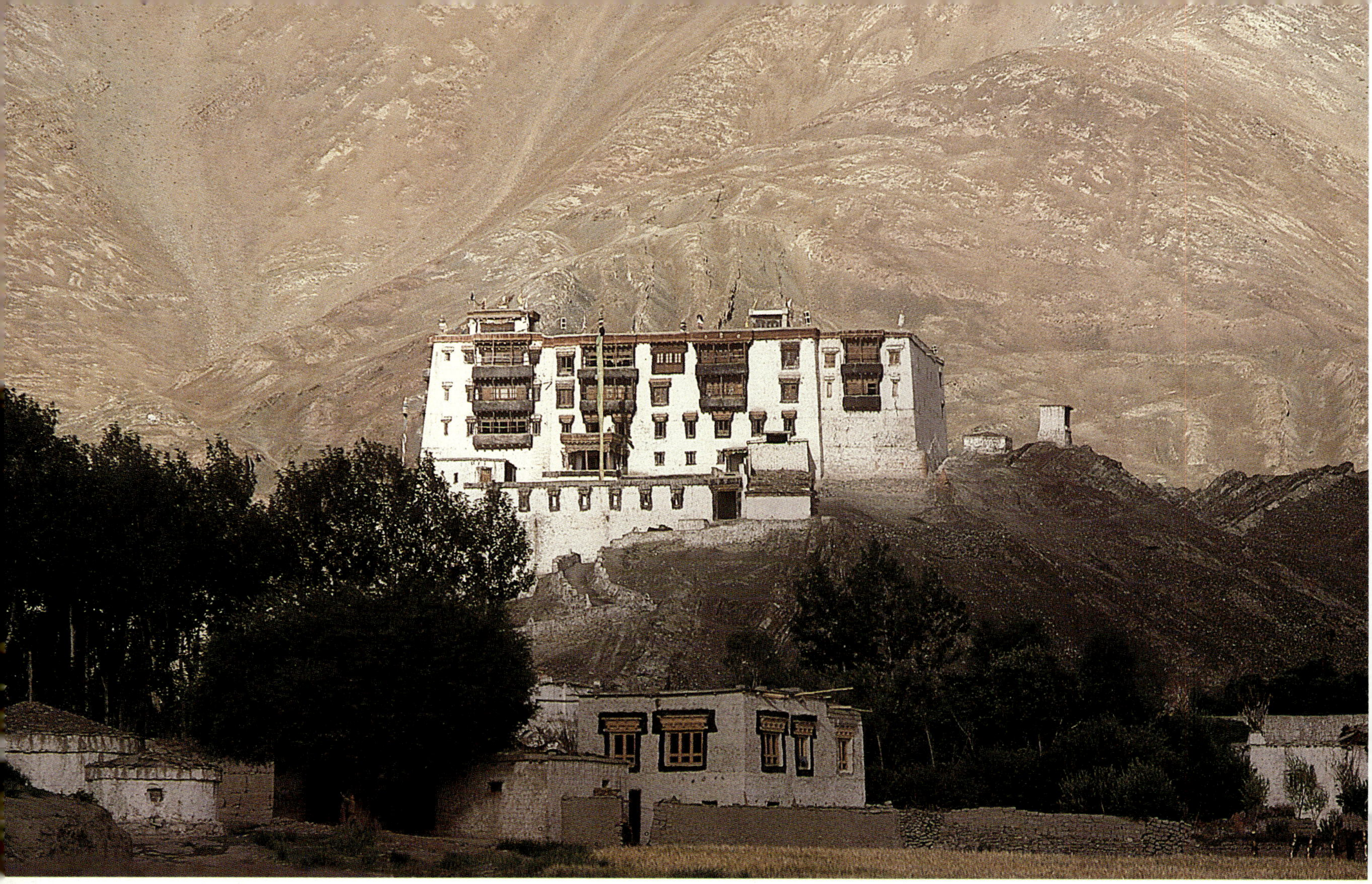

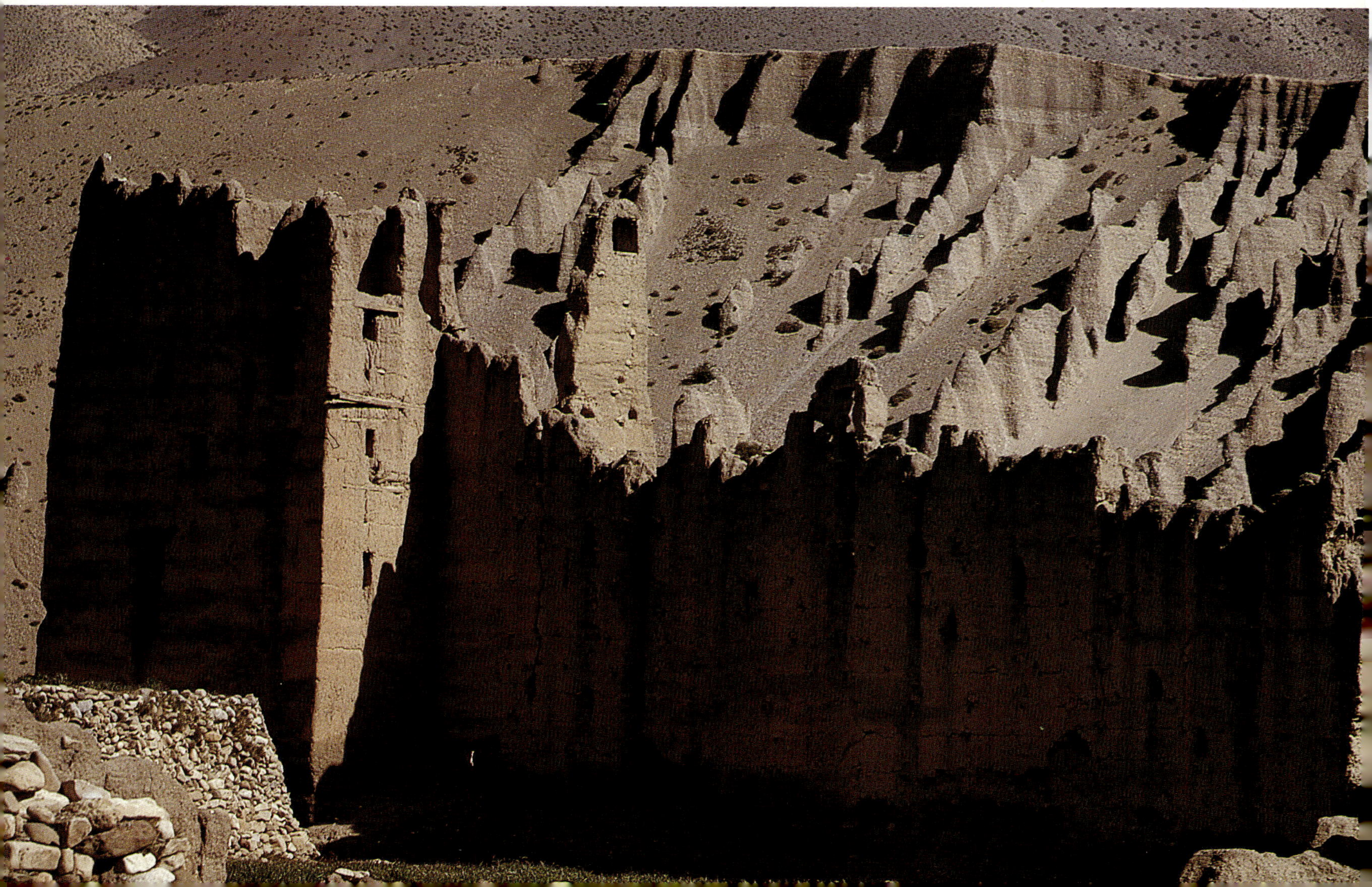

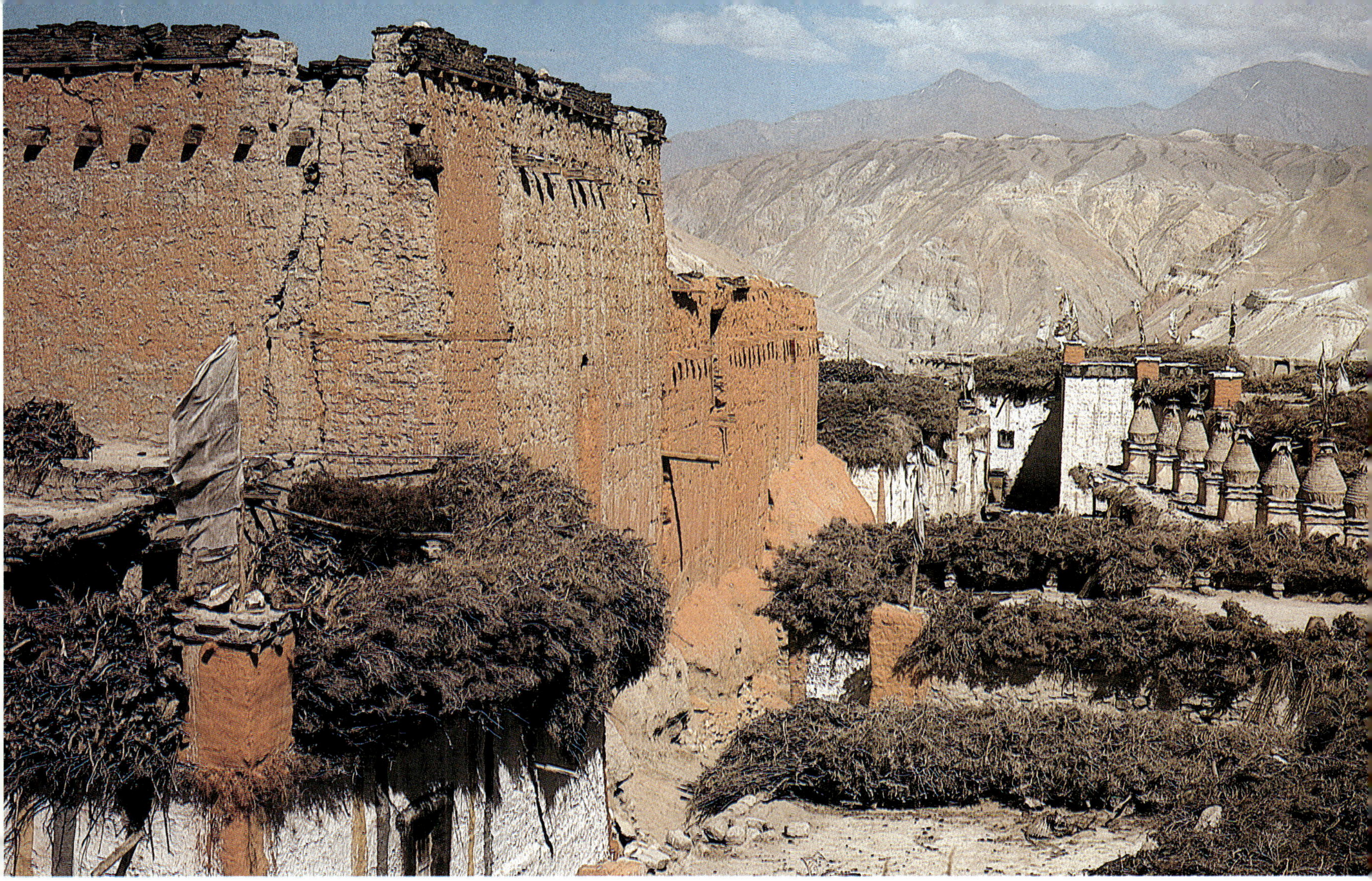

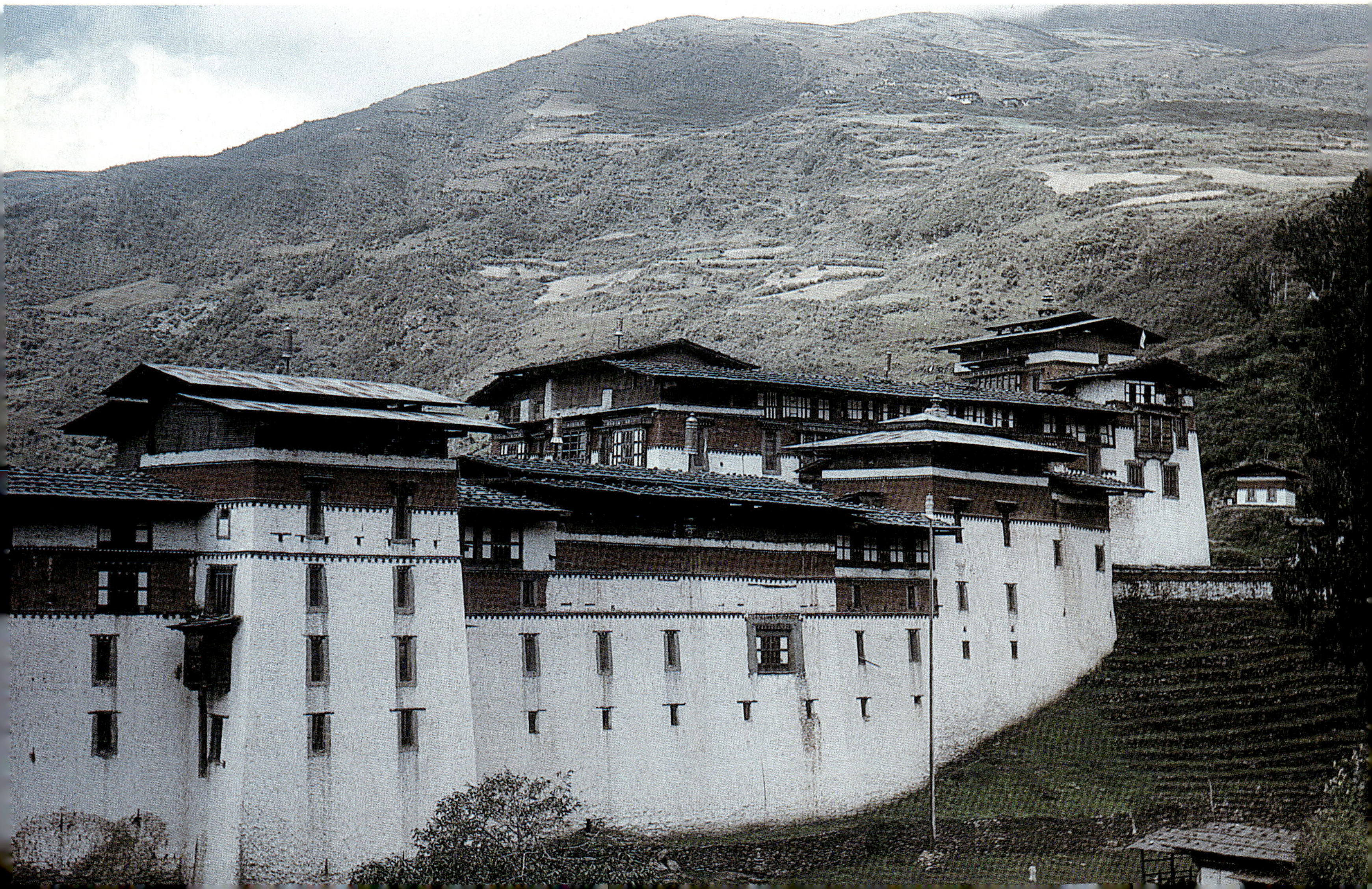

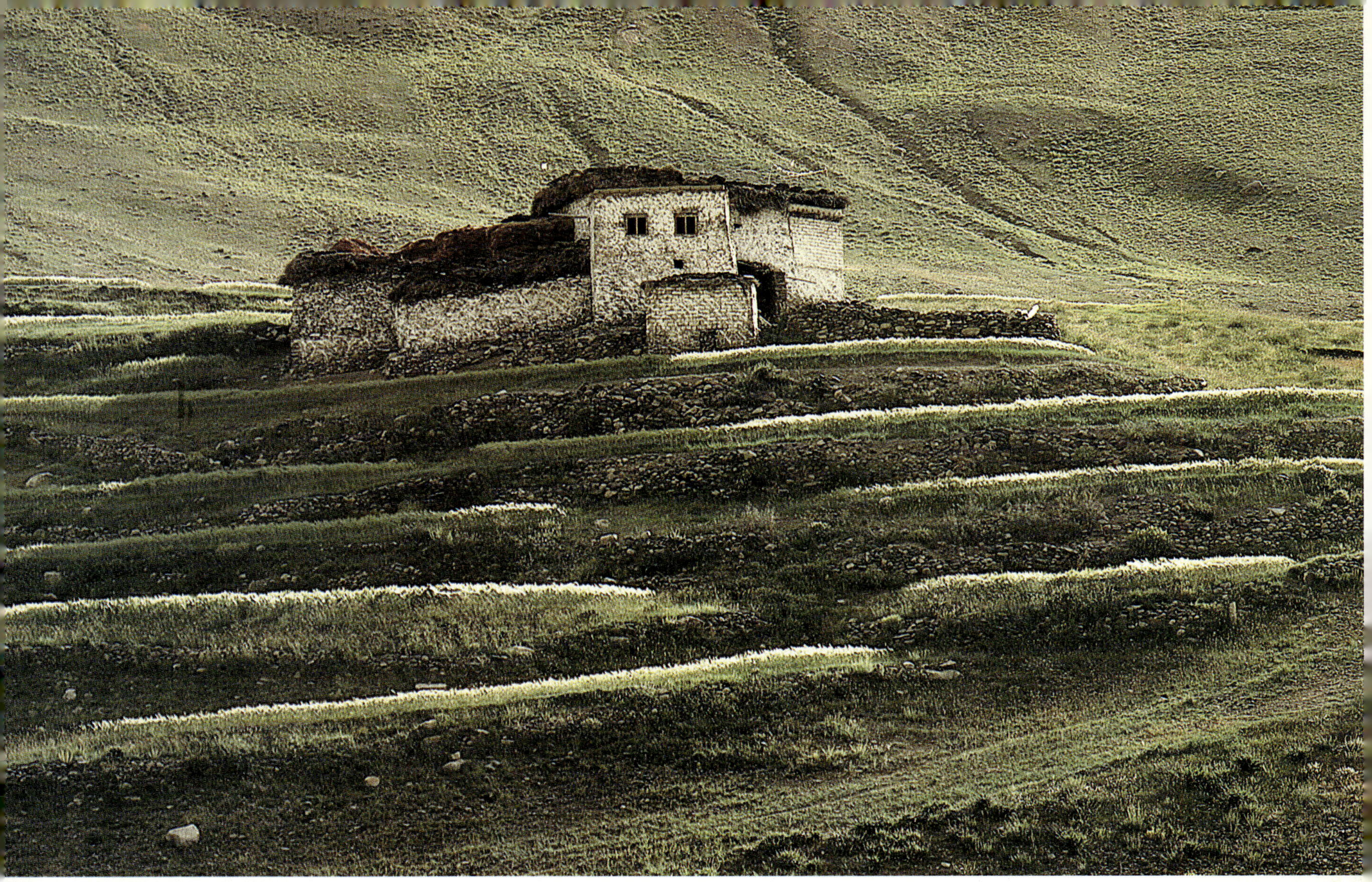

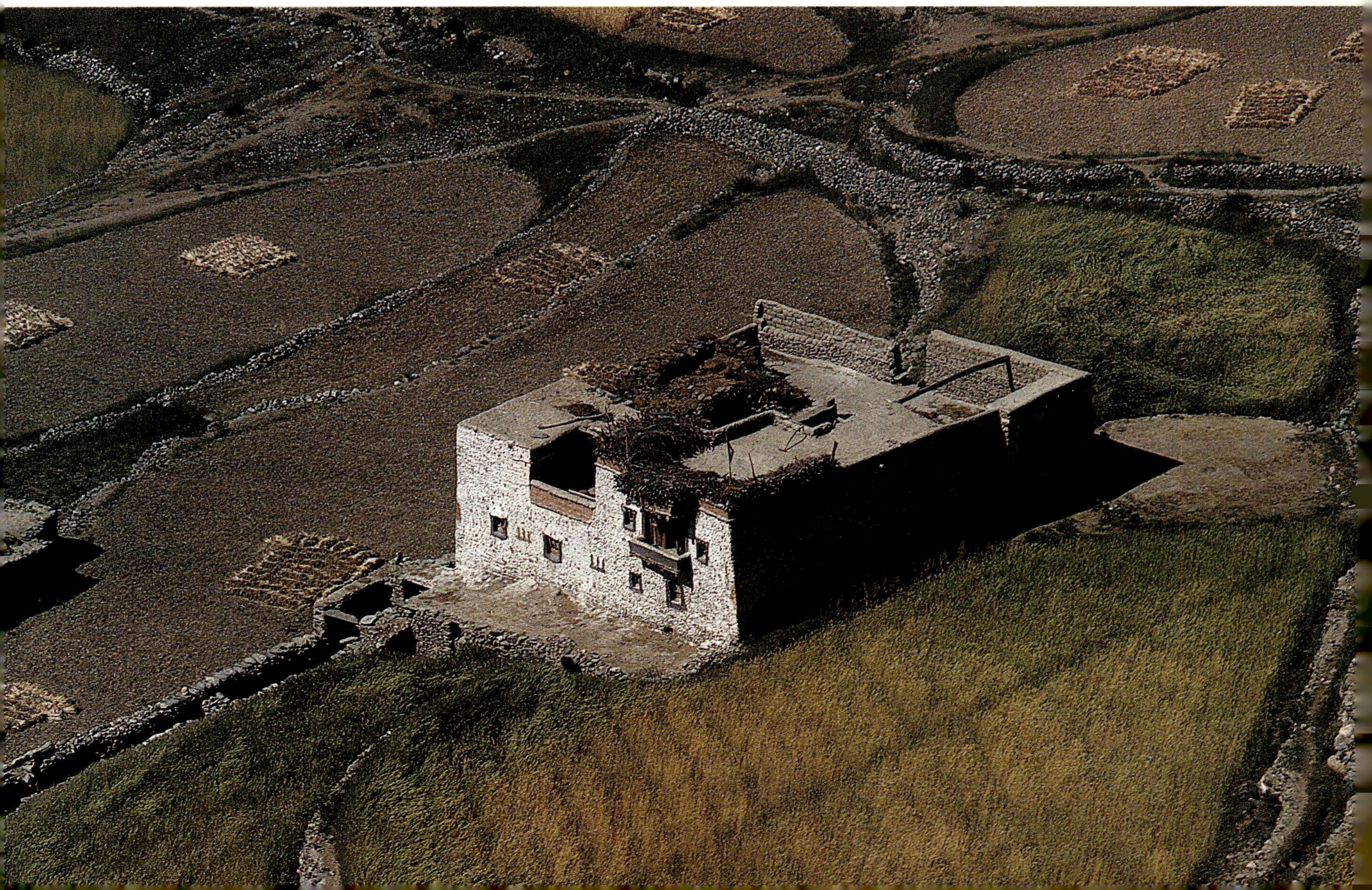

161 a   Blick auf die Dächer von Lo Mantang in Mustang, an deren Ränder Holz- und Reisigstöße aufgestapelt sind. Ursprünglich als Schutz gegen Regen gedacht, wurde im Lauf der Zeit ein charakteristisches Schmuckelement daraus. Häufig wurden die Holzstapel dann durch einen dunkelbraunen gemalten Fries ersetzt.

161 b   Der Dzong von Tongsa im Herzen Bhutans ist eine von über dreißig Klosterburgen, die Zentren des örtlichen religiösen und politischen Lebens sind. Die geneigten Dächer bilden einen reizvollen Kontrast zu den klassisch kubischen Gebäudeformen.

162   Ein näherer Blick auf die Fassade dieser Festung zeigt, daß dem Zusammenwirken der einzelnen Architekturelemente große Bedeutung beigemessen wird. Holz in Hülle und Fülle und das relativ milde Klima erlauben hier zahlreiche Fenster. Der häufige Regen erfordert die Verwendung von Dachschindeln, die mit Steinen beschwert werden. Oft werden die Fenster durch Vorhänge geschmückt. Durch ihre Verbindung mit den Balken, die das darüber liegende Geschoß tragen, ist die Konstruktion der Fensterrahmen recht kompliziert. Alle Balken sind mit der Axt behauen, oft schon vor dem Transport zur Baustelle. Bei der Errichtung solch kunstvoller Fassaden findet kein einziger Nagel Verwendung; nur Schwalbenschwanz und Holzdübel schaffen die notwendigen Verbindungen.

163   Eine weitere Ansicht des Dzongs von Tongsa läßt die Vielfalt der Formen erkennen, die den Baumeistern hier zur Verfügung stehen. Das Zusammenspiel von Farben, Flächen und Linien schafft eine Leichtigkeit, die die Massigkeit dieser Gebäude vergessen läßt.

164 a, b   Bauernhäuser im Himalaya sind oft recht groß. Sie können bis zu 15 Räume umfassen und nicht selten auch eine oder zwei Kapellen, die bis zu drei Stock-

Kalender füllen; voran die großen religiösen Festlichkeiten des neuen Jahres (das im Februar beginnt), wo in den Klosterhöfen eine Woche lang rituelle Tänze und historische Spiele aufgeführt werden. Dabei sorgen Spaßmacher für viel Freude und Gelächter und helfen die Spannung zu lösen, die die finsteren Totentänze aufgebaut haben. Vor, während und nach religiösen Zeremonien wird immerzu Chang getrunken, das tibetische Bier. Daneben gibt es zahlreiche weltliche Feste, wie Wettschießen mit Pfeil und Bogen, auch dies von viel Umtrunk und Gesang begleitet. Pferderennen sind häufig, und in vielen Gegenden des westlichen Himalaya wird Polo gespielt, nicht das Baraushi der Afghanen, sondern das echte Polo, mit einem Stock und einem Polo, was auf tibetisch Ball bedeutet.

Und als ob diese Festlichkeiten nicht genügen würden, gibt es in jedem Winter zahlreiche Hochzeiten (die bäuerliche Arbeit verhindert das Heiraten im Sommer), groß angelegte Feste über drei bis sieben

werke hoch sind. Im Erdgeschoß sind die Ställe, oben die Wohnräume der Familie, meist mit einer sonnigen, windgeschützten Dachterrasse. Jede Region hat ihre Besonderheiten, bedingt durch das jeweilige Klima und das Vorhandensein oder Fehlen bestimmter Baumaterialien.

Tage, abermals Gelegenheit, ausgiebig zu singen und zu trinken. Bei einer solchen Hochzeit singen oder rezitieren die besten Freunde des Bräutigams die ganze Geschichte der Ausbreitung des Lamaismus in Tibet ebenso wie die Chronik ihrer engeren Heimat zurück bis in die Tage der Kriege des Songsten Gampo. Diese Geschichten werden von alten Frauen, jungen Männern oder professionellen Barden an den düster brennenden Yakdungfeuern in immer aufregenderen Versionen stets aufs neue erzählt. Eine fesselnde Rednergabe beschwört in den Hörern Bilder, die es mit unserem Fernsehen aufnehmen. Geschichten vom berühmten „Kesar von Ling" und vom „Kesar von From" (Rom?) oder von Taten legendärer Gestalten beschwören den Glanz vergangener Tage. Einige der Erzählungen sind mythische Berichte vom Anfang der Welt, als die Vorfahren der Menschen, die Affen, mit einer Göttin schliefen, und so die ersten wirklichen Menschen zeugten. Andere Berichte erzählen vom Leben nach dem Tod, von den Welten zwischen den Wiedergeburten, die von Geistern und Dämonen bevölkert sind. Es sind Geschichten, die den Zuhörer schaudern machen, andere, wie die vom Onkel Tsompa, die zum Lachen bringen oder solche, die junge

Mädchen erröten lassen. Der Humor kann in der Tat recht frivol sein, obwohl die Rede niemals vulgär wird. Der rasche Witz ist auch im Himalaya heimisch, und wenn die Mädchen rot werden, wissen sie doch, wie du mir, so ich dir, zu antworten, denn sie sind gewöhnt, mit den Jungen über den Dorfplatz hinweg durch Austausch unartiger Reime zu flirten. Die Frauen schlagen hier nicht in Sanftmut die Augen nieder, denn der Brauch der Polyandrie, wonach eine Frau mehrere Brüder zugleich heiratet, verleiht ihnen eine beherrschende gesellschaftliche Rolle.

Eheschließungen finden im allgemeinen auf Wunsch beider Brautleute statt, obwohl es in diesem Punkt regionale Unterschiede gibt. Die jungen Männer und Frauen wählen ihre Partner unter Zustimmung der Eltern selbst. In Mustang ist ein Probejahr üblich, in dem ein junger Mann und ein Mädchen zusammenleben, ehe sie heiraten. Eine Scheidung ist unschwer zu erreichen, aber selten. In Mustang muß ein Ehegatte, der die Scheidung will, seiner Frau ein Pferd geben, im umgekehrten Fall, sie ihm einen Yak. Das Tier muß zu nichts weiter tauglich sein, als um einen Misthaufen herumzugehen, ohne zusammenzubrechen. Sind Kinder da, so erhält der Vater das Sorgerecht für die Knaben, die Mutter bekommt die Mädchen.

Bei der Eheschließung spielt Liebe eine ungleich stärkere Rolle als Besitz. Da der älteste Sohn alle Felder und Tiere seines Vaters erbt, kann er sich jede Frau seiner Wahl leisten. Und da niemand ohne Land leben kann, werden die zweiten Söhne und deren jüngere Brüder gewöhnlich Mönche, obwohl ihnen auch die Möglichkeit offensteht, die einzige Tochter einer Familie zu heiraten und mit ihr zu leben, sobald sie das Land ihres Vaters erbt. In solchen Fällen spielt der Mann bei der Hochzeitszeremonie die Rolle der Braut. Er wird von Männern, die seine künftige Frau geschickt hat, entführt und ins Haus der Braut geschleppt. Auch können zweite Söhne und jüngere Brüder die Frau mit dem älteren Bruder teilen und dann zu Hause bleiben. Diese Form der Polyandrie kommt in vielen Gegenden nicht selten vor, etwa in einer von zehn Familien.

In Solu-Khumbu nennen die Kinder aus solchen Familien beide Väter Apa, Vater; in Zanskar betrachten sie nur den älteren der Väter als Apa, andernorts wieder nennen sie den älteren der Brüder großer Vater und den jüngeren kleiner Vater. Obwohl diese Kinder nur selten wissen, wer im bio-

logischen Sinn ihr Vater ist, scheint das weder sie noch ihre Eltern zu stören.

Die Hochzeit ist eine großartige Angelegenheit, von der Geburt eines Kindes aber wird nur wenig Aufhebens gemacht. Gelegentlich steht der Gatte seiner Frau bei der Geburt bei, zumeist aber hilft die Hebamme aus der Nachbarschaft. Die Geburt erfolgt meist in gebeugter Haltung, wobei die Mutter sich auf Hände und Knie stützt. In einigen Gegenden halten sich die Frauen, um die Geburt zu beschleunigen, an einem Seil fest, das von der Decke herabhängt. Die meisten Kinder werden in den Ställen unterhalb der Wohnräume geboren.

Das Kind erhält zwei oder mehr Vornamen, etwa Tsering, was langes Leben bedeutet, oder Dorje, Donnerkeil, oder Nyima, Sonne. Es gibt nicht viele Vornamen, und es wäre sehr schwierig, die Menschen im Himalaya auseinanderzuhalten, würden sie nicht in Briefanschriften und zur Identifizierung bestimmter Personen zugleich auch den Namen des Hauses und des Dorfes angeben.

Der Tod eines Menschen verlangt immer ein ausgedehntes religiöses Zeremoniell. Mönche werden herbeigerufen, und sie versuchen, der Seele des Verstorbenen auf der Reise durch das Bardo, das tibetische

Fegefeuer, weiterzuhelfen, worin sich die Seele vierzig bis neunundvierzig Tage lang aufhält, ehe sie sich wiederverkörpert. Da die nächste Reinkarnation je nach Verdiensten oder Verschulden erfolgt, muß die Seele eine Zeitlang im Fegefeuer wandeln, bevor sie als Gott, Titan, Mensch, Dämon, Tier oder, was das schlimmste ist, in der Hölle der Höllen wiedergeboren wird.

Der Leichnam wird drei Tage lang aufgebahrt, während die Mönche vorherzusehen versuchen, in welcher Sphäre der Verstorbene wiedergeboren wird. Danach wird sein Leichnam weggebracht und gewöhnlich verbrannt. War er ein Verbrecher oder starb er an einer ansteckenden Krankheit, dann wird seine Leiche in den Fluß geworfen. In entlegeneren Gegenden Tibets geschieht es, daß der Leichnam auf einer Bergspitze ausgesetzt wird, um von den Geiern gefressen zu werden. Gelegentlich wird der Tote auch beerdigt. Jedes dieser Totenrituale gibt dem Körper einem der Elemente zurück, aus denen er besteht: dem Feuer, dem Wasser, der Erde oder der Luft.

Vierzig Tage nach dem Tod wird im Haus des Verstorbenen ein großes Festmahl gehalten. Allen wird zu essen gegeben, während die Mönche im Gebet dafür danken, daß der Verstorbene eine glückliche Wiedergeburt erlangt hat.

So verläuft der Alltag dieser Menschen, ein Leben nicht ohne Aufregungen und Gefahren, ob es sich auf verschneiten Hochpässen oder zu Hause im Tal abspielt, ein Leben, oft von Krankheiten und Schicksalsschlägen heimgesucht, die grimmige Gottheiten und böse Geister verhängen, so daß diese fortwährend durch Gebete und Rituale besänftigt werden müssen. Überall im Himalaya stehen religiöse Mahnmale, Tschörten, Gebetsmauern, wehen Gebetsflaggen und drehen sich Gebetsräder, die mithelfen, Übel zu vertreiben sowie Glück und Segen anzuziehen.

Und doch ist dieses Leben weder traurig noch deprimierend. Immer ist etwas zu lachen, und es gibt reichlich Bier, sogar „Whisky", destillierten Gerstenschnaps. „Trinkt, denn wir sind Männer", besagt ein Sprichwort in Mustang, das daran erinnert, daß „Esel kein Bier trinken". Auch dem strengsten Beobachter der Himalayaregion muß der fröhliche und freundliche Charakter ihrer Bewohner auffallen, seien sie arm oder reich. Man könnte fragen, wieso diese Menschen glücklich sind. Denn ihr

Land ist in jeder Hinsicht rauh, und fast jeder Schritt bedeutet Kampf. Woher dann das Lächeln überall, das Singen und Witzemachen? Die Antwort liegt vielleicht in dem wohlausgewogenen Gesellschaftssystem, das sowohl mit den natürlichen Erwartungen der Menschen als auch mit den religiösen Vorschriften in Einklang steht. Überraschenderweise gibt es dort nur wenige Scheu einflößende Tabus, selten ein schreiendes gesellschaftliches Unrecht und kaum oder gar keine Unterdrückung einer Klasse durch eine andere.

Ein junger Mensch wird im Himalaya nicht mit Schuld- oder mit Überlegenheitsgefühlen aufgezogen. Verachtung ist ein unbekanntes Laster; auch Ärger ist selten. Wenn die Romanciers häufig von den „glücklichen Tälern" geschrieben haben, die im Himalaya versteckt seien, so konnten sie wohl kaum abschätzen, wie recht sie mit ihren Erfindungen hatten.

Aber wie vergnügt und fröhlich diese Menschen immer sein mögen, sie kennen sehr wohl die Grundlehre des Buddhismus, daß das Leben Leid ist und daß der Weg zur Erlösung der Weg der Mäßigung ist, ein Weg, der die Sünden des Zuviel und Zuwenig vermeidet. Das ist vielleicht der eigentliche Sinn der Botschaft aus dem Himalaya an unsere Welt der Maßlosigkeit.

Anhang

Die Geschichte der Himalayaregion

Beim Stichwort Himalaya kommen uns im allgemeinen geographische, nicht historische Gegebenheiten in den Sinn. Aber die Himalayaregion hat auch eine bewegte und interessante Geschichte.

Ausgrabungen in Höhlen der Swat-Region ganz im Westen des Himalaya lassen erkennen, daß diese Gebirgsgegend schon in der Altsteinzeit bewohnt war. Megalithe, mitunter ähnlich wie die von Carnac in der Bretagne in bestimmter Anordnung aufgestellt, wurden in Tibet sowie in den Bergen von Zanskar und Spiti gefunden. Prähistorische Bergbehausungen in Mustang scheinen auf große jungsteinzeitliche Siedlungen hinzuweisen, während Steinäxte, Pfeilspitzen und andere Steinwerkzeuge, die in den Vorbergen von Bhutan im äußersten Osten des Himalaya gefunden wurden, bezeugen, daß die großen Massive trotz ihrer Unwegsamkeit seit Jahrtausenden von Menschen besiedelt sind. Der Himalaya birgt auch eine Fülle prähistorischer Felsbilder mit Jagdszenen und Steinböcken. Sie weisen auf ein Jägervolk hin, das im westlichen Himalaya gelebt hat und eine Verbindung zu den indoarischen Minaros, den Darden von Tarkunt und Dah, haben dürfte.

Der Himalaya wird auch schon sehr früh in Schriften der alten Griechen, Inder und Chinesen erwähnt. Herodot beschreibt die berühmten Darden, wilde Volksstämme, die das „Land der goldsuchenden Ameisen" bewohnten. Diese Gegend, von der viele glauben, sie existiere nur in der Legende, war mit dem „Königreich der östlichen Amazonen" verbündet. Über dieselbe Region wissen chinesische Gelehrte vom „Königreich der Frauen des Westens" zu berichten. Diese Anspielungen scheinen sich auf matriarchalische Gesellschaften zu beziehen, die das zentrale und westliche Tibet besiedelten, sowie auf die reichen goldführenden Sande im Strombett am unteren Teil des oberen Indus. Sie wurden, wie Herodot schreibt, von Präriehunden aufgewühlt, den sogenannten Ameisen, die „größer als ein Fuchs und kleiner als ein Hund" waren. Vielleicht hatten die Truppen Alexanders des Großen gehofft, dieses legendäre Land zu finden. Als Alexander aber das Industal erreichte, zog er nach Süden weiter, den Indus stromabwärts, nicht nordwärts dem Himalaya und seinen Goldlagerstätten entgegen. So versäum-

171

te er nicht nur Gold und die Amazonen zu finden, sondern auch die Handelsstraße, die quer durch Tibet nach China führt.

Chinas frühe Chronisten berichten von den wilden Kiang, den „Fettessern" an den Westgrenzen des Reiches. Den Himalaya erwähnen sie als Wohnstätte grausamer „rotgesichtiger" Wilder. Nur wenige Chinesen wagten sich in die Berge, so daß erst im 4. Jahrhundert ein chinesischer buddhistischer Pilger den Bericht über eine Reise hinterließ, die ihn über die hohen Pässe nach Indien geführt hatte.

Die frühe indische Literatur erwähnt den Himalaya oft, sagt uns aber kaum etwas über dessen damalige Bewohner. Den Indern galt der Himalaya damals wie heute als Heimstätte ihrer Götter. Jahrhundertelang zogen andachtsvolle Pilger über die hohen Pässe, um den Manasarowar-See und den Fuß des Kailas zu erreichen.

Urkundlich belegte Geschichte beginnt im Himalaya am Ende des 6. Jahrhunderts, als Songsten Gampo von Yarlung die verschiedenen Stämme Tibets zu einigen begann. Binnen weniger Jahre gelang es dem König, eine riesige Armee aufzustellen, mit der er sich anschickte, Zentralasien und den südlichen Teil des Himalaya zu erobern. Wir wissen, wie dieser König

Mustang (oder Lo) eroberte und in das Bergland von Zhangzhung einfiel, der Heimat der alten Bön-Religion. Zur selben Zeit überquerten die tibetischen Truppen die Berge nach Nepal und dem heutigen Bhutan, wo sie mit den damaligen Bewohnern zusammenstießen.

Um die Mitte des 8. Jahrhunderts war die gesamte Himalayakette unter der Herrschaft der tibetischen Könige. Seither breitete sich die tibetische Sprache im Himalaya aus. Diese Eroberung war der weitere Anstoß für die Wanderung der Tibeter nach Westen, wo sie sich mit den dort ansässigen Bergbewohnern, die zumeist indoarischer Abstammung waren, vermischten. Das erklärt, warum heute so viele Bewohner der Himalayaregion sowohl mongolische als auch indogermanische Gesichtszüge aufweisen.

Dreihundert Jahre lang wurde das Gebiet des Himalaya von Lhasa aus regiert, bis die tibetische Monarchie in der zweiten Hälfte des 9. Jahrhunderts in Dutzende kleiner Feudalkönigtümer zerfiel. Über die folgenden hundert Jahre, das „dunkle Zeitalter" des Himalaya, ist wenig bekannt. Sicher ist nur, daß die Erneuerung, in der sich der Himalaya unter einer klugen buddhistischen Führung aufwärts entwickelte, vom Königtum Guge ausging. Es fing damit an, daß ein gewisser Yesheo, König von Guge, mehrere junge Bergbewohner nach Indien entsandte, damit sie den Buddhismus studierten. Yesheo ließ auch große indische Gelehrte wie Naropa und Atisa nach Tibet kommen. Einer der nach Indien entsandten jungen Männer war Rintschen Zangpo, der Dutzende von buddhistischen Sanskritschriften ins Tibetische übersetzte. Bei seiner Rückkehr gründete er zahlreiche Klöster in Guge, Spiti, Zanskar und Ladakh. Zusammen mit einer ähnli-

173 a, b Dieses Gebälk zeugt von der Kunstfertigkeit der Himalayabewohner. Künstler sind hier sehr gefragt. Sie schmücken nicht nur Klöster und Kapellen aus, sondern auch Privathäuser. Bei der Dekoration von Gebäuden zeigen sie ebenso viel Geschick, wie beim Malen komplizierter Tankas, der auf Stoff gemalten Bilder mit religiösen Motiven. Obwohl jeder Strich festgelegt ist und seine besondere Bedeutug hat, bleibt genug Spielraum für die Entfaltung eines persönlichen Stils. Viele Künstler kommen zu beachtlichem Ruhm wegen der individuellen Gestaltung der im übrigen durch die Überlieferung festgelegten Bildinhalte.

174 a Das Rad des Lebens, wie es auf den Wänden der meisten Klöster erscheint, ist Sinnbild für das Schicksal des Menschen. Mara, der Gott des Todes, hält es zwischen den Zähnen; das Rad dreht sich und zeigt die sechs Sphären, in denen eine Wiedergeburt möglich ist. Sie alle sind vom Leid beherrscht. Von Wiedergeburt zu Wiedergeburt muß der Mensch mit seinem Karma leben, das

durch seine Sünden oder seine Verdienste in den vorangegangenen Leben festgelegt ist.
Nach dem Tod kann er als Heiliger, als Mensch, als Titan, als gequälter Geist oder als Tier wiedergeboren werden oder in der Hölle der Höllen. Befreien kann er sich aus diesem Kreislauf nur, wenn er das Nirwana erlangt, das Erlöschen aller Wünsche und Begierden, das Ende aller Wiedergeburten, die Vereinigung mit dem Absoluten.

174 b, c In der Zeit, die der Mensch auf Erden verbringt, ist er unter anderem auch der Krankheit unterworfen; denn, wie Buddha sagt, Leben ist Leid. Diese medizinischen Schaubilder zeigen die Punkte des Nervensystems, von denen man glaubt, daß sie die Körperfunktionen beherrschen. Die dortigen Ärzte nutzen diese Punkte, vor allem um Schmerzen zu lindern.

175 Der heilige Tschörten in Bodnath im Tal von Katmandu ist eines der berühmtesten Wallfahrtsziele des Himalaya. In mancher Hinsicht ist er ein Prototyp dieser klassischen Kultstätte der lamaistischen Welt. Überall in den Bergen findet man diese Sakralbauten in vielfältigen Abwandlungen.

176 a Dieser Tschörten bewacht den Weg zum Hemis-Kloster in Ladakh. Seine Form ist der der frühesten Denkmäler dieser Art, die man in Indien gefunden hat, sehr ähnlich. Um einen Tschörten — wie auch um andere Sakralbauten — soll man stets im Uhrzeigersinn herumgehen, eine Sitte, die sogar die Pferde automatisch befolgen.

176 b Ein bemalter Tor-Tschörten in Mustang, der duch ein Dach geschützt wird. Er führt in die Stadt Tsarang und ist typisch für diese Gegend. Obwohl der symbolbedingte Aufbau — Sockel, Rotunde, Spitze — sich nicht verändert, gibt es hinsichtlich Größe, Form und Ausgestaltung des Tschörtens unendlich viele lokale Abwandlungen.

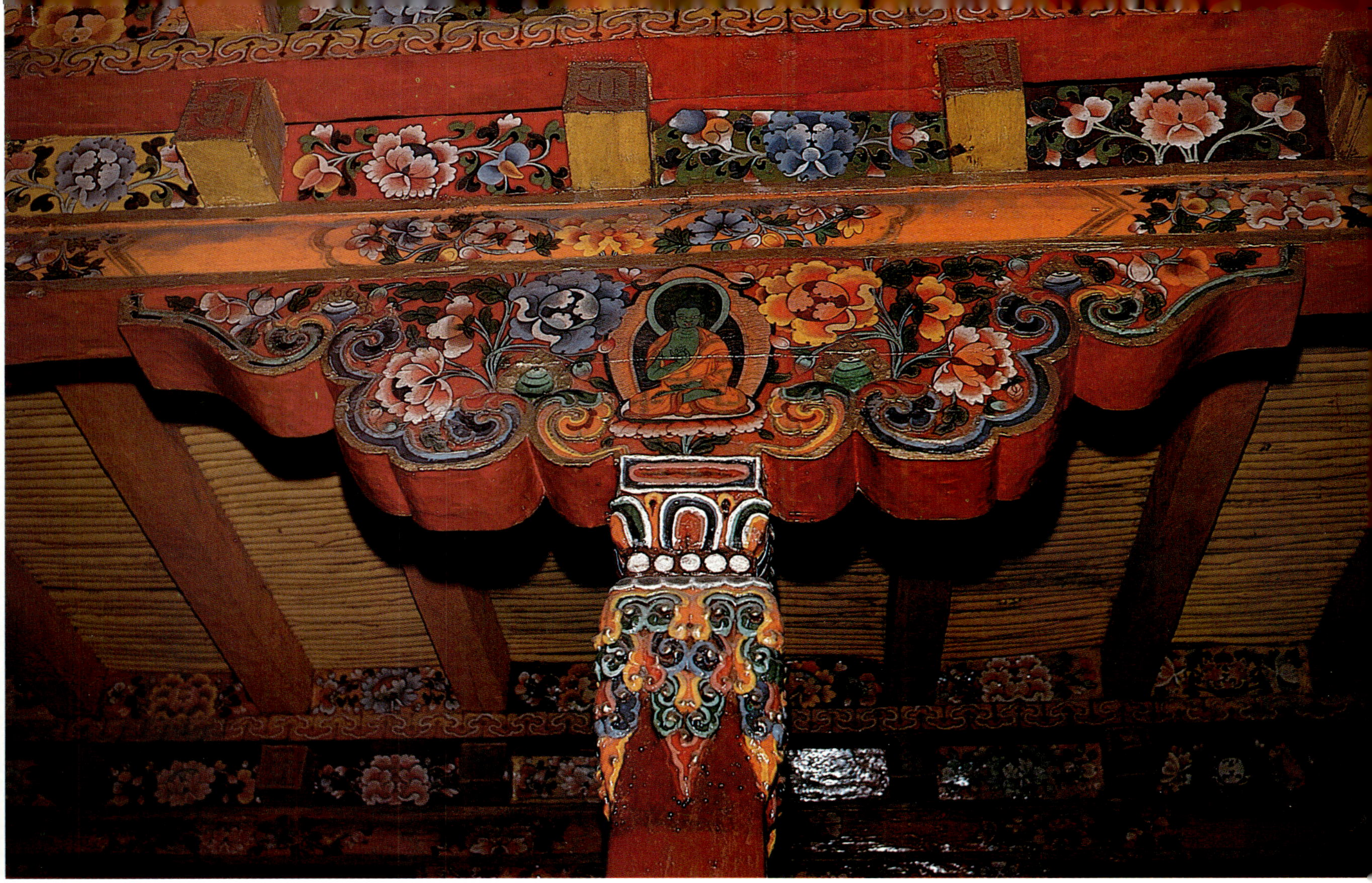

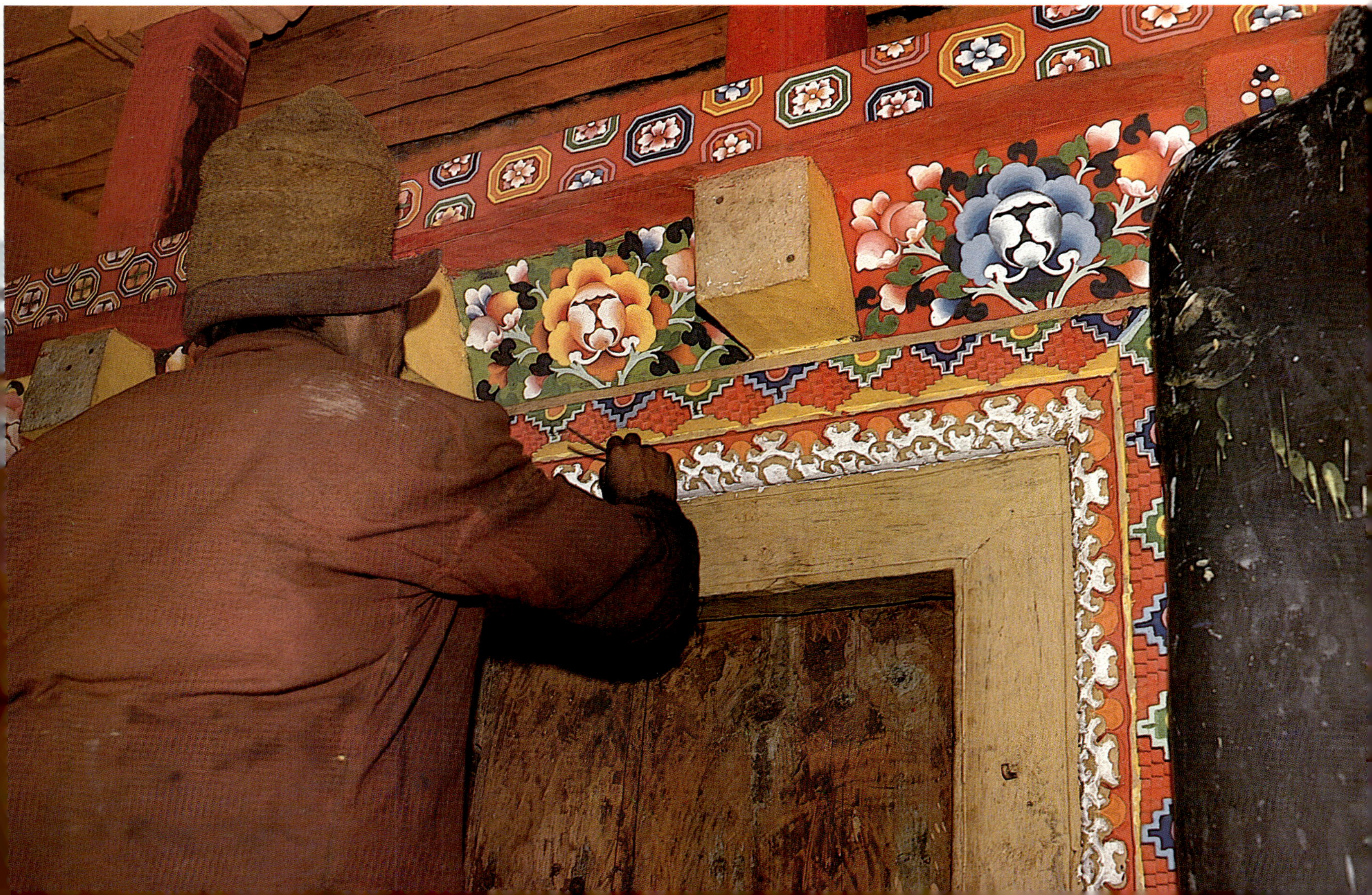

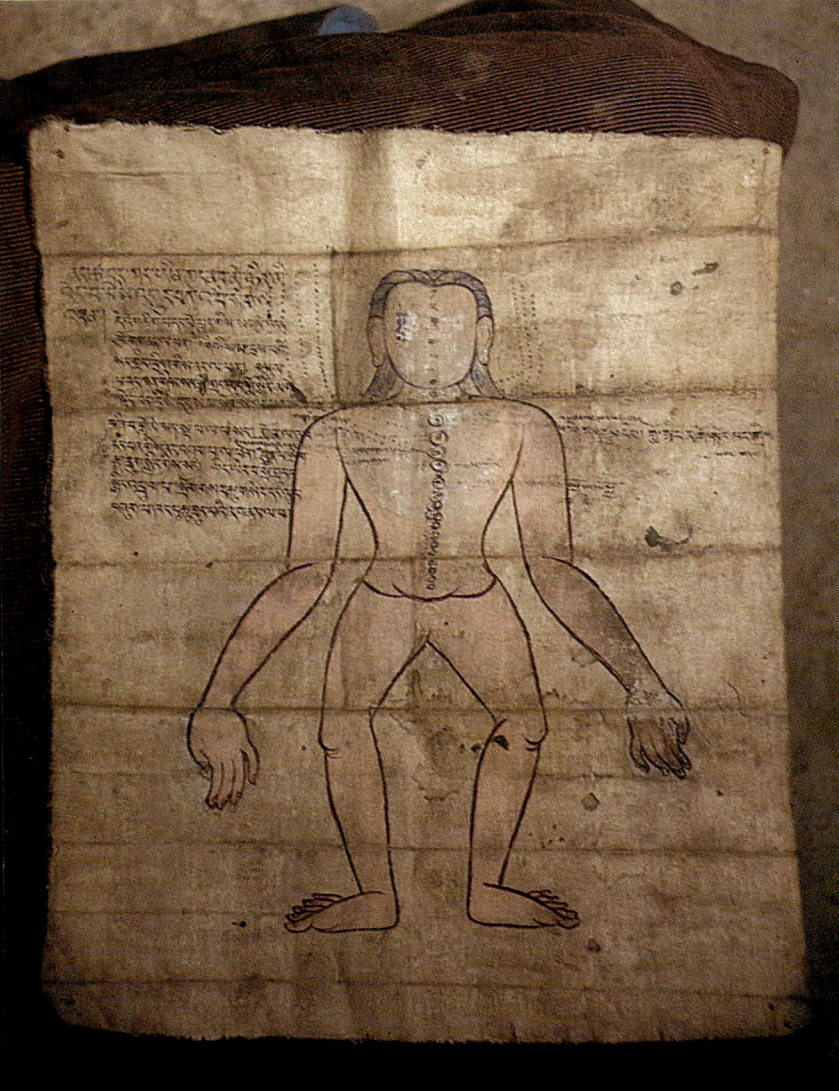

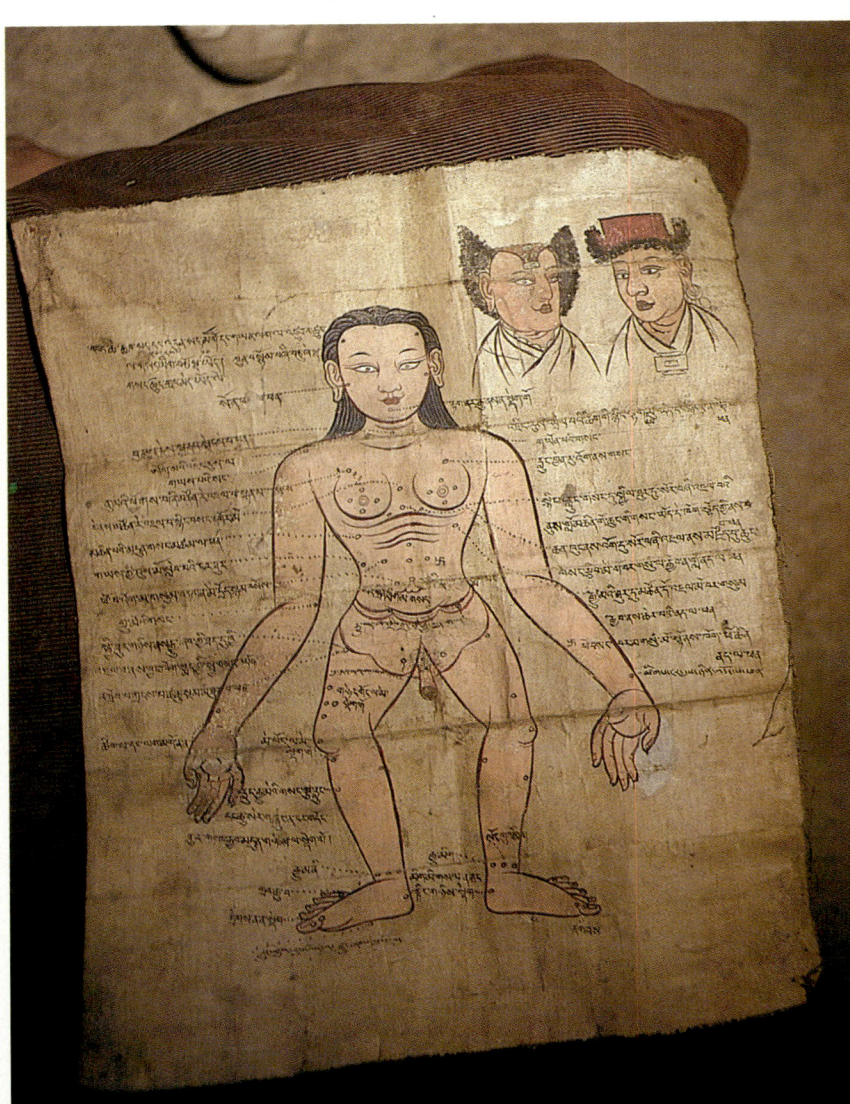

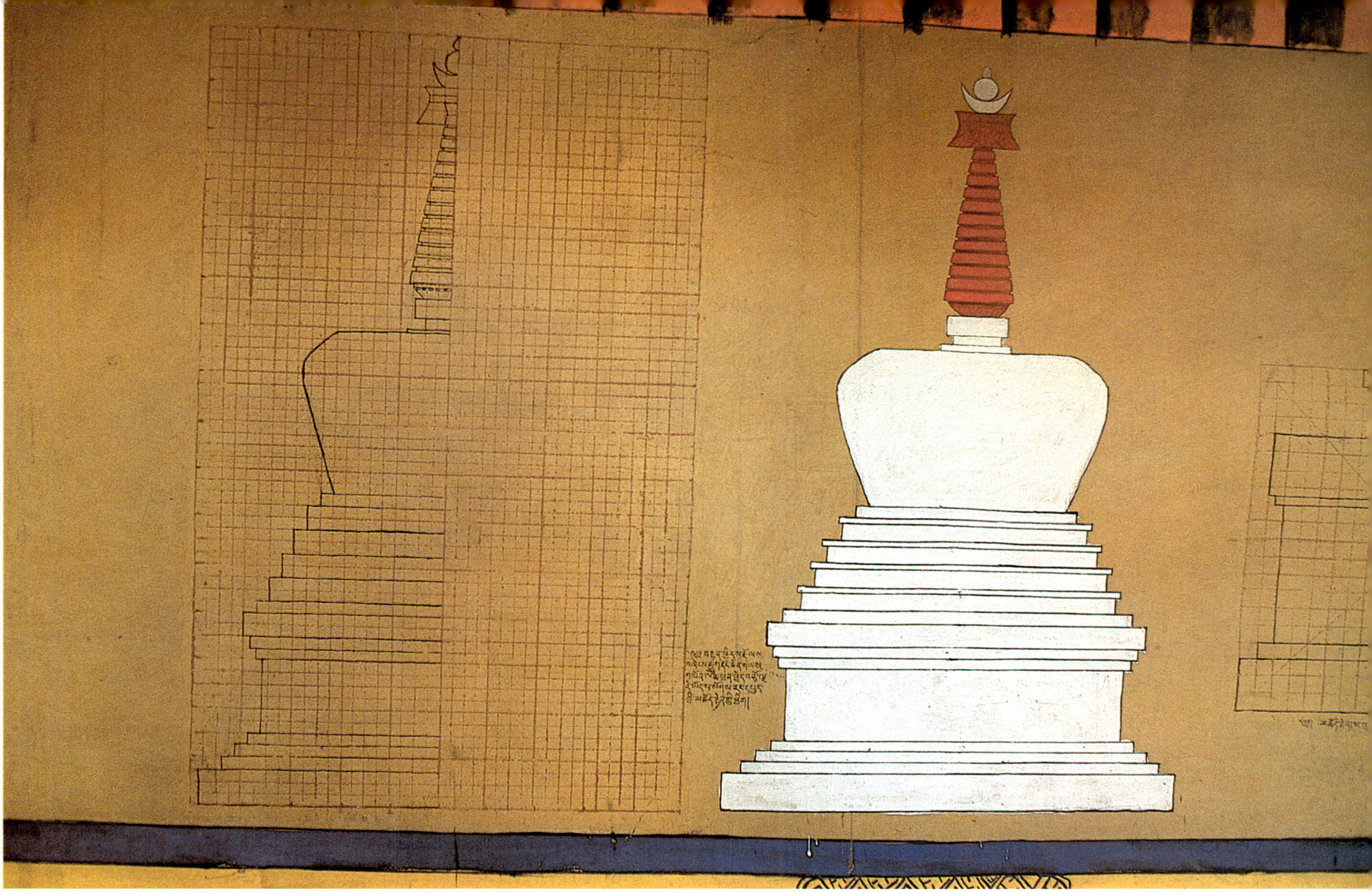

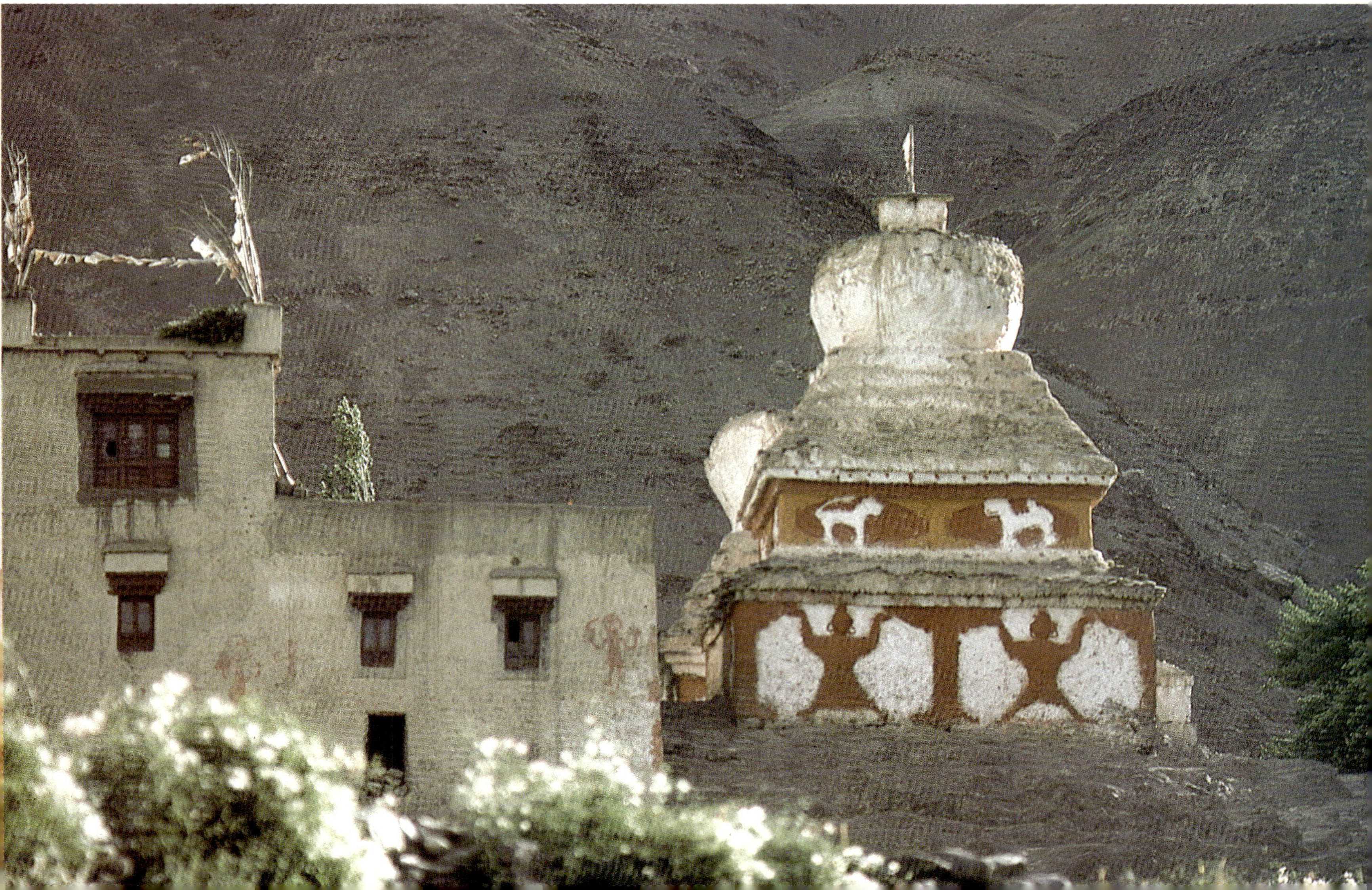

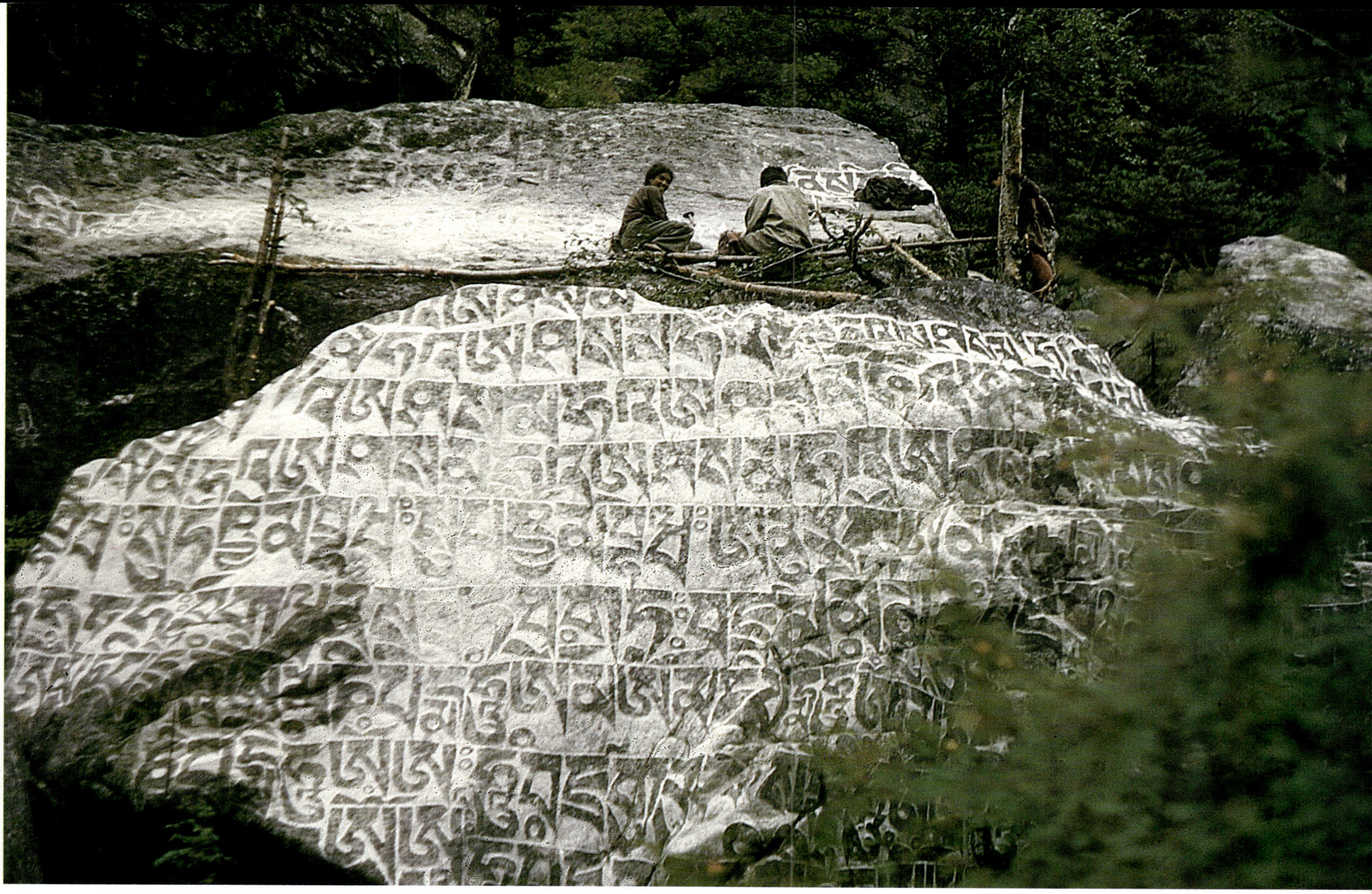

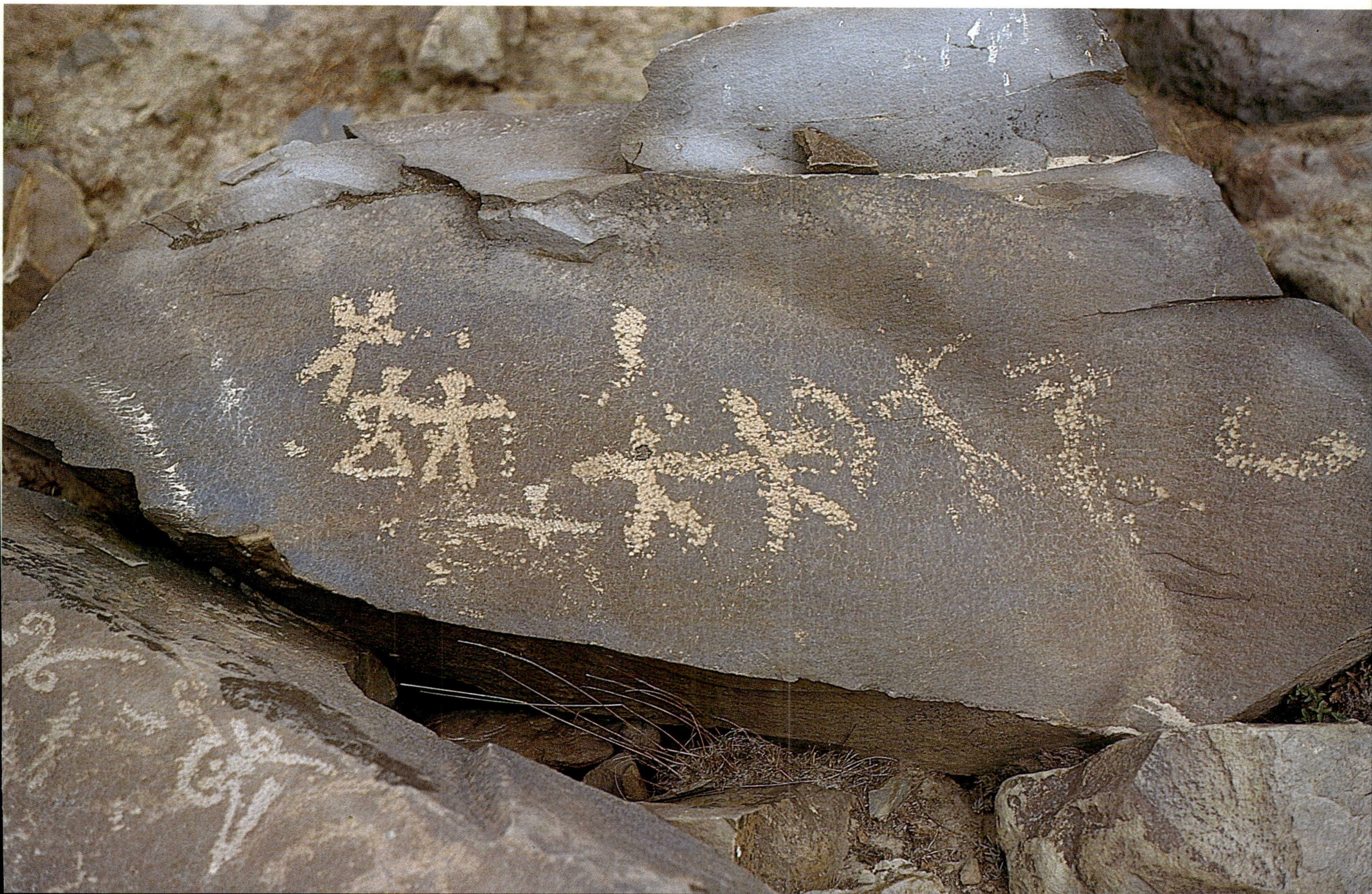

chen religiösen Wiederbelebung in Ost-Tibet führte das dazu, daß überall im Himalaya von Bhutan bis Ladakh Klöster

177 a   Der Bau eines Tschörten folgt festen Regeln. Das Diagramm zeigt die klassische Idealform. Ähnliche Diagramme liegen den meisten buddhistischen Monumenten ebenso wie den Götterbildern zugrunde.

177 b   Ein klassischer Tschörten in Alchi. Der rechteckige Sockel symbolisiert die Erde, die Kugelform das Wasser, die hier abgebrochene Spitze Feuer und Luft, das Ganze also die vier Elemente.

178   Gebetsfahnen gehören zu den vielen Symbolen, die für den lamaistischen Glauben charakteristisch sind. Sie flattern ebenso auf den Dächern der Häuser wie auf den heiligen Hügeln, wo die Toten verbrannt werden.

179 a   Von größerer Dauerhaftigkeit als die Gebetsfahnen sind die Inschriften religiösen Inhalts, wie sie hier im nordöstlichen Nepal von zwei Sherpas geduldig in Stein gemeißelt werden. „Om mani padme hum" ist die häufigste dieser Inschriften, die sich immer wieder mit der hier gezeigten abwechselt: „A sha sa ma ha".

179 b   Im Himalaya findet man auch Felsbilder älteren Ursprungs, wie etwa diese stilisierten Kampfszenen, die wahrscheinlich aus neolithischer Zeit stammen.

180   Diese wunderbare Skulptur des „kommenden Buddha" erhebt sich in 10 Meter Höhe als in den Fels gemeißeltes Hochrelief im Tal von Mulbek in Ladakh. Man nimmt an, daß die Statue aus dem 8. Jahrhundert stammt. Stil und Proportionen deuten auf indischen Ursprung in vorlamaistischer Zeit hin.

entstanden. Mit dem Aufblühen der Religion entstanden verschiedene Sekten, die miteinander um die Macht kämpften und den schwachen Feudalherrn oftmals die Regierungsgeschäfte aus der Hand nahmen.

Als das Oberhaupt der Sakya-pa-Sekte den Mongolenherrscher Kublai Khan, den späteren Kaiser von China, bekehrte, übergab dieser den Oberpriestern der Sekte die Verwaltung von Tibet. Zweihundert Jahre später aber begünstigten die Chinesen die Dalai Lamas, die Oberhäupter der Gelug-pa-Sekte, und setzten sie als weltliche und geistliche Herrscher von Mitteltibet ein, die sie bis vor kurzem geblieben sind. Indessen blieb der Himalaya dank seiner Isolierung und als Hochburg mächtiger religiöser Führer von Lhasa unabhängig. Bhutan fiel unter die Verwaltung des Oberhauptes der bhutanesischen Kargyu-pa-Sekte. Sikkim wurde von einem Chogyal, einem „geistlichen König", verwaltet; Mustang, Guge, Zanskar und Ladakh hatten ihre eigenen Königshäuser. Während Tibet also unter einem geistlichen Oberhaupt vereinigt war, teilten sich unabhängige Monarchen die Herrschaft über den größten Teil des Himalaya.

Von gelehrten Mönchen und einigen wenigen königlichen Chronisten verfaßte Biographien haben Wissenschaftler in die Lage versetzt, die Geschichte der meisten dieser Königtümer zu rekonstruieren. Dennoch müssen wir noch viel in Erfahrung bringen, ehe wir ein vollständiges Bild der geschichtlichen Ereignisse im Himalaya vor Augen haben.

Die Fürstentümer

Towang

Towang liegt östlich von Bhutan, das es von zwei Seiten her begrenzt. Towang gehörte früher zum Verwaltungsgebiet der NEFA (Northeast Frontier Agency of British India — Britische Verwaltung der indischen Nordostgrenze), dem heutigen indischen Teilstaat Arunchal Pradesh. Im ganzen Gebiet wird tibetisch gesprochen. Die Regierungsgewalt ging immer von dem großen Kloster aus und erstreckte sich über ein Dutzend Dörfer und Weiler. Die Äbte von Towang zahlten von alters her Steuern an die Regierung in Lhasa, obwohl ihr Gebiet südlich der willkürlich gezoge-

nen MacMahon-Linie liegt, die die Engländer als Grenze zwischen Indien und Tibet festgelegt hatten.

Die Einwohner von Towang sprechen ihren eigenen tibetischen Dialekt. Wegen der prekären politischen Lage dieses Gebietes, auf das sowohl Tibet als auch National-China und die Volksrepublik China sowie Bhutan, das den Hauptzugang Towangs zur indischen Ebene beherrscht, Anspruch erheben, ist es Fremden nur selten erlaubt worden, Towang zu betreten. Die Straße von Indien durch Bhutan und Towang nach Tibet ist der uralte Weg von Indien nach Yarlung, der Residenz der frühen tibetischen Könige. 1962 wurden die Chinesen, die nördlich von Towang Truppen zusammengezogen hatten, um den Widerstand der Tibeter zu unterdrücken, vom indischen Grenzschutz in Kämpfe verwickelt. Daraus entstand ein Krieg zwischen Indien und China. Als die chinesischen Truppen die Ebene von Assam erreichten, war Indien geschlagen. Ganz unerwartet erklärten sich die Chinesen bereit, wieder hinter die Mac-Mahon-Linie zurückzugehen, so daß Towang den Indern blieb. Als Folge dieses Krieges verstärkte die indische Regierung ihre Macht in Towang, das sie hinfort „enttibetisieren" wollte. Obwohl jetzt eine neue Militärstraße nach Towang führt, bleibt das Gebiet für alle Ausländer gesperrt.

Die Bewohner von Towang nennen sich selbst Mon-pas, ein Wort, mit dem die Tibeter fast alle ihre südlichen Nachbarn bezeichnen. Sie betrachten sich als Einwanderer aus Bhutan und ehemalige Angehörige der religiösen Föderation, die am Beginn des bhutanesischen Staates stand, lange vor der Vereinigung zu einem Königtum unter der Wangchuk-Dynastie.

Östlich von Towang trifft man auf die Sherdruk-pens, wörtlich „die Herren des östlichen Bhutan", abermals eine tibetisch sprechende Gemeinschaft in Arunchal Pradesh, die ebenfalls eine uralte Verbindung zu Bhutan in Anspruch nimmt.

Bhutan

Mit etwa einer Million Einwohner spärlich besiedelt und flächenmäßig kaum größer als die Schweiz, war Bhutan bis zur Jahrhundertwende eine tibetisch-buddhistische Theokratie, die seit dem Jahre 1616 eine Tradition politischen Isolationismus aufrechterhielt. Mit der Begründung einer Erbmonarchie im Jahre 1907 wurde Bhutan zu einem Königtum, bis heute geprägt von seinem religiösen Ursprung. Durch seine strategische Lage hat Bhutan die Begehrlichkeit ausländischer Mächte auf sich gelenkt, aber seine wilden Krieger haben fast alle Eindringlinge zurückgeschlagen.

Der Name „Bhutan" kommt aus dem Sanskrit und bedeutet wörtlich „Land der Bhots", das heißt der Tibeter. Tatsächlich kam der bedeutendste kulturelle Einfluß, der Lamaismus, aus Tibet.

Geographisch zerfällt Bhutan in drei verschiedene Zonen: eine Südregion mit feuchtem, subtropischem Klima und weitgehend unbewohnten Dschungelwäldern; eine Zentralregion mit Bergen zwischen 1500 und 4000 Meter, die mit Nadelwäldern bewachsen sind und deren fruchtbare Täler sich ausgezeichnet zum Anbau von Weizen, Gerste und Reis eignen; und eine nördliche Zone, wo die tiefer liegenden Hänge der hohen Berge von Magnolien und Rhododendren bedeckt sind, denen sich weiter hinauf Almen anschließen, die schließlich an den ewigen Schnee grenzen.

Bis zum Jahr 650 ein Teil von Kamarupa,

war Bhutan ursprünglich von kriegerischen Bergstämmen bevölkert, die teils der Bön-Religion, teils dem Animismus anhingen. Einige Quellen besagen, die Ursprungsbevölkerung sei aus Cooch-Behar und Assam gekommen. Alte Handschriften weisen darauf hin, daß Gruppen tibetischer Bauern, Hirten und Soldaten zunehmend über die Berge einwanderten und Bhutan kolonisierten. Im frühen 13. Jahrhundert wurde die Bevölkerung auf 350 000 Menschen geschätzt. Bhutan ist übersät mit großen Burgen, sogenannten Dzongs. Das System der Dzongs ist von Tibet übernommen. Sie waren die religiösen, militärischen und politischen Mittelpunkte, von denen aus die Lamas der verschiedenen Sekten sowohl die weltliche als auch die geistliche Herrschaft ausübten. Unter ihnen bestanden beträchtliche Rivalitäten.

Im allgemeinen gilt Ngawang Namgyal, ein Lama und Lehrer der Kargyu-pa-Sekte, als Gründer von Bhutan. Als solcher zog er in den östlichen Himalaya, wo es ihm gelang, fast alle rivalisierenden religiösen Lehrer zu vertreiben.

Ngawang Namgyal brachte die örtlichen Burgen unter seine Herrschaft und machte sich 1616 zum geistlichen und weltlichen Oberhaupt des Landes, wobei er den Titel Shabdrung (König, der dem Dharma gemäß regiert) annahm. So wurde er auch als Dharma-Radscha bekannt. Ihm sollte stets seine eigene Reinkarnation im Amt folgen, ganz ähnlich wie beim Dalai Lama. Der Shabdrung kümmerte sich um alle Aspekte der Staatsverwaltung: er setzte religiöse und weltliche Verhaltensregeln in Kraft, richtete das Justiz- und Steuerwesen ein, baute Brücken und ließ Bewässerungsanlagen anlegen; er schützte die Landbewohner vor ihren Feudalherren, hielt die Nomaden im Zaum und bekämpfte das Banditenunwesen. Dem Krieg aller gegen alle, der die Zeit vor der Errichtung der Theokratie kennzeichnete, folgten zweihundert Jahre ziemlich beständigen inneren Friedens. Gleichzeitig gab es allerdings auch kriegerische Auseinandersetzungen mit den Nachbarn.

1772 intervenierte Bhutan bei der Thronfolge des indischen Staates Cooch-Behar und ging dabei so weit, ein Heer nach Indien zu entsenden. Die Folge war, daß die Regierungsbeamten von Cooch-Behar die Briten zu Hilfe riefen. Als sich Bhutan nun von britischen Truppen bedroht sah, appellierte es an den Panchen Lama, den Amtsgenossen des

Dalai Lama, in Shigatse. Dessen Dazwischentreten führte zu einem Friedensvertrag zwischen der Ostindischen Kompanie und dem Shabdrung. Die Engländer schlossen diesen Kompromiß, um ihre Beziehungen zu Tibet zu verbessern, denn sie fürchteten, Tibet könnte unter russischen Einfluß geraten.

Immer schon waren die bhutanesischen Krieger in die zahlreichen Douare eingefallen, die Bezirke am Übergang von den Bergen Bhutans zu den Ebenen von Assam und Bengalen. Sie hatten dort die Dörfer geplündert und Gefangene genommen, um sie in Bhutan als Sklaven zu verkaufen. Die Briten versuchten wiederholt, mit den Bhutanesen dieser Übergriffe wegen zu verhandeln, aber ihre Verhandlungsangebote blieben unbeantwortet. Im Jahre 1863 entsandten die Briten Sir Ashley Eden, der „Wiedergutmachung für die Gewalttätigkeiten verlangen" sollte. Eden hatte keinen Erfolg. Er wurde tätlich angegriffen und unter Gewaltandrohung gezwungen, einen Vertrag zu unterschreiben, der das in Rede stehende Gebiet an Bhutan abtrat. Der britische Vizekönig war wütend und abermals begann der Kampf. Keine Seite schien darin die Oberhand

zu gewinnen. Schließlich wurde ein Friedensvertrag geschlossen, mit dem die Briten 18 Douare annektierten. Da aber das bhutanesische Steueraufkommen stark von diesen reichen Ländereien abhing, erklärten sich die Briten einverstanden, eine jährliche Kompensationssumme für diese Gebiete zu zahlen.

Die Beziehungen zwischen den Briten und Bhutan besserten sich etwas, als die Bhutanesen ihren Einfluß geltend machten, um die britische Expedition von Sir Francis Younghusband nach Tibet zu ermöglichen.

Auf den Tod der letzten Reinkarnation des Shabdrung folgte eine sehr unstabile Periode gegenseitiger Fehden unter den verschiedenen mächtigen Penlops, den Befehlshabern der Festungen des Landes. Als ihr Mächtigster erwies sich Ugyen Wangchuk, der Penlop von Tongsa, der 1907 erblicher Herrscher von Bhutan wurde. Die Wangchuk-Dynastie vertrat eher die traditionellen und konservativen Aspekte der bhutanesischen Politik.

Der Gyalpo (König) Ugyen Wangchuk war großzügig, milde und tief religiös. Er war ein Menschenfreund und ein überraschend geschickter Diplomat. Im Jahre 1910 wurde Bhutan durch die Kunde von der chinesischen Invasion nach Tibet stark erschüttert, und der Gyalpo begann sich wegen der Verletzlichkeit seines Landes Sorgen zu machen. Dementsprechend erwirkte er eine Revision seines Vertrages mit den Briten und räumte darin ein, Bhutan solle „in seinen äußeren Beziehungen von den Empfehlungen der britischen Regierung geleitet" sein. Diese Politik wurde fortgesetzt, auch als Indien seine Unabhängigkeit erreicht hatte. Bhutan war nun bereit, in seiner Außenpolitik den Empfehlungen der indischen Regierung zu folgen, solange Indien sich nicht in die inneren Angelegenheiten Bhutans einmischt.

Bis zur chinesischen Invasion Tibets der fünfziger Jahre setzte Bhutan seine Politik des Isolationismus fort. In den späten fünfziger Jahren war man damit einverstanden, daß Indien den Bau von Allwetterstraßen finanzierte und bei bhutanesischen Verteidigungsanstrengungen half. In dieser Zeit wurde dem Gyalpo und seinen Ratgebern klar, daß Bhutan seine Isolationspolitik nicht länger fortsetzen konnte, und es wurden zahlreiche Reformen auf dem Gebiet des Fernmeldewesens, der Erziehung und des Gesundheitswesens eingeleitet. Diese Veränderungen waren der alten Garde ein Dorn im Auge. Als der König 1964 im Ausland weilte, wurde der fortschrittliche Premierminister Jigme Dorji ermordet. Er habe sich „am engsten mit der neuen Ordnung identifiziert". Es folgte eine Zeit vermehrter Instabilität mit mehreren Putschversuchen. 1968 wurde eine konstitutionelle Monarchie ausgerufen; dabei gingen Souveränität und Oberhoheit auf den Staatsrat über, der sogar die Möglichkeit erhielt, den König, sollte er gegen das Wohl des Volkes oder den Vorteil des Landes handeln, zu entlassen. 1971 wurde Bhutan Mitglied der Vereinten Nationen.

Heute herrscht in Bhutan große Besorgnis über das Anwachsen des nepalesischen Bevölkerungsanteiles, der schon ungefähr die Hälfte der einen Million Einwohner des Landes ausmacht. (Die Bevölkerungsstatistik ist äußerst umstritten.) Die Bhutanesen hatten mitansehen müssen, wie der große nepalesische Bevölkerungsanteil in Sikkim benutzt worden war, den König zu stürzen. Es gibt jetzt strenge Bestimmungen gegen weitere Einwanderung aus Nepal. Den Nepalesen ist es nicht mehr erlaubt, sich nördlich einer Linie niederzulassen, die die Mitte des Landes von Ost nach West durchzieht. Dennoch wächst der Bevölkerungsanteil der Nepalesen weiter, hauptsächlich wegen der bei ihnen geübten Polygamie.

Immer noch von leidenschaftlichem Unabhängigkeitswillen beseelt, hat sich Bhutan weise und vorsichtig einen Weg aus dem Mittelalter in das 20. Jahrhundert gebahnt. Bhutan gehört zu den wenigen „neuen Nationen", denen es gelungen ist, ihre Traditionen zu erhalten und die großen Probleme der beschleunigten und wahllosen Verwestlichung zu vermeiden.

Sikkim

Heute ist Sikkim nichts weiter als ein Teilstaat von Indien. Aber 332 Jahre lang, bis 1975, war dieses Land ein unabhängiges Königtum, das von einem Chogyal (König) regiert wurde, der zugleich weltlicher und geistlicher Herrscher war. Rund 7000 Quadratkilometer groß und in strategisch bedeutender Lage zwischen Bhutan und Nepal, wurde Sikkim von den Tibetern, deren vornehme Familien dem Land die ersten Regenten gaben, ehemals das Reisland genannt.

Sikkim besteht aus einer Reihe tiefer Täler, überragt von Hochebenen, die durch 3000 bis 6000 Meter hohe steile Bergrücken getrennt sind. Wie Bhutan hat Sikkim drei Klimazonen: eine tropische Region zwischen 300 und 1500 Meter Höhe, eine 1500 bis 4000 Meter hoch gelegene gemäßigte Zone und die Hochgebirgsregion. Trotz begrenzter Anbaufläche gibt es reiche Ernten. Die Lepchas, die sich selbst Rong-pas, das Schluchtenvolk nennen, gelten als Urbevölkerung. Sie sind wahrscheinlich indochinesischen Ursprungs. Wie andere frühzeitliche Bergstämme des Himalaya führten sie unter ihren rivalisierenden Häuptlingen fast unaufhörlich Krieg gegeneinander. Im Verlauf des 13. Jahrhunderts wanderte die Familie Namgyal aus dem osttibetischen Kham ein und ließ sich in Sikkim nieder. Die Namgyals verbanden sich mit den Lepchas durch Eheschließungen und begannen, die weltliche Macht über die Bevölkerung an sich zu ziehen. Zwischen Tibet und den Namgyals von Sikkim bestanden aber weiterhin starke Bindungen.

1641 überwältigten der Lhatsan Lama und zwei andere Kargyu-pa Lamas die kriegführenden Häuptlinge und errichteten ein solides Herrschaftssystem. Ein Jahr später weihten sie Phuntsog Namgyal, der auch als Penchu Namgyal bekannt ist, zum Chogyal und machten den tibetischen Buddhismus zur Staatsreligion. Dieser erste Chogyal, der eine Lepcha-Frau ge-

*189 Sorgfältig gekleidet und mit Räucherstäbchen in der Hand erwartet dieser junge Mönch die Ankunft des Dalai Lama. Sein Name ist Sonam. Er kommt aus dem Dorf Thunri in Zanskar. Sonams Bruder hat die Felder des Vaters und das Haus der Familie geerbt. Er selbst war von Kindheit an dazu bestimmt, Mönch zu werden. Sonam kann lesen und schreiben, und der Gedanke, daß es im Leben höhere Ziele gibt als die tägliche Sorge um den Unterhalt, ist ihm wohlvertraut. Dennoch verließ er ein Jahr, nachdem dieses Bild aufgenommen wurde, das Kloster und trat in die indische Armee ein. Zuvor war er mehrere Male als Pilger nach Indien und Nepal gereist, hatte diese Reisen mit geborgtem Geld finanziert, war schließlich hoch verschuldet und mußte sich nach einer Arbeit umsehen. Die einzige Möglichkeit, die er fand, war, den Ladakhi Scouts beizutreten. Weil er die Kirche verließ, ist er jetzt bei seiner Familie in Ungnade gefallen, und es macht ihm auch Kummer, daß sein neuer Beruf sich nicht mit der buddhistischen Lehre verträgt. Sonam hat kaum eine Zukunft, weder in der indischen Armee noch zu Hause. Gern würde er nach Zanskar zurückkehren und dort heiraten, wenn er nur genug Geld sparen könnte, um etwas Land zu kaufen. Wahrscheinlicher ist aber, daß er nach seinem Austritt aus der Armee in eine der großen Städte Indiens gehen wird, um sich dem Heer der Arbeitslosen anzuschließen, die dort von Gelegenheitsarbeiten und von der Wohltätigkeit anderer leben.
Sonams Fall ist einer der ersten dieser Art in Zanskar, das unmittelbare Resultat des neuen wirtschaftlichen und gesellschaftlichen Drucks, der Mönche dazu bringen kann,*

ihr Leben der Entsagung zugunsten der Illusion wirtschaftlicher Unabhängigkeit aufzugeben. Zum Glück aber ist er eine Ausnahme; die meisten jungen Männer sehen die Nachteile, die sie sich einhandeln, wenn sie sich aus ihrem gesellschaftlichen Gefüge lösen. Es wird in Zanskar immer noch als Schwäche betrachtet, wenn man seine Freiheit für den unmittelbaren Nutzen eines Arbeitsentgeltes verkauft. Die Frage ist, ob die Himalayabewohner im Stande sein werden, den Verlockungen unserer Konsumgesellschaft zu widerstehen, wenn sie eines Tages doch in den Bannkreis der modernen Welt geraten, ohne zu wissen, welchen Verlust an Freiheit dies für sie bedeuten kann.

190 / 191 Am Morgen bereiten die Mönche jenen, die als hungrig umherirrende Geister wiedergeboren wurden, ein Mahl aus Tsampa (geröstetem Gerstenmehl mit Butter und gesalzenem Tee vermengt), das die Geister aber erst dann zu sich nehmen können, wenn die Mönche es gesegnet haben.

192 a Nichts illustriert die Kompliziertheit des lamaistischen Glaubens besser als die Dämonenfallen, die über den Türen angebracht werden, um böse Geister zu vertreiben. Zu diesen merkwürdigen Gebilden gehören auch Ziegenschädel, die seit den Tagen der Jungsteinzeit Verehrung genießen, ebenso wie netzartige Dämonenfallen, chinesische Glücksstäbchen und Bittgebete. So verfällt man auf alle möglichen Formen von Magie und Aberglauben, um die unbegreiflichen Mächte des Schicksals zu bannen.

192 b Von Wollsträhnen umwunden, die Gut und Böse symbolisieren, und von Dämonenfallen umgeben, ist dieser aus Gerstenmehl und Butter geformte Tiger. Abwehrzauber gegen Krankheit und gleichzeitig symbolische Opfergabe für die Götter, ist er Teil eines komplexen Rituals, das Schutz vor den bösen Geistern bieten soll.

193 Für die Himalayabewohner sind Geister und Götter ebenso wirklich, wie für uns die Gesetze der Geometrie. Die Grenze zwischen Tatsache und Phantasie, zwischen dem Wirklichen und dem Übersinnlichen ist fließend. So kann denn auch jede Tat, jeder Gedanke und jedes Ereignis diesen unterschiedlichen Erfahrungsebenen entsprechend interpretiert werden. Das menschliche Leben ist ein kompliziertes Spiel vor dem Hintergrund schwer zu fassender geistiger und materieller Kräfte. Deshalb ist der Beistand derer erforderlich, die über die besondere Fähigkeit verfügen, mit Geistern umzugehen. Das ist die Rolle der Mönche, die gebraucht werden, um den Laien durch das Labyrinth dunkler Kräfte, die das Leben beherrschen, hindurchfinden zu helfen.
Hier steigt eine Mönchsprozession von der Höhe des Klosters herab, um Dämonen zu vertreiben und eine gute Ernte sicherzustellen. Wenn der Mensch mit Kräften konfrontiert wird, die er nicht beherrschen kann und seien es auch nur die Kräfte der Natur, dann ist es besser, irgendeine Zuflucht zu haben als gar keine. Für die Rationalisten erscheinen diese Rituale sinnlos. Aber wie reagieren wir, wenn wir an die Grenzen unserer Möglichkeiten stoßen? Wenden wir uns da nicht eher jedem Trost zu, den wir finden können, als daß wir uns unsere Hilflosigkeit eingestehen?

194 a-d Die Kunst der Bereitung von Buttertee verlangt einen speziellen Zylinder. Mit einem Stößel wird gebuttert. Salz und heißer Tee kommen hinzu, bis die Mischung eine cremige homogene Flüssigkeit bildet. Das Wort Tee ist hier eigentlich irreführend, denn man kann die Teeblätter kaum schmecken. Buttersuppe oder Bouillon wären zutreffendere Bezeichnungen für dieses Gemisch. Als Suppe schmeckt es nicht schlecht, als Tee fürchterlich.

195 a In vielen Flüssen des Himalaya gibt es nicht wenig Gold; und doch findet man die hier wohnenden Men

heiratet hatte, war ein „einflußreicher Mann, der seinen Nachbarn und auch seinen Untertanen Respekt einflößte". Das Land war in zwölf Dzongs (Burgenämter) eingeteilt, jeder mit einem eigenen Dzongpon (Befehlshaber), alle aus

schen selten beim Auswaschen des kostbaren Metalls. Der Boden, die Wohnstätte der Erdgeister, wird ungern aufgerissen, selbst bei der Suche nach Mineralien. Man scheut sich auch, Gräben anzulegen oder die natürliche Landschaft durch den Bau von Straßen zu beeinträchtigen.

195 b Der Thronerbe von Mustang hält die vergoldete Statue des großen Reformators von Ngor, der mehrere Klöster gegründet hat. Kunst ist ein ständiger Begleiter der Kinder im Himalaya, denn sie ist die anschaulichste Erscheinungsform ihrer komplexen Religion.

195 c Die Zukunft mag problembeladen sein, aber dieses glückliche Kind kann sich noch nicht vorstellen, daß das Leben in seinem entlegenen Tal bis zum Jahr 2000, wenn es 25 Jahre alt sein wird, sich dramatisch verändert haben könnte.

196 Nordrop, ein Mönch des Karsha-Klosters in Zanskar, ist ein Beispiel für einen Menschen, der mit seiner Umwelt in Harmonie lebt. Er weiß, daß er in dieser Welt einen klar definierten Platz hat und daß er auch nicht darum kämpfen muß, ihn sich zu erhalten. Diese Sicherheit mag eine Erklärung für die Selbstsicherheit sein, mit der viele Himalayabewohner den Fremden immer wieder überraschen.

dem Volk der Lepcha. Zu Beginn des 18. Jahrhunderts annektierte Bhutan einen Großteil der Ostgebiete von Sikkim. Gegen Ende des 18. Jahrhunderts befanden sich die Sikkimesen mit ihren aggressiven westlichen Nachbarn, den Gurkhas von Nepal, im Krieg.

Dank der Hilfe der Tibeter und der Chinesen wurden sie schließlich wieder aus dem Land vertrieben. Zu dieser Zeit war die britische Ostindische Kompanie bemüht, Tibet und China über Sikkim für den Handel aufzuschließen, und schickte deshalb einen Gesandten zum Chogyal. Die Sikkimesen erinnerten sich an die Schwierigkeiten, die sie jüngst mit den Gurkhas gehabt hatten, und nahmen die Briten, die noch mit den Gurkhas im Kampf lagen, freundschaftlich auf. Als die Briten die Nepalesen besiegt hatten, „erstatteten" sie einige zuvor nepalesische Landstriche, aus Dankbarkeit an Sikkim „zurück". Allerdings verlor Sikkim durch den damit verbundenen Vertrag seine Handlungsfreiheit, da es sich einverstanden erklärte, bei „allen Streitigkeiten mit Nepal und anderen Nachbarstaaten" das Urteil der Ostindischen Kompanie anzuerkennen.

Im Jahre 1827 entstand ein weiterer Konflikt zwischen Sikkim und Nepal, diesmal über das Onloo-Gebiet. Die Briten kamen zu Hilfe und marschierten auf ihrem Weg durch Dorje-ling (Tal des Donnerkeils), aus dem sie einen — strategisch gemeinten — „Kurort" zu machen gedachten, einen Schlüsselpunkt, von dem aus man ein wachsames Auge auf Bhutan, Nepal und Sikkim haben könnte. Die Sikkimesen, die sich den Briten verpflichtet fühlten, traten Dorje-ling gegen jährliche Subsidien ab, und es wurde zu Darjeeling. Da sie sich in dieser Angelegenheit ein wenig betrogen glaubten, wurden ihre Beziehungen zu den Briten zunehmend gespannter, besonders als Darjeeling zu einer großen Garnison ausgebaut wurde, in der viele nepalesische Gurkhas dienten.

Zu diesen äußeren Problemen Sikkims mit den Briten traten interne Spannungen zwischen den einheimischen Lepchas, den Tibetern, und dem ständig wachsenden nepalesischen Bevölkerungsteil. Dieser hatte gegen Anfang des 19. Jahrhunderts einzuwandern begonnen und wuchs schließlich zur größten Volksgruppe des Landes an.

1848 reisten der Polizeichef von Darjeeling und ein englischer Botaniker ohne Erlaubnis nach Sikkim ein. Beide wurden gefangen genommen und ziemlich unsanft behandelt. Nach ihrer Freilassung stellten die Briten als Repressalie für die „Beleidigungen und Ungerechtigkeiten" ihre jährlichen Kompensationszahlungen für Darjeeling ein und annektierten die bis dahin sikkimesischen Dschungelniederungen von Terai.

Der neue König erkannte 1863, daß er auf die Hilfe der Briten nicht verzichten konnte, und bemühte sich deshalb um bessere Beziehungen. Das gefiel den Briten, und so wurden die Zahlungen für Darjeeling wieder aufgenommen und sogar erhöht. Dem Chogyal wurde als Maharadscha von Sikkim das Vorrecht des Saluts aus fünfzehn Kanonen zuerkannt. Dieses Privileg wurde später von Indien dazu herangezogen, Sikkim auf derselben Basis wie die anderen indischen Fürstentümer zu behandeln, obwohl sein Rechtsstatus bis dahin nicht eindeutig definiert worden war. Noch immer über den Einfluß der Nepalesen besorgt, appellierte der Chogyal 1878 an die Briten, die nepalesische Einwanderung beenden zu helfen. Die Briten lehnten ab. Ihnen war eine zahlenmäßige Überlegenheit der Nepalesen über die tibetisch sprechende Bevölkerung als Garantie gegen ein Wiederaufleben des tibetischen Einflusses auf Sikkim lieber.

Als Tibet eine kleine Streitmacht entsandte, um einen Landstrich in der Nähe von Darjeeling zu besetzen, stellte sich der Chogyal hinter diese Aktion und behauptete: „Das von den Tibetern besetzte Land gehörte zu Tibet." Im Jahre 1888 stellten die Briten Tibet ein Ultimatum, sich innerhalb eines Jahres zurückzuziehen. Das Ultimatum blieb unbeantwortet, und der Kampf begann. Der Chogyal bestand darauf, Sikkim sei „nur China und Tibet untertan". Nun richteten die Briten ihr ganzes Augenmerk darauf, den Verlauf der sikkimesischen Grenzen zu klären. Bei einem Treffen mit den Chinesen im Jahre 1890 wurden diese Grenzen neu festgelegt und die Schutzherrschaft der Briten über Sikkim anerkannt. Damit waren Macht und Einfluß Tibets über Sikkim gebrochen.

Aber noch immer gab es beträchtliche Spannungen zwischen dem Chogyal und den Briten, die dazu führten, daß der Chogyal in Kalimpong unter Hausarrest gestellt wurde und ein britischer Beamter an die Spitze der sikkimesischen Regierung trat. Erst allmählich kehrte der Chogyal an die Macht zurück. Aber ihm war jetzt ein Rat von sieben oder acht führenden Untertanen beigegeben, und überdies war er an die Weisungen eines in Sikkim residierenden britischen Beamten gebunden.

Die Tibeter waren darüber verärgert, daß sie am englisch-chinesischen Vertrag von 1890 nicht beteiligt worden waren und setzten den Briten immer mehr zu. Diese aber fürchteten, Tibet könnte unter den Einfluß der Russen geraten, die an der Region Interesse zu zeigen begannen. 1904 starteten die Briten unter Oberst Younghusband ihre berüchtigte Expedition nach Lhasa. Es kam zum Vertrag von Lhasa, der in einem seiner Artikel die Grenze zwischen Tibet und Sikkim festlegte und der Sikkim juristisch als von Britisch-Indien abhängiges Protektorat bestätigte. Die Beziehungen zwischen Sikkim und Großbritannien wurden durch den Besuch des britischen Vizekönigs 1938 weiter gefestigt.

In den späten vierziger Jahren entstanden in Sikkim verschiedene politische Parteien, die allesamt die Regierungsgewalt anstrebten. Die Auseinandersetzungen zwischen ihnen waren so heftig, daß ein indischer Regierungsbeamter in Delhi vor der „Möglichkeit des Zusammenbruchs von Ruhe und Ordnung im Staate" warnte und empfahl, Indien solle die Verwaltung von Sikkim übernehmen. Die Regierung wurde entlassen; ein indischer Zivilbeamter wurde zum Dewan ernannt. 1950 wurde ein Vertrag unterschrieben, wonach Sikkim Protektorat der Regierung des erst kurz zuvor frei gewordenen Indien wurde; die indische Regierung war nun „verantwortlich für die Außenpolitik und die Verteidigung des Staates Sikkim", und diese Verantwortung bezog das Recht ein, indische Truppen in Sikkim zu stationieren.

Die fünfziger und sechziger Jahre waren von politischen Unruhen und Auseinandersetzungen zwischen den Vertretern der verschiedenen Volksgruppen im sikkimesischen Staatsrat gekennzeichnet. Jene Parteien, die gegen den tibetisch sprechenden König opponierten, fanden Unterstützung in Indien. Der Kampf der Parteien gegeneinander war so heftig, daß die indische Regierung 1973 in Sikkim intervenierte. Im Mai desselben Jahres kam es unter dem Druck Indiens zu einer Vereinbarung, der zufolge der König mit fünf Repräsentanten der drei größten politischen Parteien eine neue Regierung bilden sollte. Eine neue demokratischere Verfassung mit Gleichheitswahlrecht und allgemeinen Wahlen wurde eingeführt. Ein indischer Beamter trat an die Spitze der Regierung, indes der Chogyal „Staatsoberhaupt" blieb. Diese Maßnahme trug dem proindisch ausgerichteten politischen Einfluß der nepalesischen Einwanderer Rechnung. Eines der ersten Gesetze, die die neue sikkimesische Nationalversammlung beschloß, machte aus dem tibetisch sprechenden König ein machtloses Staatsoberhaupt. Vergeblich reiste der Chogyal zweimal nach Indien, um gegen diese Aktion der Nationalversammlung zu protestieren. Schließlich mußte er das Gesetz unterschreiben, und damit war das alte Königtum aufgehoben.

In vieler Hinsicht aber ließ die neue Verfassung Fragen offen, unter anderem die, ob das Amt des Chogyal erblich bleiben sollte. Der Chogyal appellierte wiederholt an die indische Regierung, sie möge diese Fragen wiederaufnehmen. Als Folge geheimer Verhandlungen zwischen proindischen Mitgliedern der sikkimesischen Regierung und der indischen wurde im indischen Parlament ein Gesetz eingebracht, um Sikkim zu einem „assoziierten" indischen Teilstaat zu machen, wobei zwei Sikkimesen als „assoziierte Mitglieder" Sitze im indischen Parlament erhalten sollten. Dieser Gesetzesentwurf führte innerhalb der indischen Regierung zu erheblichen Meinungsverschiedenheiten. Viele fragten sich, wie die Welt die Annexion eines kleinen Landes seitens einer Großmacht aufnehmen würde. Leider blieben die internationalen Proteste aus, und so verlor Sikkim seine Unabhängigkeit als Ergebnis einer geschickt eingefädelten politischen Unterminierung seiner neuen Nationalversammlung. Nur China erhob seine Stimme und verglich die Aktion der Inder mit dem Einmarsch der Russen in die Tschechoslowakei im Jahre 1968.

Der neue Ministerpräsident Sikkims forderte den Chogyal auf abzudanken. Dem folgte die Verabschiedung eines Gesetzes in der Nationalversammlung, das „das Amt des Königs" aufhob. Im April 1975 wurde ein Zusatz zur indischen Verfassung beschlossen, durch den Sikkim als unabhängiges tibetisch sprechendes Königreich ein unverdientes Ende fand.

Mustang

Mustang ist heute „integrierter Bestandteil des modernen Nepal". Aber als Königtum Lo (auf tibetisch Glo oder Blo genannt) war es wohl schon im 5. nachchristlichen Jahrhundert ein unabhängiger Staat. Den Chroniken von Ladakh zufolge, eroberte der erste große tibetische König Songsten Gampo das Land Blo-bo um die Mitte des 7. Jahrhunderts auf seinem Weg zur Eroberung des Königreiches Zhangzhung, der Hochburg der Bön-Religion, dessen Hauptstadt Kyong-Lung östlich des Manasarowar-Sees lag. So wurde Mustang dem Reich der frühen tibetischen Könige eingefügt. Erst nach dem Zusammenbruch des großtibetischen Reichs um die Mitte des 10. Jahrhunderts wird es wieder erwähnt. Im 12. Jahrhundert taucht Mustang unter dem Namen Lo als eine Gruppe von Festungen unter der Herrschaft des tibetischen Fürstentums Ghunthang wieder auf. Die Herrscher von Ghunthang pflegten enge Bande zur Sakya-pa-Sekte, deren Äbte keinen Geringeren als Kublai Khan zum Lamaismus bekehrt hatten. Unter mongolischem Patronat wurden die Sakya-pa-Lamas weltliche Herrscher über einen großen Teil Tibets, und Mustang geriet zur Hochburg der Sakya-pa-Sekte mit mehreren bedeutenden Klöstern. Erst nach der Teilung von Ghunthang im Jahre 1430 wurde Mustang unter König Ame dPal, der eine Dynastie begründete, wieder autonom.

Es existieren Chroniken, die die Taten der einzelnen Könige festhalten, deren gegenwärtiger Radscha, tibetisch Gyalpo, der 25. seit Ame dPal ist. Auch wenn man daran zweifeln kann, daß die Erbfolge immer so reibungslos vor sich ging, wie es die verschiedenen Chroniken behaupten, so gibt es in Mustang doch eine starke Kontinuität hinsichtlich der Sitten und dem Status dieses Landes als einer unabhängigen Himalayaregion mit tibetischer Sprache.

Obwohl flächenmäßig klein, hat Mustang der lamaistischen Welt mehrere hochgelehrte Mönche geschenkt. Deren bedeutendster war Sherab Rintschen, der im 13. Jahrhundert der religiöse Berater des Phags-pa-Herrschers von Tibet war. Wie die Gelehrsamkeit, so blühte in Mustang jahrhundertelang auch die Architektur. Der Wohlstand des Königreichs beruhte auf der Beherrschung der Salzstraße, zwischen Indien und Tibet. Die strategische Lage und die Einkünfte aus der Besteuerung des lukrativen Salzhandels erregten den Neid der Nachbarn. Im Jahre 1640 drangen mongolische Truppen unter der Führung von Sokpo Gaden Tsewan in Mustang ein, und zur gleichen Zeit griff der König von Jumla, heute Westnepal, die Festungen an, die sich im Tiefland von Mustang am Kali-Gandaki-Fluß aneinanderreihen.

Um das Jahr 1760 siegte der Radscha von Jumla über Mustang, stürzte das Land in Elend und Hungersnot und machte den König zu seinem Vasallen. Wenige Jahre darauf wurde Jumla von den Truppen des Pritvi Narayan Singh von Nepal erobert, der damit neuer Lehensherr von Mustang wurde. Trotz alledem hielt der König von Mustang noch immer einen Sitz im großen Rat der Regierung Tibets.

Da die Könige von Mustang gezwungen waren, sich ihre beiden starken und aggressiven Nachbarn Tibet und Nepal ständig gewogen zu halten, wurden sie zu geschickten Diplomaten. So half der König 1856 den Nepalesen bei der Invasion von Tibet, während er gleichzeitig die Entweihung und Plünderung der tibetischen Klöster durch die Nepalesen beklagte. Schließlich aber verloren die Könige von Mustang das Steuerrecht und die Herrschaft über die Salzstraße an ihre südlichen Nachbarn, die Thakalis.

Beträchtlich verarmt, entlegen und von der Welt vergessen, wurde das Land, von dem aus der Blick bis Zentraltibet reicht, 1960 zur Zuflucht und letzten Bastion des tibetischen Widerstands gegen die Chinesen und infolge seiner „Besetzung" durch eine hartnäckige Truppe tibetischer Freiheitskämpfer eine der strategisch wichtigsten und unzugänglichsten Gegenden des Himalaya.

Vor einigen Jahren wurden dem König von Mustang einige seiner Privilegien vom nepalesischen Parlament bestätigt, und obwohl Mustang heute ein integrierter Bestandteil von Nepal ist, bleibt das „Fürstentum" im wesentlichen doch eine Enklave der tibetisch-buddhistischen Kultur.

Guge

Zur Region von Guge gehört der Oberlauf des Sutlej-Flusses, wo er den Himalaya durchbricht. Ostwärts reicht das Gebiet bis zum Manasarowar-See. In alter Zeit gehörte es zu Zhangzhung, der Heimat der Shen- und der Bön-Religion. Letztere ist eine Verschmelzung alter, einheimisch alttibetischer Glaubensformen, die zu einer durchstrukturierten Religion geworden sind. In späterer Zeit nahm die Bön-Religion viele äußere Formen des tibetischen Lamaismus, nicht aber dessen Inhalt in sich auf.

Die alten Einwohner von Zhangzhung sprachen einen burmesischen Dialekt des Tibetischen, und wahrscheinlich waren sie rassisch von anderer Abstammung als die Zentraltibeter. Die Eroberung von Zhangzhung begann unter dem ersten großen tibetischen König Songsten Gampo und endete ein Jahrhundert darauf, als König Tritson Deutsen von Tibet den Regenten von Zhangzhung ermorden ließ.

Anders als die Geschichte Ladakhs ist die von Guge nicht sonderlich gut belegt. Das ist deshalb beklagenswert, weil diese Region eine sehr wichtige Rolle bei der Verbreitung des Buddhismus in Tibet gespielt hat. Im frühen 11. Jahrhundert unterstützte König Yes-Shes-Od von Guge den berühmten Übersetzer Rintschen Zangpo (958—1055), der den Buddhismus in Tibet wiederbelebte. Bald machte derselbe König seine

205 Zur Neujahrsfeier kommen überall im Himalaya Scharen von Menschen in die Klöster, um die heiligen Tänze anzusehen, die den Triumph des Guten über das Böse darstellen. Es ist der Sieg des Lamaismus über die bösen Geister im Land der Toten, durch das die Seele des Menschen zwischen den Inkarnationen hindurchgehen muß. Ursprünglich, in vorlamaistischer Zeit, sollen die Neujahrsfeiern Anlaß zu Menschenopfern gewesen sein. Der Lamaismus führte die geistlichen Schauspiele ein. Masken mit Tiergesichtern, die von menschlichen Schädeln umkränzt sind, symbolisieren die wilden Gottheiten, und der Tod wird durch Kostüme mit skelettartigen

Mustern und durch furchterregende Schädelmasken dargestellt.

Die Intensität dieser Schauspiele wird auch dadurch deutlich, daß ein Spaßmacher notwendig ist, der sich über Dämonen und Heilige gleichermaßen lustig macht. Im Verlauf der Tänze wird die Geschichte von Guru Rinpotsche, dem Gründer des Lamaismus erzählt, wie er die Dämonen und die bösen Geister in Tibet und im Himalaya besiegte und sie oft zu gelehrigen, wenn auch immer noch wild aussehenden Verteidigern des Glaubens machte. Am Ende triumphiert die Tugend, die Kräfte des Bösen ziehen sich zurück, und es bleibt dem Betrachter überlassen, darüber nachzusinnen, wie viele Qualen die Religion ihm erspart. Von Trommeln und Zimbeln begleitet, sind die Tanzschritte mal langsam und gewichtig, mal schnell und ungestüm. Die Tänzer schauen durch die Münder der Masken, was das Unwirkliche ihrer Erscheinung noch steigert.

206 a, b / 207 Das Neujahrsfest in Tongsa-Dzong in Zentral-Bhutan. Mit Trommeln in der Hand tanzen die wilden Gottheiten in ihren Röcken, die aus Dutzenden von Seidenschals gemacht sind. Während sie mit gekrümmten Schlägeln ihre Trommeln schlagen, rufen die maskierten Tänzer die Überheblichkeit der alten bösen Geister in Erinnerung. In einem Zelt im Hintergrund sitzt das kleine Orchester. Die Menge betrachtet das Schauspiel nicht etwa in ehrfurchtsvoller Stille, sondern mit ausgelassener Fröhlichkeit. Denn diese lange dauernden Tänze sind auch eine Gelegenheit zu Scherz und Unterhaltung.

208 / 209 Die Totentänze, die in besonders realistischen Kostümen aufgeführt werden, erinnern den Betrachter daran, daß er zwischen seinen Inkarnationen die Gesichter des Bösen sehen wird, wenn er 40 Tage lang durch das Bardo wandert, das buddhistische Fegefeuer, während über seine nächste Inkarnation entschieden wird.

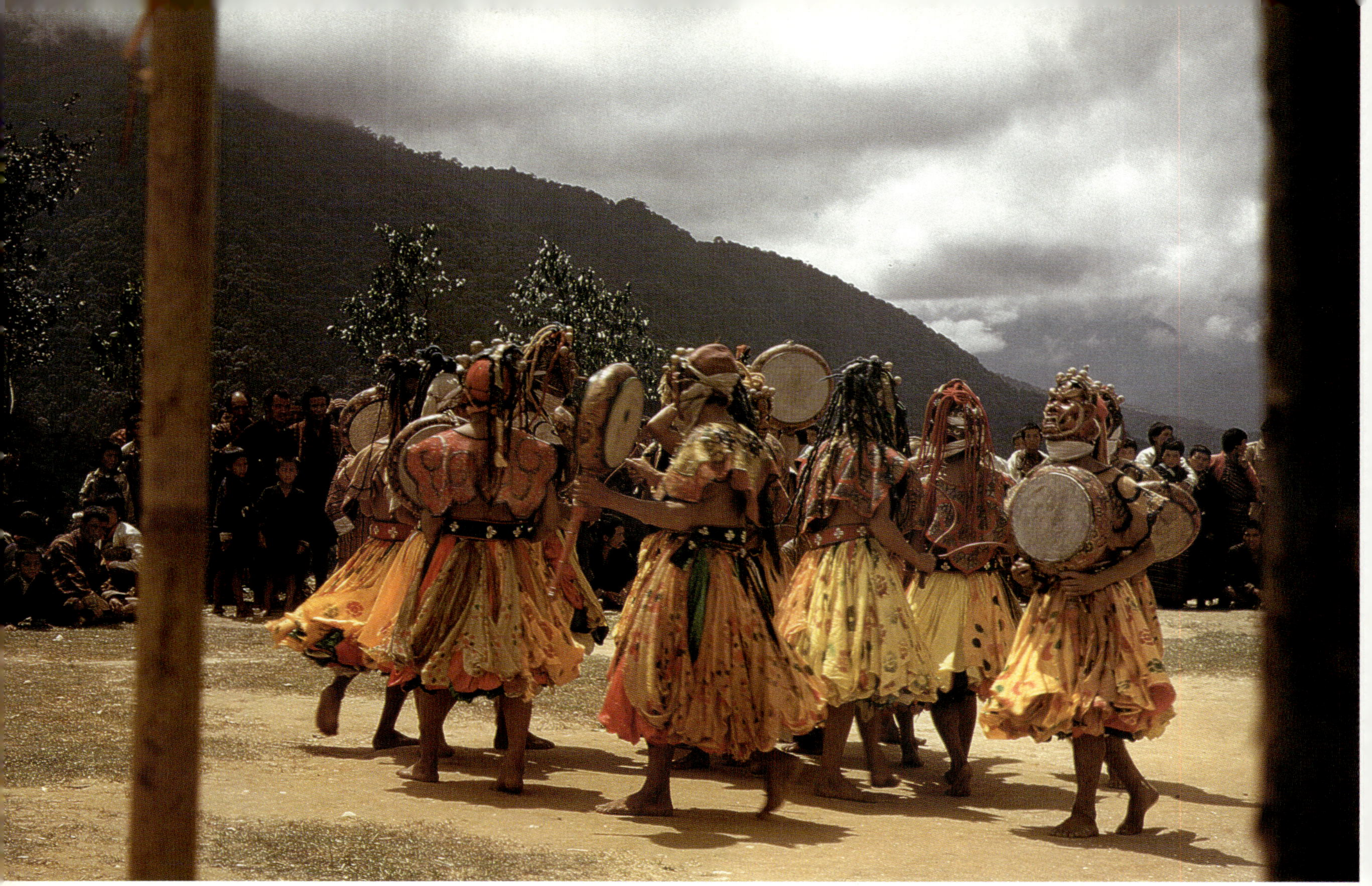

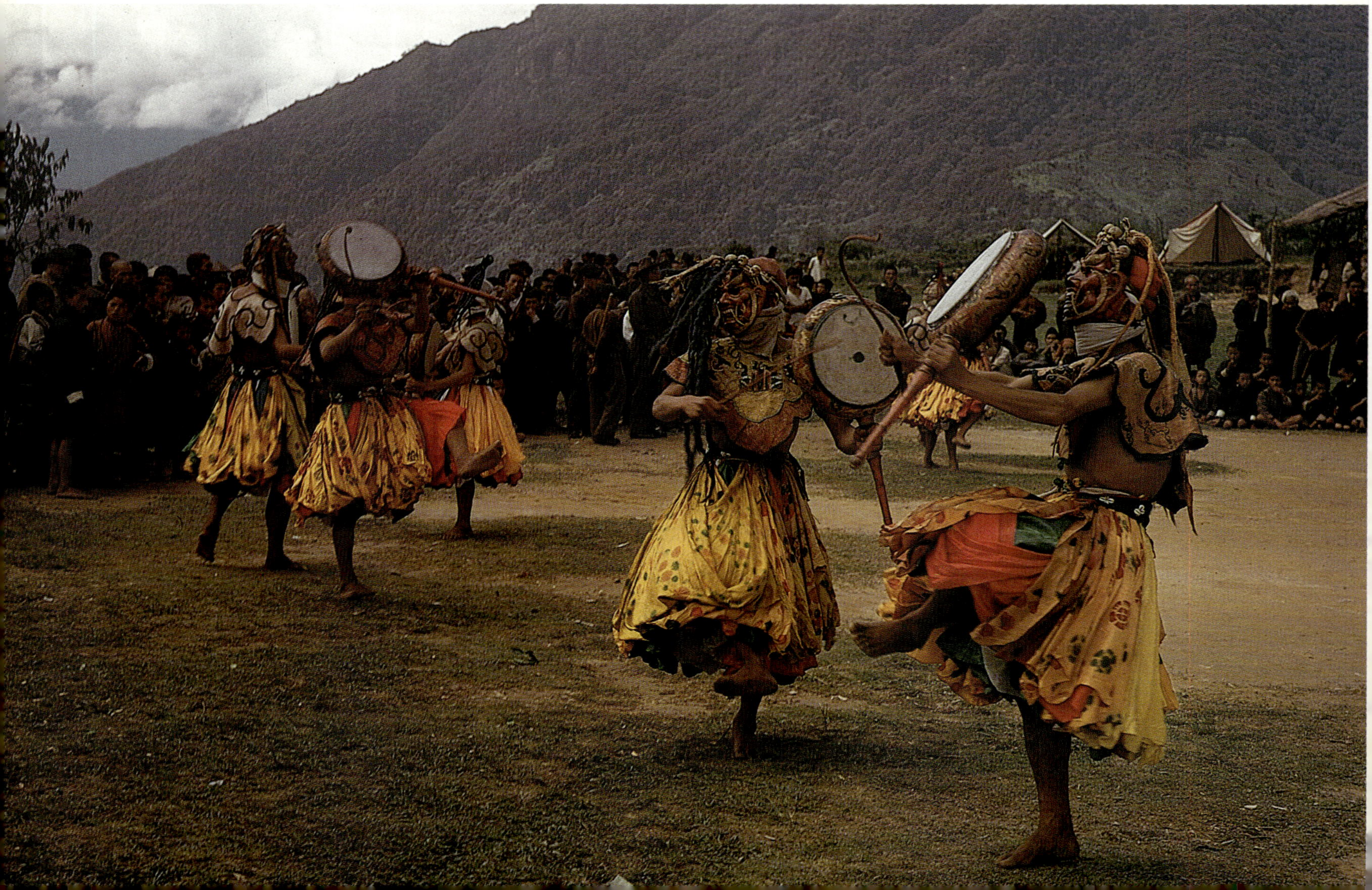

Residenz Tsaparang zum Mittelpunkt des Lamaismus. Und über Guge kamen die berühmten buddhistischen Gelehrten Atisa und Naropa von Indien nach Tibet.

Trotz seines Ansehens erlitt Guge nacheinander mehrere Invasionen sowohl von Osten als auch von Westen her. Zunächst wurde es vom tibetischen König Skilde Nymagon überrannt und danach von einem seiner Söhne regiert. Alsdann wurde es von Ladakh, später von den Mongolen eingenommen. Das Land glich einem

210 Die Tänze sind vorüber, die Masken werden beiseitegelegt. Aber diese bhutanesischen Tänzer werden auch weiterhin farbenprächtige Kleider tragen, nämlich ihre Nationaltracht, das Ko, die Alltagskleidung der meisten Bhutanesen. An Kostbarkeit und Eleganz steht sie den Kostümen der Tänzer durchaus nicht nach.

211 Nicht immer sind die Feste religiöser Natur. Auch Hochzeiten sind aufwendige Veranstaltungen, wo viel getanzt und getrunken wird. Bei diesen fröhlichen Gelegenheiten werden die Gäste von den „Entführern" der Braut unterhalten. Sie erzählen die Geschichte von der Erschaffung der Welt und den Taten der Könige und rufen so die ganze Geschichte ihres Volkes in Erinnerung, das auf sein Erbe stolz ist.

212 In echter Ehrerbietung streckt dieses Mädchen seine Zunge als Zeichen des Willkommens heraus, wie es der Brauch ist. Wird es in eine Welt hineinwachsen, die so reich und harmonisch ist wie die seiner Eltern?

Trümmerhaufen, als katholische Missionare aus Portugal seinen schwächlichen König dazu überredeten, ihnen die Eröffnung einer Missionsstation in der Hauptstadt Tsaparang zu erlauben. Die Mission blühte für eine Weile, dann drangen Truppen von Ladakh her ein, und die buddhistischen Untertanen erhoben sich gegen ihren prochristlichen König. Die Missionsstation wurde bald geschlossen. Nur noch Ruinen erinnern heute daran, ebenso wie an die einst blühenden Klöster von Guge. Im Jahre 1650 wurde Guge offiziell Tibet angegliedert. Seitdem ist es mit dieser Region infolge immer wiederkehrender Dürrejahre bergabgegangen. Der mehr und mehr ausbleibende Regen hat Guge zu einer Gebirgsschlucht gemacht, deren vom Wind zerfressene Felshänge die bizarrsten Formen jeder Größe zeigen. Es ist kaum zu glauben, daß in diesem trockenen Felsental einst die vornehmsten religiösen Stätten Tibets geblüht haben.

Zanskar

Monolithische Steinmale, wunderschöne Skulpturen der fünf Buddhas des Universums und zahllose andere Steinrelikte sind Zeugnisse für die frühe Besiedlung des Tals von Zanskar, des höchstgelegenen der großen bewohnten Täler des Himalaya. Seine mittlere Höhe ist 4000 Meter.

Der Volksmund weiß zu berichten, daß der Buddhismus von König Kanishka in das Tal gebracht wurde, einem Monarchen aus Kushan, der im 2. Jahrhundert über Nordindien regierte. König Kanishka, als mächtige Stütze des Buddhismus bekannt, schickte viele Missionare in den Himalaya und über diesen hinweg auch nach China. Ohne Zweifel war Zanskar schon in sehr früher Zeit buddhistisch. Es scheint, daß seine Ureinwohner die Vorfahren der Minaros (Darden) waren, die bis heute fünf im äußersten Westen Zanskars gelegene Dörfer bewohnen. Dieses indoarische Volk war es, das die zahllosen Felsbilder von Steinböcken hinterließ, die man überall in Zanskar und auch in einem großen Teil von Ladakh antrifft.

Die Geschichtsaufzeichnungen von Zanskar beginnen mit der Ankunft des tibetischen Königs Skilde Nymagon in Westtibet. Er teilte Westtibet unter seine drei Söhne auf, wobei er 975 seinem Sohn Detsugon Zanskar und Spiti überließ. Dieser herrschte als erster König von Zanskar auch über Guge. Nach dem Verlust von Guge beschränkte sich die Herrschaft der Könige auf das Tal von Zanskar.

Gegen 1430 machte sich König Dzom-Brag-De zum Herrscher über Festung und Dorf Zangla im nördlichen Zanskar. Von da an wurde das Tal von zwei Gyalpos (Königen) regiert. Der eine lebte in Zangla, der andere in Padum.

Zanskar erfuhr sodann eine kurze Zeit der Ruhe und des Wohlstandes, bis es 1530 von dem mongolischen Heerführer Mirza Haidar eingenommen und seine Hauptstadt geplündert wurde. Hundert Jahre später wurde Zanskar von den Soldaten des Königs Senge Namgyal von Ladakh angegriffen und erobert. Dieser setzte seinen dritten Sohn De-Chog Namgyal auf den Thron von Zanskar, womit eine neue Dynastie ihren Anfang nahm. Einer kurzen Friedensperiode folgte eine Reihe von Invasionen aus benachbarten Gebieten. Tatsächlich wurde Zanskar in regelmäßigen Abständen geplündert. Es begann im Jahre 1789, als ein Heerhaufen von Paldar her das Tal über den mehr als 5000 Meter hohen Umasi-la-Paß betrat. Im folgenden Jahr wurde der Angriff wiederholt, die Ernte wurde verbrannt, die Klöster wurden geplündert.

1810 wurde Zanskar von einer Armee aus Spiti eingenommen, die den König gefangensetzte. 1822 wurde das Land von den vereinigten Armeen von Lahoul und Kulu überrannt. Angriffe dieser Art waren so häufig, daß es für die Bewohner von Zanskar zur Routine wurde, in die Berge zu fliehen, sobald sie die Warnfeuer sahen, die das Herannahen von Feinden ankündigen.

Dieser stete Terror fand ein jähes Ende, als Zanskar 1836 von den Truppen des Gulab Singh von Jammu erobert wurde. Eine Rebellion der Bewohner wurde 1840 brutal niedergeschlagen und König Rintschen Namgyal als Gefangener nach Jammu gebracht, wo er einige Jahre später „auf geheimnisvolle Weise" starb. Vorübergehend wurde Zanskar von moslemischen Truppen besetzt, die das Land weiter ausplünderten. Nach 1845 schickte König Nyima Namgyal von Ladakh seinen Vetter, der dem Königshaus von Henescu angehörte, damit er sich der Güter des verstorbenen Königs von Zanskar bemächtigte. Der gegenwärtig regierende König in Padum ist ein Nachkomme der Henescu-Dynastie, während der König von Zangla ein Nachkomme jener Könige ist, die seit Anfang des 15. Jahrhunderts auf dieser Festung regieren.

Durch den Vertrag von Lahoul wurden Ladakh und Zanskar 1846 endgültig an Kaschmir angegliedert, wo ein hinduistischer Maharadscha, ein Nachkomme des Gulab Singh, regierte. Praktisch blieb Zanskar allerdings unabhängig, wenn seine Bewohner auch gelegentlich von moslemischen Steuereintreibern, Abgesandten des Maharadscha von Kaschmir, zu Zahlungen gezwungen wurden.

Im Zuge der Teilung Indiens im Jahre 1947 wurde Zanskar von pakistanischen Truppen besetzt, die seine Klöster plünderten, aber schließlich von der indischen Armee vertrieben wurden. Das Land blieb dann weitgehend sich selbst überlassen, bis Grenzzwischenfälle zwischen Indien und China 1962 den Bau einer Militärstraße nach Leh über Kargil notwendig machten. Da Zanskar nur sieben Tagesmärsche von Kargil entfernt ist, fiel es auch unter den Entwicklungsplan für die Ladakh-Region. Die Einführung von Schulen begann im Jahre 1973, und ein ständiger indischer Repräsentant, ein Tasildar, wurde im darauffolgenden Jahr nach Padum entsandt. 1980 wurde die erste Straße nach Zanskar fertiggestellt. Aus diesem Anlaß kam der Dalai Lama zu Besuch, dessen jüngerer Bruder nominelles Oberhaupt eines der führenden Klöster des Landes ist.

Ladakh

Dank der alten Chroniken, die im vorigen Jahrhundert gefunden wurden, ist die Geschichte Ladakhs eine der am besten dokumentierten der ganzen Himalayaregion. Diese Chroniken geben uns zusammen mit den Biographien dort ansässig gewesener Mönche ein recht genaues Bild von der Vergangenheit des Landes.

Ladakh liegt am Oberlauf des Indus und beherrscht die strategisch wichtige Handelsstraße, die Kaschmir und das nordwestliche Indien sowohl mit Tibet als auch mit dem chinesischen Turkestan verbindet.

Das früheste Dokument, das über die Geschichte von Ladakh vorliegt, ist eine Inschrift, die bei Kalatse am Ufer des Indus gefunden wurde. Sie ist in Stein gehauen, stammt aus dem Jahre 103 n. Chr. und erwähnt Kadphises, den zweiten König von Kushan, der über Afghanistan und Nordwestindien geherrscht hat. Eine noch frühere, nur in Resten erhaltene Inschrift, im selben Dorf gefunden, wurde als Brahmi-Schrift aus dem 2. oder 3. vorchristlichen Jahrhundert identifiziert. Aber sie vermittelt uns keine weitere Information als die ihres ungefähren Alters.

Eine große Zahl von sehr alten Felsbildern ist über fast ganz Ladakh verstreut. Sie stellen Steinböcke dar und Jagdszenen, die Menschen mit Pfeil und Bogen zeigen. Sie scheinen auf frühe Siedler hinzuweisen, die, wie aus den Ortsnamen und aus den Formen der in den alten Gräbern gefundenen Schädeln zu schließen ist, zweifellos von indoarischem Typus waren.

Heute lebt im Süden von Kalatse beiderseits des Indus immer noch eine indoarische Bevölkerung. Es sind die Minaros, die wahrscheinlich Nachkommen der steinbockjagenden Urbevölkerung von Ladakh sind. Da die Ufer des Indus in dieser Region reich an goldhaltigem Sand sind, glaubt man, daß diese Gegend das von Herodot erwähnte „Land der goldsuchenden Ameisen" ist.

Der Buddhismus muß Ladakh in den ersten Jahrhunderten unserer Zeitrechnung erreicht haben, wahrscheinlich als Folge der missionarischen Bemühungen des bereits erwähnten Königs Kanishka von Kushan.

In Mulbek und Kartse stehen eindrucksvolle zehn Meter hohe Skulpturen des

„kommenden Buddha", die im indischen Stil ausgeführt sind und ungefähr aus dem 8. Jahrhundert stammen. Zu jener Zeit stand Kaschmir unter der Herrschaft des tatkräftigen indischen buddhistischen Königs Lalatadita Muktapida. Der religiöse und künstlerische Einfluß dieses Königs auf Ladakh war nur von kurzer Dauer, denn um die Mitte des 8. Jahrhunderts drangen tibetische Horden auf ihrem siegreichen Marsch nach Westen in Ladakh ein. Dieser Marsch trug die Tibeter bis Taschkent; im Norden drängten sie die Chinesen aus den zentralasiatischen Oasenstaaten hinaus. In Baltistan, jetzt Klein-Tibet genannt, fochten sie gegen die Chinesen, wozu sie sich zeitweise mit den Arabern verbündeten.

Ladakh wurde von den tibetischen Armeen zunächst nicht „kolonisiert", aber zur selben Zeit begannen tibetische Nomaden in den äußersten Westen Ladakhs einzuwandern. Sie waren die erste Welle einer langsamen, aber weit gefächerten Wanderbewegung, die mongolisches Blut allmählich mit dem arischen der Ureinwohner mischte. Diese „Tibetisierung" von Ladakh wurde im 10. Jahrhundert durch das Auftreten des Königs Skilde Nymagon beschleunigt, der über einen großen Teil des westlichen Tibet regierte.

Er übergab Ladakh im Jahre 930 schließlich seinem Sohn Palgide, der auch als Ripagon bekannt ist.

Während des folgenden Jahrhunderts wurde das Land durch die schon erwähnte Wanderbewegung weiter tibetisiert, spielte aber keine besondere Rolle. Es kam ihm lediglich die große lamaistische Wiederbelebung zugute, die in Guge unter dem Einfluß des großen Übersetzers Rintschen Zangpo und mit dem indischen Weisen Atisa ihren Anfang genommen hatte. Rintschen Zangpo, der in Guge, Spiti und Zanskar Klöster gründete, wird auch für den Gründer des Nyar-ma-Klosters in Ladakh gehalten, das nur noch als Ruine existiert.

Das Kloster von Alchi hingegen hat seine Unversehrtheit und seine erstaunlichen Fresken aus dem 11. Jahrhundert bewahrt — ein Denkmal der lamaistischen Kultur jener Zeit und gewiß eines der „Wunder" in der Welt des Himalaya. Mit der großen Belebung des Buddhismus in Tibet erlebte Ladakh eine Blüte des Mönchtums und, wie überall im Himalaya, einen Machtzuwachs der Äbte.

Mit König Kri-sug-De (1380—1410) kam eine neue Dynastie an die Macht. Aber schon die Regierung seines unmittelbaren Nachfolgers wurde durch das Eindringen

des Mirza Haidar aus Ost-Turkestan beeinträchtigt, eines Mongolen, der jahre-
lang über Ladakh, Zanskar und West-
Tibet herzog und deren Festungen und
Dörfer belagerte. König Tsewang Namgyal, der auf seinen Onkel folgte, regierte
40 Jahre lang. Nachdem er die von den
Männern des Mirza Haidar angerichteten
Greuel überlebt hatte, mußte er auch
noch gegen einen Einfall aus Kaschmir
ankämpfen, der indes glücklicherweise
scheiterte, als die Kaschmiris nach Tibet
einzudringen versuchten. Danach regierte Tsewang Namgyal eine Zeitlang auch
über Baltistan und Guge. Dies sollte nicht
andauern, denn in Baltistan erhob sich
ein junger Herrscher namens Ali Mir.
Er griff den König von Ladakh an und
besiegte ihn, so daß sich dessen ganze
Armee geschlagen geben mußte. Im
Jahr darauf stürmte Ali Mir die Hauptstadt von Ladakh und zerstörte die Klöster mit einem religiösen Eifer, wie er all-
zuoft bei neu bekehrten Moslems zu finden ist. Der König bemühte sich um
Frieden, und Ladakh wurde auf seine
ursprüngliche Größe reduziert.

Ein junger Mann namens Senge Namgyal
folgte auf den Thron Ladakhs. Er sollte
der glänzendste Herrscher seines Landes
werden. Unter ihm wurden nicht nur

die umgebenden Regionen erobert, sondern er bemächtigte sich auch eines Teils
von Tibet. Wichtiger ist wohl, daß unter
Senge Namgyal viele der großen Klöster
des Landes verschönert wurden. Während seiner Herrschaft kam im Jahre 1600
der erste Europäer nach Ladakh, ein gewisser Diego de Almeida. Dieser portu-
giesische Kaufmann hielt die buddhistischen Klöster für christliche Kirchen der
Nestorianer. 1631 erschien in Leh, der
neuen Hauptstadt, ein portugiesischer
Priester, der Pater Francisco de Azevedo.
Er kam, um für seine Mission in Guge um
Schutz anzusuchen, die damals unter den
Angriffen eines Abgesandten des Senge
Namgyal zu leiden hatte. Letztlich muß-
ten die Missionare Tsaparang wieder verlassen; sie gingen nach Lhasa, um dort
eine Mission aufzubauen.

Unter Senge Namgyals Herrschaft stand
Ladakh auf dem Höhepunkt seiner militärischen Macht. Nach dem Tode des großen Königs im Jahre 1640 führte dessen
Sohn sein Werk fort. Zunächst allerdings
mußte er gegen keinen Geringeren als
Aurangzeb zum Kampf antreten, den
schrecklichen Großmogul von Indien.
Ladakh wurde besiegt, aber dem König
wurde eine gewisse Unabhängigkeit zu-
gestanden.

Im Laufe der nächsten 30 Jahre gelang es dem König von Ladakh, sein Gebiet ein wenig zu erweitern. Seine Bemühungen blieben am Ende fruchtlos, denn Lhasa entsandte eine Armee gegen seinen Nachfolger, angeführt von dem gefürchteten mongolischen Söldnermönch Gaden Tsewang. Nach mehreren Fehlschlägen vermochte Gaden Tsewang die neue Hauptstadt von Ladakh einzunehmen und drei Jahre lang zu halten. Um einer unvermeidlichen Kapitulation zu entgehen, wandte sich der König zögernd an die verhaßten Kaschmiris um Hilfe. Zu guter Letzt wurde die tibetisch-mongolische Streitmacht geschlagen und kehrte nach Guge zurück. Ein Friedensvertrag wurde unterschrieben, der die Grenzen von Ladakh mehr oder weniger so festlegte, wie sie bis zur chinesischen Invasion 1962 bestanden haben. Für die Hilfe Kaschmirs mußte Ladakh einen beträchtlichen Tribut leisten und sich „offiziell" zum Islam bekennen. In diesem Zusammenhang aber erlangten die Außenbezirke, die dem Land zuvor eingegliedert worden waren, erneut ihre Unabhängigkeit, und die politische Macht von Ladakh war gebrochen.

Anderthalb Jahrhunderte später, in der Regierungszeit von König Tsepa Nam-gyal, drangen die Dogras, Hindus aus Jammu, unter der Führung von Zorawar Singh in Ladakh ein und entthronten 1834 den König. Zwar erlangte er die Macht allmählich zurück, wurde aber 1842 erneut abgesetzt, als er gegen die Dogras rebellierte. 1846 unterstützten die Briten den Dogra-Herrscher von Jammu und halfen ihm, Maharadscha von Kaschmir zu werden. Ladakh wurde bei dieser Gelegenheit als Teil eines neuen Staates Jammu und Kaschmir an Britisch-Indien angegliedert.

Diesen regierte ein Hindu-Maharadscha, der auch die Herrschaft über die moslemische Hauptstadt Srinagar und viele buddhistische Territorien innehatte.

Wegen seiner geographischen Isolation vermochte Ladakh ein fast autonomes Dasein zu führen, kaum beeinträchtigt von Kaschmir. Nach dem Anschluß hatte Ladakh sein Monopol auf den ertragreichen Wollhandel verloren, und das ganze Gebiet erlebte eine lange Zeit des Niedergangs, von dem es sich erst jetzt allmählich erholt. Der Zustrom tibetischer Flüchtlinge ebenso wie der westlicher Touristen haben in jüngerer Zeit zu einer Wiedererstarkung des klösterlichen Lebens geführt. Heute werden die größeren Klöster restauriert, da die indische Armee und die Touristen unerwarteten Wohlstand bringen. Von neuem hegen die Einwohner von Ladakh den Wunsch, ihre kulturelle Unabhängigkeit gegen den Staat Jammu und Kaschmir und auch gegenüber Indien zu wahren. Da sowohl China als auch Pakistan Teile des Gebietes von Ladakh besetzt halten, könnte die Zukunft dieses Landes überaus trübe aussehen, wenn der unsichere Waffenstillstand gebrochen würde.

Die kleineren Regionen

Neben den größeren Königtümern finden sich im Himalaya entlegene Talschaften und Gebiete, die in sprachlicher und kultureller Hinsicht eindeutig tibetische Gemeinwesen sind. Diese Bhotia genannten Territorien stehen entweder unter der Verwaltung eines großen Klosters oder werden nach „demokratischen Grundsätzen" von Dorfräten regiert, was an die Schweizer Kantone oder an das fürstenlose Fürstentum Andorra erinnert. Ihnen allen ist gemeinsam, daß dort tibetische Dialekte gesprochen werden und daß sie lamaisti-

schen Glaubens sind. Viele von ihnen sind endogam, es werden also keine Ehen mit Auswärtigen geschlossen, und haben ausgeprägte lokale Traditionen in Verbindung mit einer weit zurückreichenden Geschichte. Wir behandeln diese Gebiete hier in der Abfolge, wie sie sich entlang der Grenze gegen Nepal und Indien von Ost nach West aneinanderreihen.

Holung

Das Gebiet von Holung besteht aus acht Dörfern und dem Ort Holung. Es liegt am Oberlauf des Tamur-Flusses und reicht bis zur tibetischen Grenze. Die Holung-pas

221 / 222 a, b Weder die Kinder noch die alten Menschen quälen sich hier mit der Frage nach dem Sinn ihres Lebens. Sie wissen, daß es nur eine von vielen Daseinsformen ist, eine Station auf dem Weg, der zur absoluten Erkenntnis führt. Tugendhaft und freundlich sein, das sind die einzigen Erfordernisse, um dem Ziel der Vollkommenheit näher zu kommen. Es gibt wenig Todesangst und keine Aussicht auf ewige Verdammnis. Vielleicht ist es das, was den Menschen so viel Sinn für Humor und Freundlichkeit verleiht.

223 In Zanskar geben die schmuckvollen Kopfbedeckungen der Frauen jeder Versammlung einen festlichen Anstrich. Die ganze Aussteuer der Mädchen wird auf diesen bizarren Hüten angebracht.

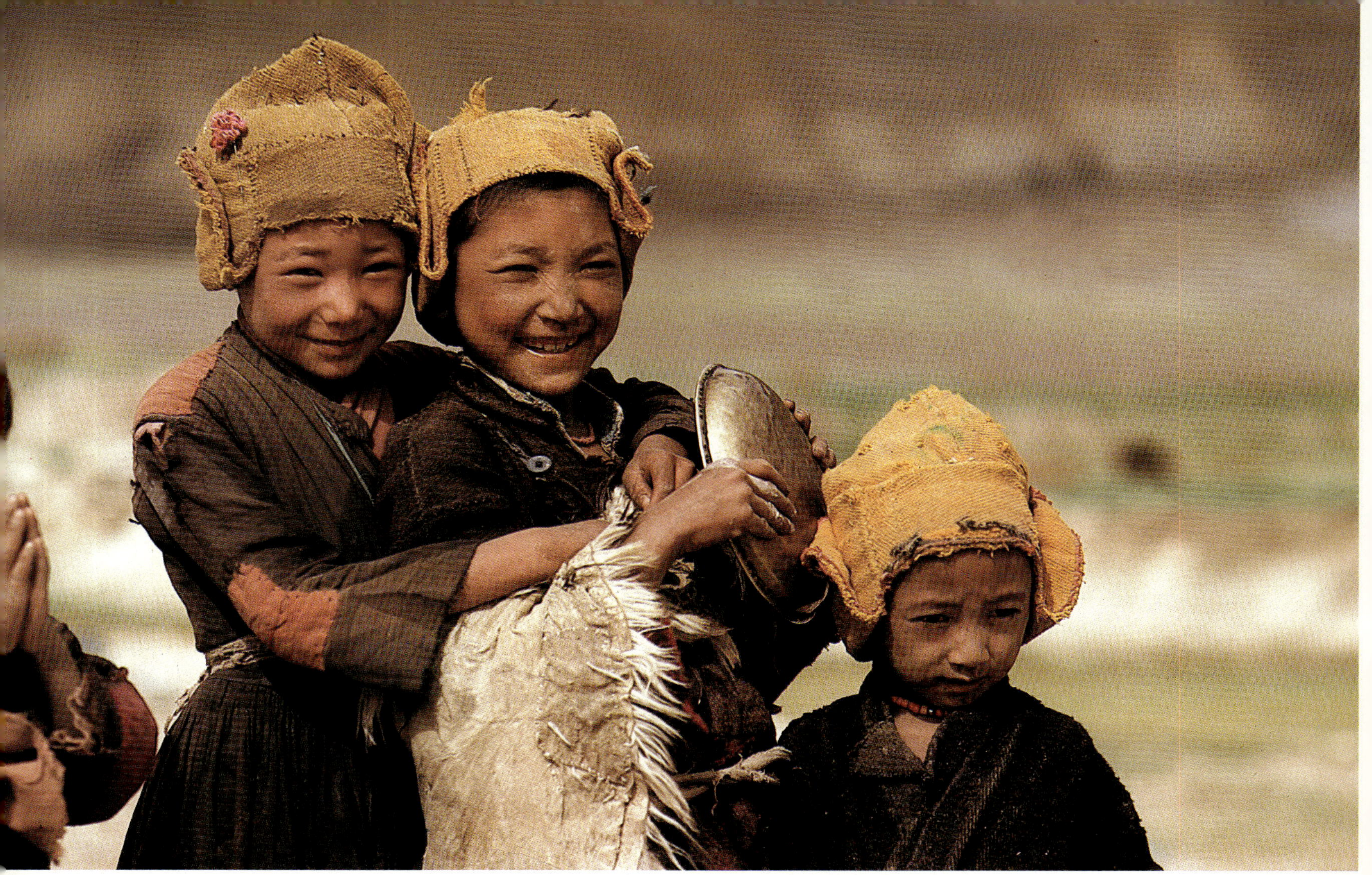

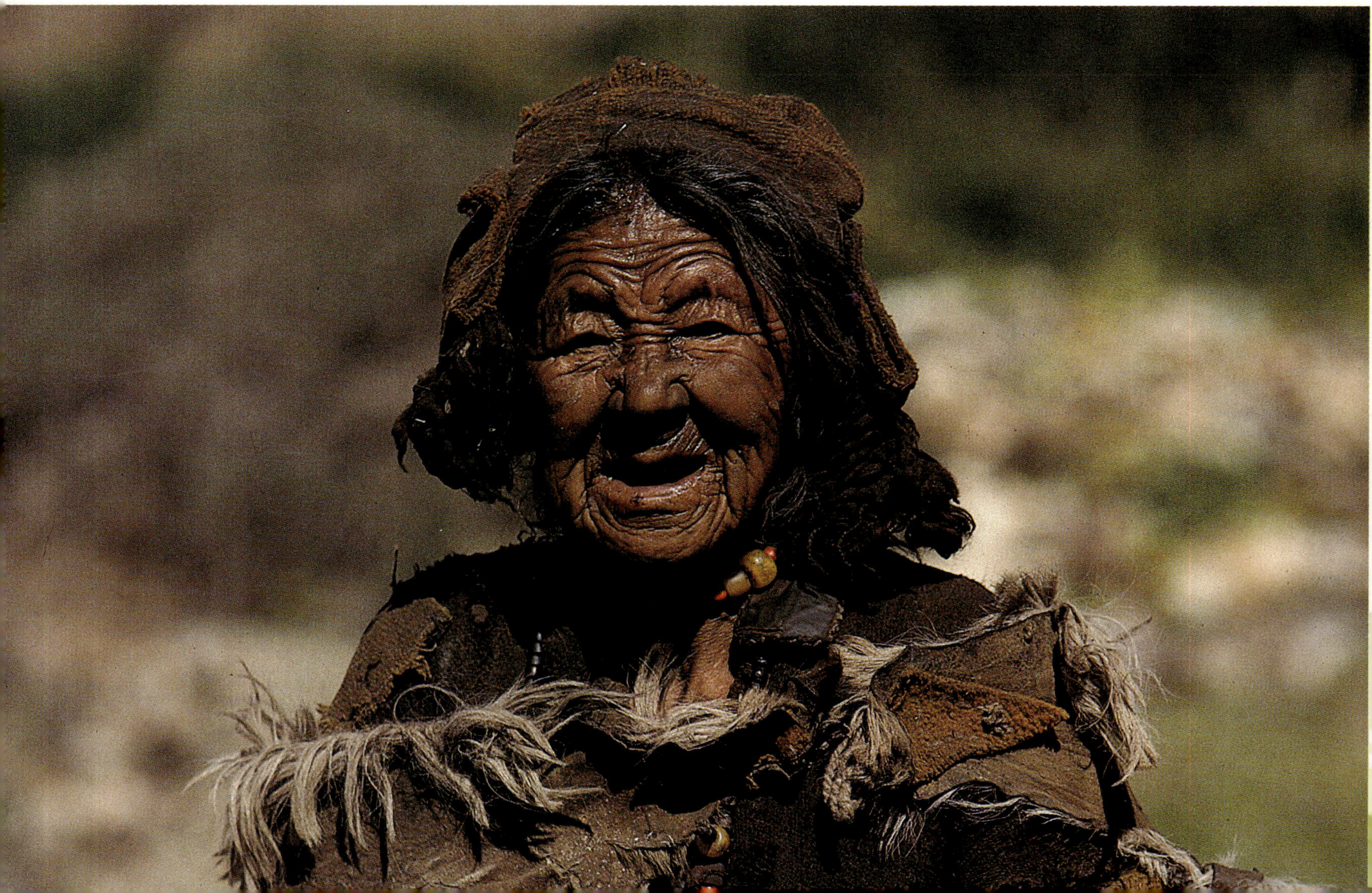

treiben Handel mit Tibet und überqueren dabei auf der Haupthandelsstraße, die das östliche Nepal und Tibet verbindet, den Himalaya bis zur tibetischen Stadt Sar. Vier der Dörfer sind ganz auf den Handel spezialisiert und haben kaum Felder. Die Stadt Holung hat nur wenig mehr als hundert Häuser und wurde nach Meinung seiner Bewohner vor etwa 250 Jahren gegründet. Es gibt zwei Klöster in dieser Gegend, die einen bescheidenen Wohlstand aufweist.

Thudam und Topke Gola

Diese zwei Bhotia-Dörfer westlich von Holung widmen sich dem Handel mit Tibet und der Herstellung von Räucherstäbchen. Der Weihrauch wird aus dem Holz-

224 Die Eleganz und die Frömmigkeit dieser Frauen ist wie ein Sinnbild für die Kultur und den Glauben der Himalayabewohner, einer Bevölkerung, deren Bräuche und hochentwickelte religiöse Anschauungen Merkmale einer großen Kultur sind. Was ist der Mensch ohne Tradition? Wenig mehr als ein Tier. Ihr Brauchtum bietet den Himalayabewohnern ein weites Betätigungsfeld für ihre Einbildungskraft und ihre Geschicklichkeit, während sie in ihrer Religion eine befriedigende Antwort auf die bange Frage finden, die sich uns allen im Angesicht des Todes stellt.

brei der Bleistiftzeder, dem Wacholder, gewonnen. Wassermühlen zerspanen das Holz. Das Mühlrad bewegt eine exzentrisch montierte Stange, an deren anderem Ende ein Wacholderscheit angebracht ist. Wenn sich das Wasserrad dreht, wird das Scheit über einen rauhen Stein hin und her bewegt. Der dabei entstehende Holzbrei sammelt sich in einem Tuch, wird getrocknet und zu dünnen Stäbchen geformt. Wacholderweihrauch wird bei den meisten buddhistischen Zeremonien verwendet. In Gegenden, wo der Wacholder relativ selten ist, werden hohe Preise dafür bezahlt.

Die Bewohner von Thudam und Topke Gola pachten Ackerland von ihren westlichen Nachbarn, den Lho-mi.

Lho-mi

Lho-mi bedeutet wörtlich Menschen aus dem Süden. Das Wort dient zur Bezeichnung der Bewohner der Gegend um den Oberlauf des Arun-Flusses in Ost-Nepal. Sie sprechen tibetisch und sind mit ihren westlichen Nachbarn, den Sherpas, verwandt. Das Lho-mi-Gebiet ist vom übrigen Nepal abgeschnitten und schwer zu erreichen. Seine Bewohner sind Bauern, die hauptsächlich Hirse anbauen, aus der sie ein ausgezeichnetes Bier brauen.

Anders als die Häuser der Sherpas und der Holung-pas sind die Häuser der Lho-mi — dünnwändige, mit Bambusmatten gedeckte Hütten — nicht sonderlich standfest.

Weil die Schlucht des Arun-Flusses steil abfällt, sind viele der Lho-mi-Dörfer voneinander abgeschnitten. Auf den Steilhängen gedeihen ganze Wälder des kleinen Hochgebirgsbambus, in denen einst menschenähnliche Geschöpfe (Panda-Bären?) gelebt haben sollen, die den Yeti-Mythos ins Leben gerufen haben könnten.

Die Dorfgemeinschaften verwalten von der Bevölkerung gewählte Vorsteher, die ihrerseits die beiden Pon-bos wählen, deren jeder einer Hälfte von Lho-mi vorsteht. Die Dörfer sind für die Erhaltung der widerstandsfähigen, ausgeklügelten Hängebrücken verantwortlich, die aus geflochtenen Bambusseilen bestehen.

Die Lho-mi wären noch im einzelnen zu erforschen. Ihr Gebiet gehört zu den am wenigsten besuchten Regionen von Nepal.

Solu-Khumbu

Die Sherpas der Solu-Khumbu-Region sind Neuankömmlinge im Himalaya, denn sie sind erst im Laufe der vergangenen vier Jahrhunderte von Osttibet her eingewandert. Sie gehören den Rotmützen an, der Nying-ma-Sekte, und sind sehr fromm. In Solu und Khumbu gibt es ein ganzes Dutzend sehr schöner Klöster. Leider hat der Tourismus die wirtschaftlichen Verhältnisse dieser Gegend etwas in Unordnung gebracht, deren Grundlage immer der Kartoffelanbau und die Yakzucht waren, beides für den Handel mit Tibet, der über den Nanpa-Paß betrieben wurde. Die Sherpas des weniger hoch gelegenen Solu bauen Gerste und Kartoffeln an.

Es ist eine Besonderheit von Solu-Khumbu, daß fast alle Dorfbewohner noch eine zweite Behausung als „Sommerhaus" besitzen, entweder auf den hochgelegenen Almen oder auch in einem der tiefer gelegenen Täler.

Über die Sherpas ist viel geschrieben worden. Obwohl sie in diese Gegend spät zugewandert sind, stellen sie eine lebendige Erinnerung an die großen Wanderungsbewegungen dar, die im Laufe von zwei Jahrtausenden die tibetische Kultur langsam westwärts getragen haben. Die Sherpas sind ganz besonders freundliche Menschen, aber auch überaus kluge Geschäftsleute.

Sherpa bedeutet eigentlich Mann aus dem Osten, und vermutlich erhielten sie diesen Namen, weil sie aus Osttibet kamen. Weil nahe dem Mount Everest, wird diese Gegend häufig von Bergsteigern besucht, die den Ruhm ihrer Bewohner als Träger begründeten, wiewohl sie doch sämtlich Bauern sind.

Die Sherpas gehören verschiedenen Sippen an, deren Gewicht davon abhängt, vor wie langer Zeit ihre Vorfahren von Tibet her eingewandert sind. Einige der Dorfvorsteher werden gewählt, bei anderen ist das Amt erblich.

Nub-ri und Tsum

Diese zwei Bhotia-Territorien ziehen sich im Quellgebiet des Buri-Gandaki-Flusses entlang der Straße hin, die zum Kyrong-Bezirk von Tibet führt. Die Einwohner von Nub-ri sind fromme Buddhisten und ähneln in Sprache und Sitten den Tibetern des Kyrong-Tales, mit dem sich das Buri-Gandaki-Tal auf tibetischem Gebiet fortsetzt.

Nyeshang

Am Oberlauf des Marsyandi-Flusses von Westnepal, hinter dem Annapurna-Massiv, liegt ein weiterer größerer Bhotia-Bezirk: Nyeshang, das auch unter dem Namen seines Hauptortes, Manang, bekannt ist. Seine Einwohner sind hervorragende Kaufleute, die sich nicht nur mit dem Handel nach Tibet und nach den benachbarten Regionen befassen, sondern auch Kontakte nach Indien und sogar nach Singapur pflegen. Diese Verbindungen verliehen den Manang-pas viele Jahre lang das Monopol auf den Verkauf von Halbedelsteinen an andere Himalayaregionen. Die energischen und weitgereisten Manang-pas sind durch ihren heftigen Widerstand gegen eine japanische Himalayaexpedition und gegen verschiedene andere Ausländer, die sie zur Umkehr zwangen, in den Ruf der Fremdenfeindlichkeit geraten. Sie stellten sich diesen Expeditionen entgegen, weil sie nicht zulassen wollten, daß die Ruhe der Berggipfel gestört würde; denn nach altüberliefertem Glauben wohnen dort die Berggötter, die ihre Dörfer beschützen.

Serib oder Bagune

Wenn man am Kali-Gandaki-Fluß nach Mustang aufwärts zieht, berührt man Serib, eine Region mit Einwohnern tibetischer Sprache, die auch Bagune genannt wird. Sie besteht aus zwölf Dörfern, mehrere davon befestigt. Diese Gegend wird gelegentlich auch als südliches Lo (Mustang) bezeichnet. Sie hat in den Kämpfen um die Herrschaft über die ertragreiche Salzstraße, die von Tibet über Mustang nach Indien führt, eine Schlüsselrolle gespielt.

Dolpo

Nördlich des Dhaulagiri-Massivs, entlang dem Oberlauf des Karnali-Flusses, erstreckt sich Dolpo, ein wenig fruchtbares Weideland, das von stämmigen tibetisch sprechenden Nomaden bewohnt ist, die im Winter in mehreren kleinen Dörfern hausen. Seit alters gilt Dolpo als Zuflucht der Einsiedler und frommen Mönche; es ist ein lebendiges Museum der althergebrachten Sitten des Himalaya. Zusammen mit Mustang ist Dolpo heute die am wenigsten besuchte Region des mittelnepalesischen Himalaya.

Westlich von Dolpo liegt das kleine Gebiet von Mugu, in dem ebenfalls tibetisch gesprochen wird.

Und noch weiter westlich liegt der Garhwal-Himalaya, der zu Indien gehört, eine überwiegend hinduistisch besiedelte Region, in der man nichtsdestoweniger einige tibetisch-sprechende Gemeinden findet, etwa Machel. Diese Dörfer bezeugen die andauernde Gegenwart tibetischer Kultur auf beiden Seiten des Himalaya und auf fast seiner ganzen Länge.

Spiti

Spiti, das oft als Teil von Zanskar oder von Guge, auch von Khulu oder von Ladakh erwähnt wird, ist ein 130 km langes trockenes unfruchtbares Tal, das in das obere Sutlejtal einmündet, und zwar dort, wo der Fluß Tibet verläßt. Dhankar, auf steilem Felsen gelegen, ist Spitis eindrucksvolle alte Hauptstadt. Der dort beheimatete Dialekt des Tibetischen ist, im Gegensatz zu dem in Zanskar und Ladakh gesprochenen, dem Zentralasiatischen sehr ähnlich.

Das Kloster von Thabo, im 10. Jahrhundert von Rintschen Zangpo gegründet, ist nicht nur wegen seines hohen Alters von besonderem Interessse, sondern auch weil der Baukörper und die Verteilung der Bilder eine mehrdimensionale Darstellung des lamaistischen Universums ist, sozusagen ein architektonischer Mandala.

Lahaul oder Karja

Lahaul, die Nachbarregion von Spiti, ist ebenso grün, wie Spiti steinig ist. Ihr wirklicher tibetischer Name lautet Karja oder La-yul (Dorf der Götter). In seiner langen Geschichte ist Lahaul wie Spiti immer wieder Beute seiner Nachbarn gewesen, besonders von Khulu, das im Süden auf der anderen Seite des Rhotang-Passes liegt.

1846 wurden Lahaul, Spiti und Khulu zu einem Bezirk unter britischer Verwaltung vereinigt. Während Spiti vorwiegend sich selbst überlassen blieb, wurde Lahaul mit seinem Hauptort Keylang beliebter Aufenthaltsort der Briten. Als sich Missionare in Keylang unweit einer kleinen britischen Kolonie niederließen, wurde Lahaul bald zu der am stärksten verwestlichten Region des Himalaya. Seit 1962 verbindet eine Straße Keylang mit Khulu. Lahaul gehört heute zum indischen Teilstaat Himachal Pradesh.

Namen- und Ortsverzeichnis

KASHMIR

Zanskar River

Chibra
Abrang
Arsho
Kushul
Spanting
Hameling
Gyagam
Bakarse
Hemala
Chu Karpo
Mandra
Marutse
Phé
Trankar
Trokta
Ating
Dzongkul +
Drokang
Ramtasha
Shamaling
Shakar
Thunri
Markimo
Konchet
Langmik
Rinam
Trakhang
Sendo
Sani +
Kasar
Karsha +
Ulang
Thonde +
Salapi
Yapa
Uptı
Kumik
Thara
Nyero
Pipiting
Ubara
Tarimo +
Padum
Shila
Tragar
Bardhan +
Pipcha
Mune +
Raru
Nyuru
Ichar
Dordzong
Surle
Char
Barne
Jal
Marling
Teta
Kuru
Ralta
Thable
Kargya

Pimo
Honia
Zangla
Pishu
Tsasar
Shilingshit

Tantak
Shadi
Phugtal +
Yukar
Tranze

Zanskar

GREATER HIMALAYAN RANGE

INDIA

0   10 Miles

River
Bridge
+ Monastery
• Village

ZANSKAR

TIBET

Kala Shar •

GRANDE CHAINE HIMAL
Kula Kangri
Lingshi
Chomolhari
PUNAKA
Pele-la
DUKYE
THIMBU
WANGDU
PHOTRANG
Yatung
PARO
HA
Changchuk
SIKKIM
Sombe
Kalimpong
CHUKA
Taga
Sarbhang
PHUNTSHOLING

• Dhupgari
HASSIMARA
Kochugaon

BHUTAN

Lo Mantang (Mustang): (1) Neues Klo...
(4) Einziges Stadttor, (5) Königspalast, (6...
halle. ▨ Gassen und Plätze, ▨
⊞ Gebetsmühle.